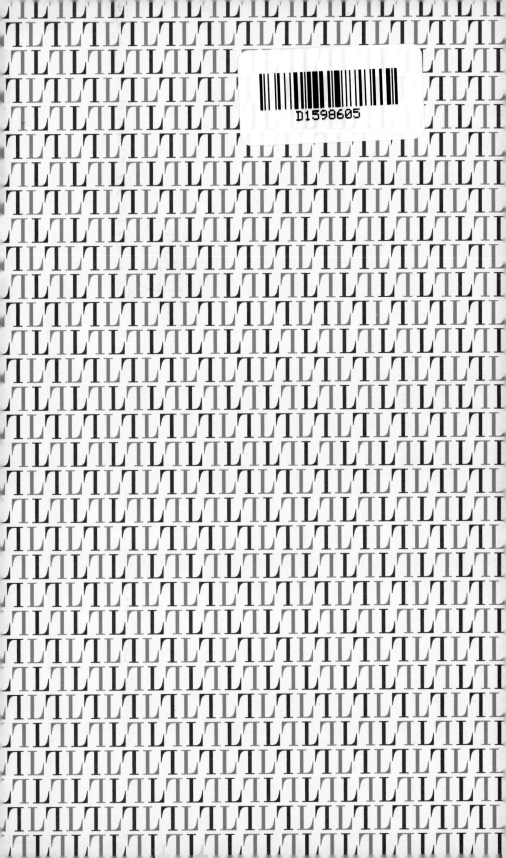

D1598605

Esclavos de la consigna

Esclavos de la consigna

Memorias II

Jorge Edwards

Lumen

memorias y biografías

Papel certificado por el Forest Stewardship Council®

Primera edición: octubre de 2018

© 2018, Jorge Edwards
© 2018, Penguin Random House Grupo Editorial, S. A.
Merced 280, piso 6, Santiago de Chile
© 2018, Penguin Random House Grupo Editorial, S. A. U.
Travessera de Gràcia, 47-49. 08021 Barcelona

Printed in Spain – Impreso en España

ISBN: 978-84-264-0569-2
Depósito legal: B-16688-2018

Compuesto en M. I. Maquetación, S. L.
Impreso en Egedsa
Sabadell (Barcelona)

H405692

Penguin
Random House
Grupo Editorial

Solo se puede escribir buena prosa
bajo la mirada de la poesía.

NIETZSCHE, *La gaya ciencia*

1

Al abrir este segundo tomo de mis memorias, quiero intentar una
reflexión sobre mi formación, sobre mi visión general del mundo
a los veinte y tantos años, sobre mis proyectos, mis ilusiones, mis
sueños de entonces. No es que los crea demasiado importantes,
pero pienso que seguir su evolución, describirlos en movimiento,
pasa a ser un retrato generacional interesante. Había crecido en dos
ambientes conectados entre ellos y a la vez opuestos, que se necesi-
taban el uno al otro, pero que habían llegado a encontrarse en estado de conflicto latente. Hablo de la gran casa burguesa, familiar,
de uno de los mejores lugares de la entonces llamada Alameda de
las Delicias, que ya aparece en el tomo anterior, que es uno de los
escenarios recurrentes de mi infancia y de mi primera juventud,
y del colegio de los jesuitas del barrio bajo de Santiago, el Colegio
de San Ignacio de la calle Alonso Ovalle, entre Lord Cochrane por
el oriente y San Ignacio por el poniente, a una cuadra de distancia
de la Alameda, a dos cuadras de Ejército, no lejos de la mansión de
mis abuelos paternos. Eran escenarios centrales y opuestos, y cuya
oposición crecía cuando el padre Alberto Hurtado, hoy día san Alberto Hurtado, acentuaba el carácter social de su prédica, el del
Cristo de los pobres, de los marginados de la sociedad chilena, de
los sintecho. La acción incansable, precursora, de Alberto Hurtado,

desembocó algunos años más tarde en la creación de una institución ahora poderosa, de raíces nacionales sólidas, que une a viejos sectores conservadores con gente de la Democracia Cristiana y hasta de la Izquierda Cristiana, el Hogar de Cristo. No tuve nada que ver con la construcción del Hogar de Cristo: ya me había alejado de la Iglesia católica y de la Compañía de Jesús. Pero estuve presente en los prolegómenos, en las exploraciones preliminares, y ahora puedo sostener que esa presencia inicial tuvo alguna forma de permanencia, un trabajo oscuro, interno, de subjetividad sensible, adolorida, que no sé si llevó a algo o no llevó a absolutamente nada.

Mi visión de adolescencia de lo social, de los conflictos profundos de la sociedad chilena, era inevitablemente ingenua, primaria, simplona. Algunos críticos literarios de izquierda habían notado en los cuentos de *El patio*, mi primer libro, una inquietud, un desajuste que derivaba de reticencias, de reservas, de distancias instintivas. «Lo que pasa es que no quiere pelear», escribía, por ejemplo, en su época comunista o filocomunista, en el diario *El Siglo*, Margarita Aguirre, una de las jóvenes novelistas más talentosas de ese tiempo. No querer pelear significaba, de hecho, no querer ingresar en el partido, no participar en todo el fragor, en la desaforada batalla de la lucha de clases. ¡Niño bien, señorito, burguesito a pesar de todo! Al leer *El patio*, Gabriela Mistral, nuestra gran poeta, ungida hacía pocos años con el Premio Nobel de Literatura, le había confesado a su amigo Hernán Díaz Arrieta, Alone, el gran crítico literario de la época, que alojaba en aquellos días en su casa de cónsul de Chile en Nápoles, que el libro le había parecido un reflejo del pesimismo de los jóvenes de mi generación, el de una crisis moral, comprobación que la había dejado pensativa y preocupada. Ahora pienso que la reacción de la poeta, su pesimismo, incluso su disgusto, revelaban una percepción interesante. En alguna medida, una anticipación, un esbozo de profecía. Gabriela era amiga de Eduardo Frei

Montalva, cabeza de la Falange Nacional, que se trasformaría pronto en Democracia Cristiana y lo llevaría a la presidencia del país; del padre Hurtado, el futuro santo de la Iglesia católica, santo por el lado de la lucha social, no por el del misticismo y la vida contemplativa; de escritores como Joaquín Edwards Bello, a quien había definido como el tábano de la sociedad chilena, el moscardón que picaba a esa sociedad, a ese caballo, en forma incesante, en sus flancos débiles, alimentándose de su sangre, mientras el caballo se defendía en vano con golpes de la cola.

Miro las cosas con la perspectiva de los años y llego a conclusiones probables, solo probables. Vivía en la dulzura de la casona bien protegida y bien provista, rodeado de personajes populares inolvidables, como la Mariquita Fuentes, la cocinera, que manejaba las tapas de pesado hierro y los fuegos de leña de su cocina, entre el humo enroscado de caldillos, de charquicanes, de pasteles de papas; como la Rosa Hidalgo, que me cuidó durante una pleuresía de mi adolescencia y me frotaba con una toalla de baño a la salida de la tina, con vigor y con cariño, provocándome erecciones que no podía disimular; y provisto del amor de los parientes, que eran «gente como uno», desde mi tía abuela Fanny Lira, que regresaba de treinta o más años de residencia en Francia con una sabiduría culinaria superior y en un estado patético de pobreza, hasta personajes masculinos y femeninos como Rengifonfo (Jorge Rengifo Lira), protagonista con pocos elementos de ficción pura de mi novela *El descubrimiento de la pintura*; como Pepe Alcalde, arquitecto, melómano, hombre de espíritu, que sostenía que los diálogos de mis primeros cuentos podían llevarme a ser un hombre de teatro; como la bella y delicada Marta Vial, personajes que irán surgiendo en el ritmo de la escritura, y que ya se anunciaron en las páginas de *Los círculos morados*. Vivía, pues, en el interior de esa burbuja, y aceptaba el privilegio sin preguntas excesivas, con algo de blandura, no sin placer, disfrutando del lado tradicional, crio-llo, inocentón, por lo menos en apariencia. Pero había puntos de interrogación serios, visiones fugaces de un trasfondo oscuro, quizá siniestro. Eran casi siempre visiones provocadas por relatos de mi madre, gran contadora de historias, pero que a veces llegaban de otros lados, de otras fuentes, de otras voces, para ser más exacto, y en forma imprevista, sorpresiva: palabras, relatos, episodios, que abrían vistas inesperadas: secretos que se descubrían, cadáveres que salían de los armarios.

Mi madre me había contado, por ejemplo, y ya la conté en par-te, en forma que ahora me parece demasiado rápida, la historia de una empleada doméstica de su infancia, una joven campesina que debía de trabajar, en atención a la época del relato, en la antigua casa familiar de la calle Catedral abajo, casa que nunca conocí y que me imagino, sin embargo, hasta en sus menores detalles, en sus pilastras de madera descascarada, en sus galerías encristaladas, en sus olores rancios, en las mujeres gordas, parlanchinas, que se pre-sentaban en los meses del otoño a preparar en ollas monumentales, con movimientos rítmicos de cucharas de palo y de formidables cucharones, las reservas anuales de dulce de membrillo. Algunos de los cuentos míos anteriores a *El patio* transcurrían en esa casa de la calle Catedral que no conocí nunca, que era una ficción mía. He buscado esos papeles por todas partes, en baúles, armarios, sótanos, con ganas de reescribirlos, pero no los he podido encontrar.

La joven empleada del relato de mi madre, cuyo nombre nadie recordaba, era, me digo, más bien obesa, un poco pálida, callada, con un ligero bigote, un vello que me habría caído simpático (si la hubiera conocido), y tenía, ¿tendría?, una expresión constante, inexplicable, de no encontrarse a gusto con ella misma ni con na-die. Ni con la vieja casa, desde luego, aunque supongo que sentiría afecto por alguno de los perros, por el Manduco, por algún gato, por los conejos de las jaulas del fondo de los huertos, porque esos caserones que venían de las profundidades del siglo XIX y que se habían erigido en muchos casos al final de los años coloniales, tenían huertos, y fuentes, patios y canales, y hasta un par de burros, además de algún caballo percherón, aparte de cuevas, subterráneos, despensas y todas las demás cosas. Con una capilla estrecha y semigótica, desde luego, y una caja de marfil donde se guardaban los huesos de un antepasado. Pues bien, la joven que había llegado del campo desapareció una mañana cualquiera, y alguien dijo que la había visto salir de la casa por la portezuela del fondo, de madrugada, y bastante más gorda que lo normal.

—¿Por qué más gorda?

Porque se había puesto toda la ropa que tenía, una prenda encima de la otra, y había salido así, con todo su mísero patrimonio pegado al cuerpo, sin bultos ni maletas, para no despertar sospechas. Salieron varios entonces a buscarla a la Estación Central, varios de los habitantes masculinos de esa casa o de los allegados a ella, pensando que se escapaba en el tren del sur a sus tierras de Rosario, de San Fernando, de Quirihue. ¡China desgraciada! Suponemos que el cochero de la familia, el mozo, quizá el jardinero, Juan Segundo, quizá alguno de los tíos de mi madre, uno de los tíos de la rama Ureta, Carlato, o el Palote, partieron a toda prisa en el carricoche más rápido de la casa, tirado por el caballo percherón, dándole huascazos, chillando, chivateando como en los rodeos y como en los ataques araucanos. Todas las furias de la calle Catedral habían despertado. La joven, con su cara de miedo, de sospecha, de disgusto, gorda de por sí, pero más gorda por las capas de ropa que se había echado encima, se encontraba a un costado de la Estación Central, al lado de un poste de hierro, medio escondida. Cuando divisó a los hombres que llegaban a buscarla, con sus huascas, con sus cinturones, con sus manoplas, se puso a lagrimear. No sabemos si le dieron cachetadas con la mano abierta, pero con fuerza, con ira, dejándole una mejilla roja. O si se limitaron a zamarrearla, a mechonearla, a darle empujones.

Otra de estas historias de sumisión, de castigo, de cuasiesclavitud, la contaba mi suegra, Adriana Vergara Blanco, que tenía una voz arrastrada, como de pregunta, de suposición, de posible burla, o de burla reprimida. Misiá Adriana era nieta de don Ventura Blanco Viel, patriarca de la vieja guardia conservadora, dueño por su bien calculado matrimonio con una Correa y Toro de buena parte del fundo que todavía se llama La Leonera. Cuando empecé a frecuentar el departamento de la orilla norte del río Mapocho de propiedad de la abuela de Pilar, María Carmela Blanco, y donde se había refugiado misiá Adriana con sus dos hijas en sus primeros años de viudez, escuché historias diversas de La Leonera, de don Santos, el cura (si no recuerdo mal su nombre), muy mentado, de una cocinera célebre, ¿la Teresita?, de algunos inquilinos, y hasta de mi bisabuelo paterno Ligorio Yrarrázaval, oveja negra, inútil de la familia, personaje que mi padre se abstenía de mencionar y del que hablaba mi madre en tono de risa, describiendo episodios que lo dejaban en el más completo descrédito, pero solo en conversaciones privadas conmigo, lejos de oídos susceptibles. ¿Qué episodios? Que se cagaba en la cama, por ejemplo, y le tiraba mierda a los fantasmas que entraban a visitarlo y que no eran más que sus parientes, la gente de su casa.

La señora Adriana, una de las grandes contadoras de historias de mis años juveniles, hablaba de dos jóvenes inquilinos de La Leonera, simpáticos, algo pícaros, que habían sido colocados en el cepo por órdenes de don Ventura, el abuelo, el tribuno de las fuerzas del orden. El cepo, todavía frecuente en los latifundios del Chile de principios del siglo XX, era una barra de hierro que apretaba los pies de los inquilinos díscolos y les impedía moverse, expuestos al sol, al frío de la noche, a la intemperie, en régimen de pan y agua. Existen antiguas fotografías de presos en el cepo: imágenes de la miseria, de la máxima degradación humana. La señora Adriana y sus hermanas, sus primas, le suplicaban al abuelo prócer que liberara a los inquilinos sometidos a tormento, y el abuelo, sentado en su gran sillón victoriano, entregado a la lectura del Memorial de Santa Helena, de mamotretos parecidos, arrebujado en su manta de vicuña, escuchaba, gruñía, carraspeaba y le daba largas al asunto. Esos inquilinos sublevados debían aprender su lección con hierro, con dolor, con sangre. ¡A pan y agua, a la intemperie! ¡No había otra manera! Historias de opresión, de suplicio, de ventas de votos y trampas electorales. A don Ventura le habían gritado una vez en el Parlamento que «su señoría era senador de la República gracias al voto de los muertos de Codegua». Votantes muertos, inquilinos sometidos. Uno de los abuelos de Arturo Fontaine Talavera, encomendero, latifundista, supo que uno de sus inquilinos «había votado mal», a pesar de haber recibido el billete colorado de cien pesos, la empanada al horno y la ración de vino tinto del cohecho convenido, y sacó su rebenque de la cintura y le cruzó la cara de un feroz rebencazo.

—¡Votaste mal, roto de porquería!

Vi algo de todo eso, trabajé todavía a mis veinte años en una oficina electoral de la derecha, repartiendo sobres a personajes miserables, y al final de la jornada, en compañía del Chico Huidobro, un amigo, un cómplice, hicimos algo que era contrario a la norma: salimos a participar en las manifestaciones callejeras del candidato triunfante, Carlos Ibáñez del Campo, el general populista que llegaba con una escoba como emblema. ¡Para barrer a los politicastros corruptos! Nuestro viaje al centro de Santiago y nuestra entrada en la manifestación ibañista tenían una parte de rebeldía, otra de ingenuidad, y otra, quizá, de humor negro. Andrés García Huidobro y yo, salidos hacía poco del San Ignacio, éramos maestros precoces del humor negro. Yo ya leía poesía de la vanguardia francesa, de Rimbaud, de Jules Laforgue, de Paul Valéry, de los nuevos de la lengua española, Pablo Neruda, Federico García Lorca, César Vallejo, de Antonio Machado, don Antonio, junto a relatos de James Joyce, a una traducción de *Miércoles de ceniza* de T. S. Eliot, y eso me había llevado a dudar, quizá, del sistema de la compra de votos. No sé si esa duda podía conducir a una rebeldía mayor, o si solo condujo a un rechazo confuso, a una especie de arrepentimiento, a un desorden que consistió en salir a gritar a favor del candidato contrario, a «gritar mal», parodiando al latifundista del rebencazo.

2

Éramos revoltosos, éramos jóvenes de buenas familias o de familias de clase media más bien acomodada, en estado de ruptura de clases, éramos aspirantes a escritores, o artistas, o psicoanalistas en ciernes, y lectores empedernidos. Andábamos por todas partes, a pie, en tranvías abiertos, en trolleybuses, con libros despapelados, desfondados, grasientos, con frecuentes manchas de café y manchas de vino o de cosas peores. Me acuerdo de los libros que llevaba Enrique Lihn, en esos años de su primera colección de poemas, *Nada se escurre*, en sus paseos por el Parque Forestal: volúmenes sucios, ruinosos, que no se sabía cuántas páginas habían perdido; traducciones sospechosas de Martín Heidegger, de Jean-Paul Sartre, de Gaston Bachelard, de Federico Nietzsche. Enrique Lihn bajaba por las escalinatas carcomidas, roñosas, de la escuela de Bellas Artes, y nosotros, Alberto Rubio, Jorge Sanhueza (el Queque), Samir Nazal, yo, llegábamos desde la escuela de Derecho, que se hallaba más al oriente, al costado de la plaza Italia, al otro lado del río Mapocho. El Santiago de entonces, de fines de los años cuarenta y comienzos de los cincuenta, ya dejó de existir. Ocurrió lo mismo con el espacio que correspondía en aquella época al llamado Gran Santiago. Nos encontramos un buen día en San Bernardo, en La Florida, en San Miguel, en una casa modesta, de un piso, con olor a meado de gato, que se estremecía con cada paso de sus ocupantes, que pertenecía a parientes de Jorge Millas, el filósofo, miembro de una generación anterior a la nuestra. Aunque más distante, bastante mayor que nosotros, Millas formaba parte de círculos intelectuales que conocíamos. Había sido profesor de filosofía en la Universidad de Puerto Rico, había publicado un ensayo sobre Goethe, y ahora, en silencio, solitario, distante, erudito, se había instalado entre nosotros, por allá por San Bernardo, en el lugar que Enrique Lihn, después, en uno de sus poemas más conocidos, llamaría «el horroroso Chile». En esa casa de los alrededores de Santiago se encontraban personas como Eduardo Molina, conocido entre nosotros como «el poeta Molina», poeta sin poemas, Bartleby en versión criolla; Luis Oyarzún Peña, filósofo y cantor de la vida errante y de la naturaleza del Valle Central, ecologista antes de la llegada del ecologismo; quizá Enrique Lafourcade, que ya había publicado su novela *Pena de muerte*, libro que Roberto Bolaño, muchos años más tarde, me confesó que había leído y que le había gustado, como si esa confesión y ese gusto fueran un tanto sorprendentes y un tanto vergonzosos; además de alguno de los poetas desdentados, melenudos, de obra escasa, de aquel entonces, y de alguna musa: Margarita Aguirre, Marta Jara, Teruca Hamel, Stella Díaz Varín, mujeres divertidas, interesantes, a veces borrachinas, ocasionalmente peligrosas, que recordamos con nostalgia. En esa ocasión, en forma espontánea, al calor de vinos baratos, de algún arrollado de huaso, de empanadas de horno, a Enrique Lihn, que tenía dotes de actor, y a mí se nos ocurrió improvisar un paso de comedia, una comedieta bufa. No sé si sería, en mi caso, por influencia de Pepe Alcalde, el pariente que pensaba que los diálogos de mis cuentos podían llevarme a ser autor teatral. Enrique representó a Pablo Neruda, sin pertenecer en absoluto a la especie de los nerudianos puros, como el Queque Sanhueza y Margarita Aguirre; y yo, que me había alejado de los rediles católicos, representé al cardenal José María Caro Rodríguez, de quien había sido monaguillo en las misas solemnes de los 31 de julio ignacianos. Yo imitaba con algo de gracia la voz gangosa, cascada, aguda, del cardenal, y Enrique la voz nasal, cansina, sureña, del poeta de *Residencia en la tierra*. Bebimos largos sorbos de nuestros vinos pipeños y nos enfrascamos en una discusión furiosa de nuestros respectivos personajes, en el lenguaje propio, exagerado, distorsionado, de cada uno de ellos, acompañando las palabras con gestos, pasos teatrales, expresiones exageradas. Neruda se presentaba como poeta del pueblo, bardo máximo, invencible, y el cardenal se reía de él a carcajadas, con su boca desdentada y desbocada: de sus tropiezos, sus torpezas, sus ínfulas populacheras. El anciano cardenal se sobaba las manos, celebrando la anticipada condena de su contrincante a los infiernos. Fue una sesión disparatera, divertida, algo alcohólica, muy propia de esos años, y ahora no sé si Stella Díaz Varín, la célebre colorina, terminó tendida en el suelo, o si esto ocurrió en encuentros posteriores, pero sé que todos nos reímos a mandíbula batiente, dando saltos de alegría, y que muchos de los presentes celebraron la improvisada comedieta durante años.

Las sesiones más tranquilas, amenizadas por platos chilenos medio inventados y por vinos más pasables, ocurrían en el departamento de la calle Teatinos arriba, cerca de la Estación Mapocho, de Enrique Bello y de su mujer, que en esos días era una gringa de origen sueco, guapa, vistosa, ya no tan joven, y que tenía la manía de hablar y de comportarse con maneras de niña chica, con una especie de coquetería infantiloide, hablando de ella misma en tercera persona. Enrique Bello Cruz, que tendría alrededor de cincuenta años de edad, era del sur, de Concepción. Pertenecía a la familia de los Cruz que había sido federalista, anticentralista, y sería derrotada a mediados del siglo XIX por los ejércitos centrales. Era un hombre afectuoso, amistoso, de una cortesía provinciana, que ya había empezado a volverse anacrónica. Un caballero algo antiguo del mundo del arte y del comunismo nacional, siempre en situación de relativo conflicto con su partido, porque amaba en exceso la pintura abstracta, más que la del realismo socialista, y la vanguardia, así como la experimentación en literatura, mal miradas por los estalinistas en estado puro. Publicaba prosas sin letras mayúsculas y con espacios entre las palabras que reemplazaban los signos de puntuación. Sacaba una revista de gran formato, con aspecto de diario, *Pro Arte*, y había conseguido mantenerla, haciendo toda clase de acrobacias publicitarias y financieras, durante años. Yo la compraba en mis años de adolescencia a la salida del San Ignacio, después de despedirme del hermano Delgado y del hermano Lou, en un quiosco de la vereda del frente que recuerdo como si fuera hoy, y en sus primeras páginas, rebosantes de tinta y de ilustraciones borrosas, descubría novedades como la poesía de César Vallejo, con ese inolvidable «Me moriré en París con aguacero / un día del cual tengo ya el recuerdo...», clásico absoluto de mi generación literaria, cuyo título, «Piedra negra sobre piedra blanca», nadie entendía, pero que, precisamente por eso, era de un desconcertante, fascinante, atractivo. Descubrí poco después, nada más y nada menos, la poesía de T. S. Eliot, cuyo *Ash Wednesday* (*Miércoles de ceniza*) había sido traducido al español por un anglo-chileno que se llamaba Jorge Eliot y que se proclamaba pariente cercano del poeta por él traducido. Eliot, el chileno, resultó pintor, después, de paisajes montañosos, sombríos, que parecían surgir de visiones del norte desértico, y un poeta que sufría de la manía compulsiva de leer sus poemas a la gente. Neruda contó que se encerraba en su cuarto de baño, que se sentaba en el trono, y que Jorge Eliot le pasaba poemas recién escritos por él por debajo de la puerta.

Me acuerdo de haber encontrado en la casa de Enrique Bello, en su departamento de la calle Teatinos, a poetas, músicos, pintores, de generaciones anteriores, a veces muy anteriores, a la mía. Por ejemplo, Acario Cotapos, que era un músico moderno, para definirlo de alguna manera, y que había vivido en París y en el Madrid de antes y de comienzo de la guerra española, donde había conocido de cerca a Ramón del Valle-Inclán, a José Bergamín, a Federico García Lorca, a Rafael Alberti, a Manolo Altolaguirre, entre muchos otros. Bajo, calvo, panzudo, de ojos saltones, de salidas chispeantes, burlonas, repentinas, Acario me daba la impresión de un huevo carnal, nada de cuaresmal, ambulante. Me contaron que Federico, cuando lo veía acercarse por las calles de ese Madrid de 1935, decía: «Ahí viene Acario con su vientre Jesús». Pablo Neruda, su íntimo amigo, decía que era un Rabelais chileno, un hombre de gracia inagotable. Con la boca hacía constantes ruidos, górgoros, trinos, y de repente pegaba algo así como alaridos en la selva urbana. Tenía la manía de los microbios, entre muchas otras manías, y en el momento de dar la mano, mostraba un grano, una cicatriz, lo que fuera, y la escondía de inmediato. Es decir, no daba la mano por miedo al contagio. Antes de Madrid había vivido en el París de entre las dos guerras y citaba sus numerosos encuentros personales con «el maestro Wolf», uno de sus caballos de batalla, con Igor Stravinski, con poetas y pintores de la vanguardia más avanzada. Yo lo encontré en el Santiago de fines de los cuarenta, de la década de los cincuenta, y estaba siempre devorado por la nostalgia, por esa enfermedad que Joaquín Edwards Bello había bautizado como «parisitis». Acario, en un tono conspirativo, burlesco, autocompasivo, sostenía que había que venderle Chile a los norteamericanos «y comprarse algo más chico cerca de París», anécdota que he contado en otros lugares y que nunca deja de arrancar una sonrisa. Lo escuché muchas veces improvisar al piano con indudable talento, con ritmos y formas, o ausencias de forma, que me hacían pensar en gimnopedias de Erik Satie, en sus «piezas en forma de pera», y oí fragmentos, ya no sé si en discos o en vivo, de su poema sinfóni-co *El pájaro burlón*. Era un gran creador que hemos olvidado, y que probablemente, tal como van las cosas, olvidaremos para siempre.

Acario vivía del aire, haciendo milagros cotidianos, protegido por colegas musicales que pertenecían a sectores sociales más aco-modados, como Alfonso Leng, autor de un notable poema sinfóni-co inspirado en *Alsino*, la novela de Pedro Prado sobre un Ícaro campesino, y que era médico y dentista de profesión; o como Al-fonso Letelier y Domingo Santa Cruz, compositores musicales y dueños de fundos. Mi madre contaba que iba a la consulta de den-tista de Alfonso Leng, don Alfonso, y que de repente, entre guta-perchas y máquinas, con la boca entre artefactos, aparecía la cara exaltada, de escasos pelos disparados hacia los lados, de Acario. El Chile de los Alfonso Leng, de los Acario Cotapos, de pintores como Camilo Mori o el inefable Agustín Abarca, que pintaba árboles y vendía cuadernos y lápices de colores para ganarse la vida, de actores como Agustín Siré, María Maluenda, Bélgica Castro, de historia-dores como Ricardo Donoso, Jaime Eyzaguirre, Francisco Antonio Encina, un país entre conservador y anarquizante o izquierdizante, es ahora un islote austral desaparecido, con sus historias, sus gran-des personajes, sus musas. Pablo Neruda decía con frecuencia que a los excéntricos de Santiago, que pululaban por todas partes, redon-dos como Sancho Panza y su hermano criollo Acario Cotapos, esti-lizados como Alonso Quijano el Bueno o como el Incandescente Urrutia, de cachimbas curvas, sombreros de tweed con plumita de ganso y esclavinas a lo Sherlock Holmes (el poeta se refería a don Marcos García Huidobro, que había sido cónsul de Chile en la isla de Ceilán y en la populosa ciudad de Calcuta, en los tiempos en que él era «cónsul de tercera clase» en Rangún y en Colombo), ha-bía que haberlos conservado en formol, ¡a favor de la diferencia, de la poesía, de la vida! Puede que el Chile de hoy esté mejor en los números, en las estadísticas, incluso en los niveles de superación de la pobreza, pero temo que en la fantasía, en el espíritu, en todo aquello que es la sal de la vida, esté bastante peor. Es decir, tengo serias dudas en este último aspecto, y me pregunto si estas dudas forman parte de esa «íntima tristeza reaccionaria» que cantaba el poeta mexicano Ramón López Velarde.

Un buen día estábamos en el Museo de Bellas Artes de Santiago, frente al Parque Forestal, entre sus cristales y sus estructuras de hierro, imitadas del Petit Palais de París, y Enrique Bello, el amigo infaltable, me señaló a un hombre de mediana edad, más bien moreno, de bigotes, que estaba apoyado en una pared, solo, con cara y hasta con expresión corporal de aburrimiento, de fastidio, de desacuerdo con el mundo.

—Es un personaje interesante —me dijo Enrique—, un escritor y diplomático brasileño. Te aconsejo que converses con él.

Resultó que Rubem Braga era un cronista archiconocido y celebrado en el Brasil y un poeta ocasional de calidad, poeta bisiesto, de acuerdo con la expresión de Manuel Bandeira, uno de los grandes de la poesía en lengua portuguesa de esos años. Rubem era un fuerte opositor a la dictadura de Getúlio Vargas y había sido censurado y hostigado en la forma habitual de las dictaduras de ese tiempo, que años más tarde, en comparación con los regímenes militares más recientes, parecieron dictablandas. Era un hombre gruñón, reservado, amante profundo de la pintura y de la poesía, bebedor compulsivo de whisky, a la manera de su íntimo amigo Vinícius de Moraes, de amores femeninos constantes y a veces paralelos, y no sabría decir ahora si siempre efectivos o a menudo imaginarios, platónicos, como si la mujer soñada, idealizada, tendiera a ser suplantada por la botella y por la ensoñación en estado puro. Para compensarlo de las molestias y los atropellos que le había ocasionado la dictadura de Getúlio Vargas, el señor Café Filho, el presidente conservador que había seguido a la caída de Vargas y su suicidio, le dio un cargo diplomático en Chile, el de jefe del Escritorio Comercial del Brasil. Rubem, que pertenecía a la especie de los escritores que tienen un sentido sólido de la realidad, sin excluir las realidades comerciales y económicas, cumplía con su trabajo en horas matinales de atención dedicada, eficiente, hasta minuciosa. Conversaba con gente de los sectores más diversos, leía mucho, seguía la vida y la política chilenas de cerca. En sus escapadas nocturnas, que lo llevaban a mundos insospechados, manejando un Oldsmobile oscuro, amplio, ultramoderno para ese tiempo, que deslumbraba a sus amigos y amigas, solía olvidarse de dónde había estacionado el automóvil y debía regresar a su casa del barrio alto de Santiago en un taxi. Estos olvidos frecuentes del entonces lujoso Oldsmobile, seguidos de cansadoras búsquedas al día siguiente, lo llevaron a poner término al arriendo de su casa en la calle Roberto del Río y a tomar habitaciones en el hotel Lancaster, que se hallaba en una calle curva del costado del hotel Carrera, al lado de Amunátegui y a dos calles de distancia de La Moneda, en pleno centro de Santiago. El Oldsmobile azul oscuro descansaba en el subterráneo y su dueño salía a sus excursiones nocturnas a pie, sin rumbo fijo, desembocando a veces en los talleres de artistas que existían entonces en Merced esquina de Mosqueto. Esos talleres fueron escenarios de diversos textos narrativos míos, como la novela más o menos breve *El museo de cera*, que el crítico mexicano Christopher Domínguez calificó de «casi novela», definición que no carece de un lado de humor y hasta de broma. A propósito, ¡cuánta broma, cuánta risa, cuánto whisky intercambiado entre los talleres de Matías Vial, escultor; de Arturo Edwards De Ferrari, escultor, gastrónomo, coleccionista, y de Pilar, mi mujer, y Paulina Waugh! ¡Qué cosas habrán visto esos muros frágiles y esas esculturas tapadas con paños blancos que parecían mortajas! Eran los finales del régimen constitucional de Carlos Ibáñez del

Campo, dictador en la línea, precisamente, de Getúlio Vargas, y en la de Primo de Ribera en España, a fines de la década de los veinte, y que en 1952, después del colapso desprestigiado de los gobiernos radicales y del presidente Gabriel González Videla, fue elegido por mayoría casi absoluta de los votos de los ciudadanos de Chile. Ibáñez había sido un presidente mediano, por no decir francamente mediocre, conciliador, que después de ser expulsado del gobierno y del país por una huelga de brazos caídos en 1931, trataba en su segundo período de evitar conflictos a toda costa. Rubem Braga comprendió nuestra situación interna con agudeza, con ironía; navegó en esas aguas con relativa facilidad, cultivando buenas relaciones con la gente de su embajada, y cuando terminó de pagar las deudas que había contraído en su país en épocas difíciles, regresó a su amado Río de Janeiro, a la «cidade maravilhosa», que en aquellos años, como lo pude comprobar un poco más tarde, era verdaderamente maravillosa, mágica, bella e inspiradora. En los primeros tiempos de Rubem en Santiago asistimos una noche a una fiesta, con Pilar, pareja mía y futura mujer, con Enrique Bello y su gringa sueca, que, impresionada con el personaje de Rubem Braga, mientras más obsesionada, más infantiloide se ponía, y con algunos más: Enrique Lihn, Jorge Sanhueza (el Queque infaltable), la Negra (Blanca Diana) Vergara. La fiesta era en la nueva casa de Pablo Neruda en los faldeos del cerro San Cristóbal, quien se había instalado a vivir ahí después de su separación de Delia del Carril, la Hormiga, y de juntarse con Matilde Urrutia. Rubem, que tenía acceso a los whiskies de la diplomacia en esos tiempos de estricta prohibición, llevó dos botellas cúbicas, equivalentes a oro líquido, a la casa del San Cristóbal, una para el dueño de casa y otra para el consumo del grupo nuestro («la petite bande joyeuse», Marcel Proust), y las dos preciosas botellas fueron ocultadas debajo de la cama de los dueños de casa. Pero resultó que bebimos la nuestra con relativa rapidez, y alguien, quizá el Queque Sanhueza, partió a buscar la segunda botella, la destinada al poeta, la que también fue consumida por nosotros, y en forma todavía más rápida. El vate de *Canto general*, de «Estatuto del vino», de «Apogeo del apio», descubrió a la mañana siguiente que su presente de whisky auténtico se había hecho humo. Me imagino que Braga, generoso con sus botellones, generoso en casi todo, lo habrá compensado en forma más que suficiente.

Dejo a Rubem Braga a un lado, por un momento, para seguir con otras historias y retomar la suya, y la de mi viaje al Brasil, más adelante. Rubem me convirtió en lector y hasta traductor de Joaquim Maria Machado de Assis, uno de los grandes clásicos iberoamericanos, escritor de humor moderno, libre, de familia cervantina, que había conocido en su formidable lectura de novelistas ingleses del siglo XVIII. Rubem también me animó a leer a magníficos poetas casi desconocidos fuera del ámbito de la lengua portuguesa, como Manuel Bandeira, Carlos Drummond de Andrade, Augusto Frederico Schmidt, Vinicius de Moraes. El mundo de la cultura cambiaría en todas partes al cabo de muy pocos años. En tiempos recientes, en viajes a Portugal y a la ciudad de São Paulo en Brasil, he comprobado que Rubem Braga, después de su muerte, ha llegado con las antologías de sus crónicas diarias a convertirse en un clásico de la lengua portuguesa. Pero dejo estos temas rubembragianos, lusitanos, cariocas, para más adelante, y vuelvo al Caballero de la Figura no tan Triste, después de todo, pero un tanto melancólica, un poco desamparada, de Enrique Bello Cruz. Enrique era revistero vocacional, gastrónomo de recursos limitados, amante de la pintura abstracta, de la buena literatura, de las señoras atractivas. Esas reuniones, esas cenas en su departamento de Teatinos, esas exposiciones de pintura de la década de los cincuenta eran, en su carácter particular, en su sintonía con el vasto mundo y, a la vez, en su condición, inevitablemente, fatalmente, provinciana, inolvidables. Yo añadiría, conmovedoras e inolvidables.

Cito ahora de memoria, con la seguridad de olvidar a muchos, a artistas interesantes de esos años: Carlos Faz, que llegó un día desde Viña del Mar y presentó una exposición completa de su pintura de joven de veintitantos años en la galería del Instituto Chileno-Norteamericano: su obra tenía un aire lejano de Picasso y de Joan Miró, con escenas de una Edad Media chilena inventada, jugada y extraviada; Carmen Silva, pintora inspirada, conmovedora, de objetos modestos, de sillas de paja, ventanales, estufas a parafina, bacinicas de rebordes azules; Lily Garafulic, escultora y profesora, maestra en su género; Raúl Valdivieso, renacentista a su manera, hombre de una cortesía, de una finura, de una generosidad de otro tiempo, seguidor, para definirlo de alguna manera, sin mayores alardes de vanguardismo, de un Henry Moore, o de un Aristide Maillol; Juanita Lecaros, continuadora de los ingenuos, de los *naif* criollos, con Herrera Guevara a la cabeza. Chile no tenía fuerza, y no tenía personalidad, para poner en valor (como dicen y hacen los franceses), para proyectar al resto del mundo, sus valores propios. Éramos recogidos, «arratonados», como se decía antes y ahora, y, sin embargo, éramos. Las obras de los artistas que he nombrado antes, y las de algunos más, están ahí, y todavía nos hablan, todavía nos dicen algo. Insisto en que hay muchos otros, en que no están todos los que son, aunque me parece que sí son todos los que están en mi lista. Roberto Matta era un capítulo aparte: un gran artista, derivado del surrealismo, creador de escenas mentales y a la vez cósmicas, y un gran vendedor de sí mismo. ¿Un farsante de alto nivel? ¿Un Salvador Dalí chileno, parisino y neoyorquino? Podríamos llegar a la conclusión de que los hijos de la gran burguesía tienen aptitudes para venderse mejor, aunque quizá no siempre. Pertenecen, en muchos casos, a generaciones de vendedores eficaces. Aun cuando a menudo se equivocan. Vicente Huidobro, por ejemplo, que se llamaba Vicente García Huidobro Fernández y era vástago de los dueños de grandes viñas del centro de Chile, se sobrevendía, con gestos excesivos y con resultados más bien contraproducentes. Quiso ser escritor francés a toda costa, y resulta que los franceses, ahora, se acuerdan de Pablo Neruda, se interesan en Nicanor Parra, descubren a Roberto Bolaño y ayudan a ponerlo de moda, y de Huidobro, el afrancesado por antonomasia, no saben una palabra. Álvaro Yáñez, que firmaba como Juan Emar (de la expresión francesa *j'en ai marre* —estoy harto, tengo fastidio, tengo lata—), pertenecía a una especie humana y social parecida, pero, por vocación, casi por definición, era secreto, y esa condición secreta, marginal, en forma paradójica, lo ha ayudado. De cuando en cuando declaraba que «se sentía peludo» y se metía en la cama durante un mes entero. Fue un escritor sobreabundante, a veces interesante, y un pintor que ensaya, que se esfuerza, que comienza de nuevo a cada rato, y que en definitiva no convence. Creo que fui con Carmen Yáñez, hija de Pilo, que había sido actriz de teatro, que era algo mayor que yo, a las veladas de Enrique Bello. Es muy posible, y no estoy seguro. Otro personaje interesante de estas veladas era Sebastián Salazar Bondy y su atractiva mujer, peruana como él, Irma. Sebastián era delgado, discreto, insinuante, de tez algo oscura, de conversación irónica, informada, peruanísima en el sentido más completo de la expresión: en el acento, en los numerosos peruanismos, en las anécdotas que llegaban del norte, de Lima y Arequipa, de Bogotá, de Caracas y Río de Janeiro, y de París, de las leyendas del París de los americanos del sur. Sebastián escribió un ensayo que debería ser un clásico nuestro y que tiene algo en común con *El laberinto de la soledad* de Octavio Paz: *Lima la horrible*. ¿Por qué *la horrible*? Por sus complejos, por su identidad insegura, como ocurre con el México de Paz, por su contradictoria y siempre amenazada autosatisfacción, por un fenómeno descrito como «pasatismo»: complacencia un tanto reblandecida con el pasado decimonónico, virreinal, incluso precolombino. Sebastián Salazar Bondy había plasmado en su ensayo un conjunto de sentimientos contrapuestos: amor y odio; nostalgia irresistible y rechazo furibundo de la nostalgia; fascinación frente al pasado virreinal y desconfianza, duda; acercamiento a todo eso, huida de todo eso. La prosa de *Lima la horrible*, que en el tiempo de las veladas de Enrique Bello solo conocíamos en parte, dado que el libro fue publicado en 1964, cuando yo ya vivía en París como secretario de la embajada chilena, me pareció, en su primera lectura, en forma paradójica, fresca, nueva, más libre que lo habitual, insolente e independiente, a pesar de su obsesión por el pasado, o a causa, quizá, de esa obsesión. No había pudores inútiles: el poeta y prosista, el autor de *Sombras como cosas sólidas*, de *Tacto de la araña*, escribía contra la corriente, expresaba sus rechazos como parte integral de sus debilidades. Deberíamos revisarlo ahora, como ya hemos revisado a Julio Ramón Ribeyro, otro maestro alusivo y elusivo, escondido, contradictorio. Hace falta tiempo y hace falta lucidez para la revisión. ¿Se puede pretender que seamos periféricos, marginales, miembros de una seductora «otredad», y a la vez clásicos a la manera francesa, a lo Paul Valéry o André Gide? ¿No es mejor que permanezcamos en nuestros escondites, en nuestros márgenes, en nuestros relativos anonimatos, y que los europeos, los del norte, nos descubran, si es que quieren descubrirnos? Termino este capítulo, donde aparece y desaparece el inefable, el delicado caballero Enrique Bello, gastrónomo, publicista, aficionado a las artes plásticas, comunista de salón (*salonbolchevik*), con el retrato de un poeta un poco posterior a la generación mía y que comenzó a darse a conocer en esos años. Jorge Teillier tenía una figura romántica: era más bien frágil, más bien pálido, delgado, de pelo abundante, de voz suave, de manos encogidas, que temblaban ligeramente, que de repente se levantaban, como si fueran a anunciar algo, y ese algo se resumía en un chiste, en una carcajada, en un temblor de todo el cuerpo. No creo que bebiera demasiado, pero me consta que bebía siempre, desde el desayuno hasta avanzadas horas de la noche, vinos baratos y cervezas al alcance de aquellas manos. Era sociable, burlón, amistoso, aficionado a conversaciones siempre interesantes y siempre perfectamente inútiles, y estaba siempre rodeado de «encandiladas, pálidas estudiantes», para recordar unos versos de *Residencia en la tierra*. Si Sebastián Salazar Bondy era el cantor del pasado limeño, de los balconajes coloniales y los palacetes virreinales venidos a menos, Jorge Teillier, que había nacido en Lautaro, en el corazón de la Araucanía, era el poeta de las estaciones de trenes abandonadas, de las Reinas de las Primaveras ya pasadas, de las viejas canciones francesas, argentinas, chilenas, panameñas, de los púgiles retirados, desdentados, descerebrados, en pavorosa decadencia.

En años algo posteriores recibían modestos ingresos en la oficina del Boletín de la Universidad de Chile, publicación oficial y más o menos confidencial, Enrique Bello, su director; Pilar de Castro (o Fernández de Castro), secretaria, futura mujer mía, y Jorge Teillier, autor de *Para ángeles y gorriones*, de *Poemas del país de nunca jamás*, de *El árbol de la memoria*, entre otros títulos. Teillier era poeta escaso, casi secreto, pero en el balance final su obra resulta abundante: era cabeza de una escritura de la nostalgia rural, deliberadamente provinciana, cultivada por muchos poetas de su tiempo, que pocos años después pasó a llamarse y definirse como «lárica», de los lares desaparecidos. En otras palabras, poesía lenta, rigurosa, sin prisa, pero sin pausa, y que no aspiró nunca a destronar a Pablo Neruda o a definirse como antipoesía.

Teillier salía de la oficina del Boletín, que se hallaba en la Casa Central de la Universidad, en la vereda sur de la Alameda, y cruzaba hasta la vereda norte, donde se levantaba y todavía se levanta el gran edificio del Club de la Unión, impresionante para santiaguinos, emblemático, símbolo de la oligarquía, y por su costado oriente, al otro lado de los adoquines de la calle Nueva York, llegaba al modesto bar La Unión Chica, con su mesón ruidoso y chileno, con pocas mesas, con ofertas de longanizas de Chillán, plateadas, porotos granados, cazuelas de pava con chuchoca, escritas en pintura blanca en el espejo del fondo. A la Unión Chica asistían personajes de la hípica, de la prensa, del comercio minorista, de los escalones medianos de la administración pública, amén de poetas amigos y admiradores de Jorge. Jorge conversaba, bebía alguno de sus vinos, algún pipeño de uva Italia, con parsimonia, con el dedo chico levantado, con su ligero temblor, y regresaba al Boletín a completar sus trabajos escritos, porque era, a pesar de las apariencias y de un largo etcétera, un funcionario constante, aplicado, concienzudo. Su erudición curiosa, diversa, parecía inagotable. Sabía de poesía moderna y antigua en diversos idiomas, de apolillados y olvidados cronicones chilenos, de canciones de la Mistinguett, de Marlene Dietrich, de Libertad Lamarque, de Carlos Gardel y Lucho Gatica, de boxeadores del tiempo presente, como el chileno Godfrey Stephens, amigo suyo, aspirante a escritor, o el panameño Mano de Piedra Durán, y de púgiles de la historia y para la historia o, como decimos en Chile, p'al gato. Una vez, durante una Feria del Libro de Panamá, unos poetas panameños me pararon en la calle y me pidieron noticias de Jorge. Él había ido a un congreso de poetas en Panamá y durante una larga jornada había desaparecido. Salieron a buscarlo a una taberna de marineros del barrio del canal y lo encontraron bebiendo copas de vino tinto y enfrascado en amena conversación con un grupo de boxeadores retirados hacía largo tiempo. A cada uno, ante su asombro, le repetía su historia boxeril en detalle: a ti te noquearon en el quinto round de tu pelea con fulano de tal en tal parte, en el Luna Park o en el Madison Square Garden, y tú ganaste por puntos a tal en el Teatro Circo Caupolicán de la calle San Diego de Santiago de Chile.

Erudiciones inútiles y sin embargo sabrosas, que no carecían de encanto y hasta de enseñanza. Ya he contado que Jorge me llevó una vez, en la zona de la Ligua o de Cabildo, a tomar una última copa, quizá un vino, quizá una piscola, en el bar de un prostíbulo miserable. No me llevó para visitar a las residentes del establecimiento, desde luego, que habían tenido que abandonar sus recintos mejores de Santiago o de Valparaíso, en su decadencia, en su edad, en la caída de sus dientes, sino porque era el único lugar abierto a esas horas en muchos kilómetros a la redonda.

Jorge tenía una amiga compasiva y enamorada que le prestaba una cabaña en el límite de su propiedad agrícola de la zona de Cabildo, señora de apellido alemán, Wagner, por ejemplo, o Ebel, y yo le decía que esa cabaña era un rincón simpático, acogedor, de «la beca Wagner o Ebel». En los muros de la cabaña había fotos pegadas con chinches de sus poetas preferidos, y de sus amigos y amigas. La más destacada era, creo, de Vladimir Maiakovski, el poeta suicida de la Revolución de Octubre. Quizá, me digo, todos éramos suicidas, y algunos consiguieron suicidarse a tiempo, mientras otros no lo consiguieron. El menos suicida de todos fue Alejandro Jodorowsky, que maniobró con astucia suficiente para que sus talentos, sus habilidades en la mímica, en los escenarios, en la escritura, en la lectura del tarot, se convirtieran en dinero contante y sonante. Jorge Teillier, en cambio, desde su cabaña poética, sin un peso en el bolsillo, vigilaba. Divisaba entre los árboles a ladrones de leña o de paltas (aguacates) que se deslizaban como sombras y desvalijaban a la dueña del fundo. También observaba a parientes cercanos que trataban de aprovecharse de la señora Wagner o Ebel, que pertenecía al mundo del arte, con sus distracciones y sus desórdenes propios, más que al de la producción de paltas. Jorge me habló de un temporal que asoló la zona y que convirtió una simple acequia en un torrente poderoso, que se llevaba todo por delante. Inventamos que uno de los parientes codiciosos de la dueña del fundo había encontrado al poeta un poco borracho, caminando entre las piedras con pasos vacilantes, y lo había empujado al torrente, ¡para que no vigilara tanto! Poco tiempo después viajé a París y me tocó dar un par de conferencias en la Universidad de Amberes, Antwerpen, en la región flamenca de Bélgica. Llegué a mi hotel en la tarde, en el tren de París, y salí a dar un paseo por los alrededores. De repente tuve la impresión de divisar en una mesa lateral, debajo de unas ramas, a Carlos Barral, que bebía, solo, su cerveza acostumbrada. Pero Barral, editor, poeta, amigo entrañable y difícil, regocijado amigo, como diría Cervantes, había muerto hacía más de un año. Escribí un relato sobre mi paseo en el atardecer por la ciudad de Amberes, recién llegado en el tren de París, en un crepúsculo de primavera adelantada, y de una conversación de larga distancia con Pilar en Santiago. Pilar me contaba que Jorge Teillier había desaparecido en circunstancias sospechosas después de un feroz temporal en tierras de Cabildo y La Ligua. Me pregunté, entonces, si me había encontrado con Teillier, no con Barral, y si había bebido un par de cervezas en compañía de un poeta asesinado, de un fantasma. El relato, *El largo día viernes*, se publicó en alguna parte, ya no sé si en Chile o en México, y después se me ha extraviado. ¿En castigo por eliminar a un poeta en una fantasía literaria? Quizá sí. Los poetas del Club de la Unión Chica, sectarios, agresivos, resentidos, me acusaron de los peores crímenes. Supe, sin embargo, que había tenido un par de defensores. En cuanto a Jorge, que recordaba nuestras divagaciones, se encogió de hombros y se rio con una risa muy suya, estremeciéndose y tapándose con el puño la boca fina, donde ya faltaban algunos dientes. Mi hija Ximena, de niña, en el pueblo tarraconense de Calafell, donde Jorge

Teillier apareció un par de veces en los primeros años setenta, poco después del golpe de Estado en Chile, hablaba del «poeta limonero». Divisábamos a Jorge en la extensa playa, frente a un horizonte de veleros, caminando por la arena con cierta dificultad y chupando un limón. Después de una noche de prolongados vinos, pensaba que un limón bien exprimido era un antídoto saludable. Ahora recuerdo al poeta limonero en la distancia; al caballero Enrique Bello, publicista, gastrónomo, aficionado al arte abstracto, comunista poco ortodoxo, también en la distancia. ¡Fantasmas en una playa, o en una oficina destartalada, con afiches de Iósif Stalin, en la calle Miraflores de Santiago, reunidos en un paseo de sueño por el puerto de Amberes!

3

Recorrimos en el amplio Oldsmobile de Rubem Braga, con su dirección hidráulica, novedad de la época, con su tablero de madera fina y sus mullidos asientos, calles escarpadas, irregulares, estrechas, de los cerros más altos de Valparaíso, la ciudad de los treinta y tantos cerros. La gringa sueca, infantiloide, histericoide, de Enrique Bello, Annie, chillaba de miedo frente a las subidas inverosímiles, a los precipicios, a las curvas imposibles, y optaba por bajarse y trotar a un costado del vehículo, con cara de resignación, de martirio inminente. Diego Sutil, patriarca de la playa de Cachagua, que entonces solo tenía la casa de familia del fundo de Cachagua y dos o tres caserones más, de gruesa piedra, construidos por el propio Diego, que era ingeniero de profesión, nos había invitado a almorzar un día de esos y habíamos emprendido el viaje en el Oldsmobile. Rubem manejaba y viajamos con Pilar, con su inseparable amiga Blanca Diana Vergara (la Negra), con Enrique Bello y su gringa sueca, y ya no recuerdo si con el Queque Sanhueza. Rubem llevaba uno o dos de sus botellones de whisky, botellones de vidrio oscuro, ponceado, cuyo aspecto, en aquellos años de prohibición aduanera, inspiraba un respeto especial. Como podía hacer falta, Rubem se detuvo en la mitad del camino, en un mercado de Viña del Mar, y compró un buen pedazote de filete de vacuno. Agregó medio kilo de mantequilla, porque también podía faltar, algunas botellas de buen vino tinto, por las mismas razones, y algo de fruta. Cuando llegamos, por fin, hasta la casa de piedra de orillas del mar, Diego nos esperaba con un pesado caldero colocado encima de una enorme chimenea de piedra ennegrecida, lleno de una sopa espesa, humeante, dudosa, cuyo ingrediente principal eran pulgas de mar recogidas por él en los momentos en que las olas sucesivas, espumosas, bullentes, se retiraban, y las pulgas quedaban saltando sobre la arena tersa, en la orilla. Si encontraba alguna macha con sus valvas abiertas, palpitantes, cosa que ocurría en esos años, la echaba también en su caldero sin fondo, conectado con las potencias subterráneas del planeta. Después de probar esta pócima, que me hacía pensar en el bálsamo de Fierabrás, y de comer el magnífico filete del mercado de Viña del Mar, regado por el vino tinto y con finales de whisky en las rocas, caminamos por los terrenos arbolados, pedregosos, cubiertos de cochayuyos resecos, de la orilla. Diego, patriarcal, de barbas frondosas y rubias, grueso, identificado con esos mares, esas playas, esos arenales, con la colonia de pingüinos que habitaba en una isla fronteriza, isla que hoy ya casi no tiene pingüinos, encontró una fenomenal araña peluda, la agarró con una mano, la dio vuelta, y del vientre de la araña escaparon decenas de arañas pequeñas. En una de sus crónicas en lengua portuguesa en la que Rubem resumió más tarde, ya que había regresado al Brasil, a su barrio de Ipanema en Río de Janeiro, su pasada por Chile, habló del coleccionista de arañas de «barbas ruivas». Si no hubiéramos traído carne, frutas, vinos, mantequilla, qué nos habría dado nuestro huésped, alegaba Rubem más tarde, y contestaba a gritos: «¡Sopa de pulgas!».

Creo que al final de esa tarde, Pilar y Blanca Diana, la Negra, decidieron que yo estaba borracho y me transportaron en silla de mano hasta el Oldsmobile. Yo había bebido en abundancia, y había comido filete, aparte de una que otra pulga de mar, pero no creo que estuviera borracho. No era más que una broma, y quizá una forma de coquetería. Fui bebedor fuerte desde bastante temprano y he tenido hasta el día de hoy bastante buena cabeza. Mi padre aseguraba que si bebía como yo, tenía que pasar un día entero en cama para reponerse. Mi resistencia al alcohol le parecía un síntoma peligroso. Y aseguraba que una mañana cualquiera iban a meter a mis amigos y amigas en un camión y los iban a encerrar en algún manicomio cercano. Diego había pasado por los incidentes dramáticos que conté, tomándome libertades propias de la ficción narrativa, a propósito del personaje de Silverio Molina de mi novela *Los convidados de piedra*, y había sufrido una metamorfosis extraordinaria. De pije matonesco, heredero de extensas tierras a la orilla de esos mares, gran señor y rajadiablos (para evocar una vieja novela del chileno Eduardo Barrios), se había convertido, y había sido una conversión en el más amplio y correcto sentido de la palabra, en comunista primitivo, entregado a la causa, apegado a la naturaleza elemental, a los campesinos humildes, a los pescadores artesanales, cazadores de jaivas, de erizos, de machas, de corvinas y viejas, de las orillas rocosas, tumultuosas. Se había casado con una joven artista, Carmen Johnson, que también era niña de buena familia convertida a la causa política correcta y apegada a la tierra, a los fenómenos del mar, de la naturaleza primigenia. Habían tenido niños que caminaban entre los calderos y las grandes piedras, bellos y semidesnudos, y parecía que todos tocaban de cerca, con espíritu amistoso, con singular entusiasmo, con indudable gracia, alguna forma tangible de felicidad.

Las historias del Oldsmobile fueron parte de la vida de Rubem Braga en ese Chile de la década de los cincuenta. Algunas fiestas en casa de mis padres, en ausencia de ellos, fueron hitos de aquella época, emblemas de alguna especie. Recuerdo a un grupo de ener-

gúmenos que saltaba, aullando y cantando, en la ancha cama de
mi madre, mientras otros arrojaban por los balcones los pijamas
de mi padre y estos quedaban colgando de las ramas de los pláta-
nos orientales de la antigua Alameda de las Delicias. Uno de esos
energúmenos era un personaje tranquilo, reflexivo, sensible, que
llegó a ser un maestro internacionalmente reconocido de la fotografía en blanco y negro, Sergio Larraín, el Queco. Algunos años
después, se apartó de la fotografía, del mundo, de todo, y se dedicó
a la contemplación de Dios y de la creación divina en la región de
Ovalle hacia la cordillera de los Andes, en el norte de Chile. Fue
una especie de exiliado interior, una persona que no quiso aceptar
las formas de sociabilidad, de convivencia más o menos organizada,
del Chile de entonces. Algunas fotografías de niñas que bajan por
las empinadas escaleras de los cerros de Valparaíso, de jóvenes pen-
sionistas del célebre prostíbulo portuario de Los Siete Espejos, de
niños descalzos que se deslizan por las instalaciones de un puerto
de pesca artesanal, entre corvinas colgantes y perros vagos, son inolvidables, hitos de ese tiempo y de esas visiones. Mientras se escuchaban los cantos de los que saltaban, abrazados, enloquecidos, con
el Queco, que se salía pocas veces de sus casillas, entre ellos, alguien
apagaba las luces del caserón, antes de salir a la calle, y se escuchaba
de repente el estallido de alguna de las copas de Baccarat rojizo que
mi madre, en su chochera conmigo, había colocado en la mesa del
comedor para recibir a mis amigotes. ¡Qué gente, qué frivolidad
pasada de contrabando como literatura, como rebeldía de alguna
especie! Éramos los *angry young men* de la remota provincia chilena,
pero lo éramos, en muchos casos, en cunas doradas, y a sabiendas,
y sin demasiado castigo. Habría sido mejor, me digo a veces, hacerse militante del partido, asumir su disciplina, su sacrificio, y pasar
después a otra etapa, o hacerse cura progre, teólogo de la liberación,
como Mariano Puga, como algunos otros. A todo esto, aquello que

Octavio Paz bautizó como «crítica de la crítica» había empezado a emerger hacía un buen rato. Nosotros habíamos bebido ese espíritu, esa forma particular de disidencia intelectual, en lecturas de Albert Camus, de Maurice Merleau-Ponty, de George Orwell, de algunos liberales del estilo de Raymond Aron, de Karl Popper, del mismo Octavio Paz, y nos habíamos quedado bailando, en definitiva, en la cuerda floja de un cierto surrealismo, de cierto anarquismo, de ambiciones artísticas o literarias que consolaban de algo, pero que después de todo, al final de todo, no bastaban. Creo que la joven Revolución cubana aportó algo en sus comienzos: un entusiasmo, una causa que parecía válida, una especie de socialismo libertario, libre, en definitiva, del estalinismo, que era el Hermano Mayor de Orwell, detalle que Salvador Allende, en su ingenuidad, ignoraba al emprender su viaje oficial a la Unión Soviética, puesto que la definió, precisamente, como el Hermano Mayor del Chile suyo. ¡Pobre Chile, y qué hermano se adjudicaba! Algunos tardaron en darse cuenta de estas cosas, y creo que yo, que llegué a Cuba desde la incipiente y despaturrada experiencia chilena, tardé un poco menos. Muchos chilenos de esos días creían a pie juntillas que Cuba, que la Revolución castrista, era la panacea, y eso, cuando se pisaba territorio cubano, era un revulsivo, una extraordinaria advertencia. Sea como sea, las alegrías fáciles se terminaron muy pronto, y el estallido de las copas de Baccarat que se estrellaban contra el suelo quedó resonando en mis oídos como una forma curiosa de remordimiento, como una culpa no redimida.

4

Con su manera enrevesada de hablar en español, su relativa aspe-
reza, sus silencios, sus gritos, sus exclamaciones, sus whiskies tremebundos, que a veces lo hacían golpear con la cabeza en la mesa,
sus huevos revueltos de las trasnochadas largas, en las noches del
café Bosco, Rubem Braga había traído un aire diferente a nuestro
Santiago tristón, provinciano, grisáceo, solo redimido por viajes a
la costa, a los cerros de Valparaíso, a la Isla Negra de Pablo Neruda,
a las playas de Zapallar y de Cachagua. Rubem regresó a Río de
Janeiro y se llevó con él a una chilena joven, buenamoza, que no
duró demasiado en Río como pareja suya, pero que no lo olvidó
nunca. Yo me acuerdo del tono grueso, aterciopelado, de la voz del
cantante bahiano Dorival Caymmi, de las arenas blancas y las palmeras de Bahía, del mar infinito surcado por canoas estrechas, por
remeros de espaldas bronceadas. *Oh mar*, y después venían versos
rimados, y al final: *e bonito, e bonito…*

Casi todas nuestras amigas, y no sé cuáles fueron las excepciones, habían estado enamoradas o semienamoradas de Rubem. Mi
suegra, doña Adriana, que hablaba todo el tiempo medio en serio
medio en broma, aseguraba que todos nosotros, hombres y mujeres, estábamos enamorados de Rubem. ¿Quiénes formaban parte
de ese «todos nosotros»? Habíamos leído a los poetas del Brasil,

habíamos escuchado hablar de Clarice Lispector y de Guimarães Rosa, habíamos celebrado a sus cantantes, habíamos conocido de cerca los comienzos de la bossa nova. Recibí en algún momento, ya no recuerdo con exactitud, una magnífica edición de *Casa Grande y Senzala*, de Gilberto Freyre, dedicada «al viejo Braga querido». Rubem me confesó que en el Brasil le decían viejo desde que tenía diecinueve años. Nosotros nos reíamos de algunas ingenuidades de Pablo Neruda sobre los poetas del Brasil. Durante sus largos viajes a Europa y a Moscú, el paso obligado por el Vaticano del comunismo, Neruda solía detenerse en Río y se reunía con su gran amigo Vinicius de Moraes y con los demás poetas. Le gustaba narrar sus encuentros con Alfonso Reyes, el legendario, el gran ensayista y poeta mexicano, que había sido diplomático en el Brasil. Me contó que una vez caminaban por Río de Janeiro y que Reyes le mostró una alta ventana donde estaba o había estado su *garçonnière*, su bulincito. «Os cavalinhos correndo / e nos cavalões, comendo», había escrito Manuel Bandeira en unos versos de circunstancias, a propósito de una despedida a Reyes en los salones de un hipódromo carioca, «Alfonso Reyes partindo / e tanta gente ficando...». A propósito de los poetas brasileños, Pablo Neruda, antilibresco, vitalista, no sé si marxista, bastante ignorante, más bien, del marxismo, daba a entender que les tenía respeto, pero que el exceso de estudio les quitaba fuerza lírica. «¡Son verdaderos sabios!», le había dicho a Rubem, en tono de lamentación y hasta de reproche. Rubem se reía. La sabiduría no era un defecto, ni mucho menos: ni en la vida ni en la poesía. A veces pensé que ese vitalismo nerudiano, ese espíritu antilibresco, que se manifestaba muy bien en su visión de Jorge Luis Borges, chocaba con mi propia curiosidad intelectual, con mis lecturas filosóficas desordenadas, pero intensas, con algo que era muy mío, que de alguna manera me definía. Llegué a creer que mi amistad con Neruda, en la que Rubem Braga tuvo alguna intervención, me había enriquecido en algún sentido, pero, a la vez, me había hecho daño. Me obligó a perder demasiado tiempo. Se había resumido en mucha comilona, en mucha broma, en mucho comadreo inútil, en desmedro de la reflexión, de las grandes lecturas, de las conversaciones más inquietantes y provocativas. Una noche tocamos el timbre del departamento de Louis Aragon, que todavía era la gran figura intelectual del comunismo francés. Aragon, paradigma del poeta lleno de inquietudes filosóficas, al tanto de todas las últimas teorías literarias y políticas, nos había invitado a cenar en su departamento de la rue de Varenne (si ahora no me equivoco de calle), situado en la vereda opuesta al Hôtel Matignon, la residencia de los primeros ministros franceses.

—¡Estamos fritos —exclamó Neruda después de que yo toqué el timbre—, vamos a tener que ser inteligentes toda la noche!

Neruda tenía notorias dudas sobre la inteligencia, sobre el intelectualismo, sobre los saberes librescos. Lo decía con insistencia a propósito de Borges en las cartas de juventud que mandaba al escritor argentino Héctor Eandi desde Rangún, Birmania, y desde Colombo, Ceilán, entre los años 1927 y 1929. Y me lo dijo más de una vez a propósito de la evolución política de nuestro amigo Carlos Altamirano Orrego, alto dirigente socialista en quien se produjo, bajo la influencia de Jean-Paul Sartre, del castrismo, del MIR chileno, de otros fenómenos de los años cincuenta y sesenta, un fenómeno de fuerte «radicalización» ideológica. Era como si el intelectualismo condujera al extremismo, y como si eso pudiera ser una enfermedad del espíritu. Por eso, por ejemplo, Neruda era aficionado a citar el célebre folleto de Vladímir Lenin: «El ultraizquierdismo, enfermedad infantil del comunismo». Era una peste generalizada, obviamente contagiosa, y Carlos Altamirano, que se había manifestado como un adversario de izquierda de Salvador Allende, y desde mucho tiempo antes de la llegada de este a la presidencia de la República, parecía el mejor de los ejemplos chilenos de esta dolencia política «infantil».

El tema aparecía con notable frecuencia en la conversación de Neruda. Se podía detectar con facilidad en la poesía suya de diferentes etapas. El «frenético libresco» del *Canto de amor a Stalingrado*, el joven «adobado de tinta y de tintero», pertenecían a la misma especie humana que escapaba del centro y que alimentaba los extremismos de izquierda o de derecha. Siempre me he preguntado si ese frenético libresco, ese joven adobado de tinta y de tintero, no sería Octavio Paz. Y siempre escuché a Neruda, que rechazaba con expresiones de franco horror todo lo que oliera a «gauchismo», que el Partido Comunista, el suyo, era el partido «central», supongo que central dentro de la izquierda. Esos extremismos eran librescos, ideológicos, y él era el poeta que estaba más cerca de la sangre que de la tinta. Pero me desvío aquí de mi línea narrativa. Lo que describía era la reacción de Rubem Braga, entre burlona e irritada, frente a la idea de que los poetas brasileños podían estar limitados, disminuidos, a causa de sus saberes excesivos. No hay saberes excesivos, argumentaba Rubem, el saber no nos quita espacio en la mente. ¡Todo lo contrario! Yo estaba de acuerdo, pero Neruda, convertido de repente, no se sabe exactamente cómo, en poeta nacional de Chile, llevaba toda el agua a su molino: Altamirano, Fidel Castro, el Che Guevara, el MIR chileno y sus compañeros de ruta y de aventura: ¡víctimas de la enfermedad del ultraizquierdismo!

Rubem me había invitado antes de irse de Chile a su casa de Río de Janeiro, en la calle Prudente de Morais, en una segunda fila más bien modesta frente a la playa de Ipanema. Junté unos pesos, ya no recuerdo si vendí algo, no obtuve la menor ayuda de la familia, cuyas dudas sobre mi porvenir supongo que aumentaron, y partí en ya no sé qué línea aérea en un largo viaje al aeropuerto carioca de Galeâo, que estaba bastante lejos de la ciudad de Río, muy cerca del mar, hacia el norte. Lo que primero me impresionó fue la diferencia entre las dimensiones siempre modestas, en algunos aspectos mezquinas, pobretonas, grisáceas del mundo chileno, en comparación con las del Brasil, el único país verdaderamente continental de América del Sur. Era la época en que Río de Janeiro todavía era capital, y en años no tan lejanos había sido capital imperial, y eso agregaba un factor imaginario, legendario, a las dimensiones humanas y geográficas. «Os grandes caes ladraban nas noites do Imperio», había escrito una notable poeta, Cecilia Meirelles, y me limito a citarla de memoria. Las luces multiplicadas en las alturas, a lo largo de la costa, en alta mar, frente a las islas e islotes de la enorme bahía, me impresionaron entonces y todavía me impresionan en el recuerdo. Antes de mi partida, había visitado a un crítico y erudito muy conocido, Raúl Silva Castro, en sus oficinas de la Biblioteca Nacional en Santiago, y don Raúl, chileno en estado puro, mesócrata, empapelado hasta las narices, amistoso, amable, coleccionista de servilletas de papel con manchas de vino tinto y con versos y frases escritas de puño y letra por Rubén Darío, me dijo que el Brasil era un país interesante, sin duda, pero que estaba muy aislado, por desgracia, por su idioma. Parece que mi idea de viajar hasta allá le parecía un poco estrambótica. Don Raúl, que me había pedido uno que otro artículo para el suplemento literario de *El Mercurio*, pensaba, sin duda, en el gran vehículo que era la lengua española y en las dificultades para comunicarse con el exterior de los habitantes de Brasil y Portugal. ¡Pobres brasileños y portugueses! Cuando citaba la frase de Silva Castro a Rubem Braga y a sus amigos, se reían a carcajadas. Pobre de ellos, pensaban, enormes y aislados, mientras el pequeño Chile, el ínfimo Uruguay, el modesto Perú...

Como joven (tenía unos veinticinco o veintiséis años) recién llegado de Chile, de la angosta faja de tierra chilena, tuve la primera reacción siguiente: los brasileños parecían gente tranquila, segura, orgullosa sin demasiado disimulo de pertenecer a su país. Sabían, pero además sentían, que el país era grande, que tenía espaldas fuertes, poderosas, no obstante todos sus problemas. Rubem, a pesar de su vida de cronista bohemio, noctámbulo, de relativa inestabilidad, tenía un conocimiento minucioso, en alguna medida gozoso, de la historia, de la literatura, del arte, de la canción popular, de la botánica y hasta de la ornitología, y de futbolistas, deportistas, ajedrecistas, de campeones brasileños de cualquier cosa. Vivía rodeado de estampas, de libracos, de objetos populares, de pintura de sus paisanos. Su talento de gran cronista, de prosista de primera línea, no era en absoluto ajeno a esa erudición variada, diversa y divertida: era un derivado de esa erudición. Sabía de pájaros, de plantas nativas, de guisos, de cultos de origen africano, de toda clase de personajes, boxeadores, bailarines, animadoras de la televisión, actrices de teleseries, miembros de unas listas que se publicaban en la prensa y que llamaban «gran finos» y «gran finas».

Me llevó a veces a un club de campo elegante, en el centro de la ciudad, donde no faltaban las «grá-finas» y los «grá-finos», y siempre tuve la sensación de que él, hombre de origen popular, oriundo de Cachoeiro de Itapemirim, podía entrar y salir, gracias a su talento, a la seguridad en sí mismo, de todas partes, de los lugares más exclusivos, de las cabañas y los palacios, como el Don Juan español, y de que era, a su modo particular, un sorprendente Don Juan brasileño. Daba una sensación de libertad que los chilenos, con sus precauciones constantes, sus cuidados, sus sentimientos excesivos del ridículo, sus miedos, nunca daban, ni entonces ni ahora. ¿Exageración mía, miedos míos? En ese club del centro de la ciudad, en una terraza perfumada, cálida, rodeada de arbustos y de flores exuberantes, había una joven de familia muy conocida, de cara interesante, de expresión inteligente, que me miraba con buenos ojos, con ojos que quizá ocultaban, o mostraban, mejor dicho, un brillo que se habría podido definir como favorable, una chispa que podría haberse interpretado como tierna. Las cosas no pasaron de esa mirada, de ese asomo de ternura, de esa chispa opaca, lo cual es una famosa contradicción, un oxímoron. Yo no me sentía cómodo: ni siquiera disponía de fondos para hacerme cargo de las cuentas, que subían de monto en esas mesas, en esos grupos cariocas, paulistas, con una rapidez que me parecía vertiginosa. Después de ir dos o tres veces, en horas mágicas del atardecer, a esa terraza, donde quedaba sentado frente a esos ojos que me encandilaban, empezamos a visitar con Rubem un club nocturno de la zona de Copacabana, a dos o tres calles del mar. El club se llamaba Sacha y me provocaba, por sus luces y sombras, su espacio, su música en vivo, sus cantantes, sus personajes de la política, de las finanzas, de la literatura, sus mujeres de maravillosos peinados, de escotes generosos, de espaldas desnudas, un estado de asombro permanente. Uno se sentaba, y Rubem conocía a todos los ocupantes de las mesas vecinas, y el mozo llegaba y le colocaba una botella de whisky de Escocia que era suya, que tenía una cinta en un costado donde se colocaba la marca del consumo de la noche anterior. A la hora o a las dos horas uno se encontraba medio mareado, liberado de timideces, inspirado, conversando con periodistas, con poetas, con gente diversa, o bailando con una mujer bonita. Bailé mucho con Lila de Moraes, que se estaba divorciando, desquitando, como se decía en portugués, de Vinicius, el diplomático, poeta, músico, y que era delgada, magnífica, de caminar que se cimbraba, de ritmo superior en la samba, en el mambo, en los bailes de esos años, de una dulzura en la voz que me parecía de otro mundo. «Georginho», me decía, con su voz suave. ¡Qué angustia, qué inseguridad, y a la vez, qué exaltación, qué sentimiento inédito de exaltación, qué ganas de cantar, de bailar, y de flotar en las nubes de Copacabana! Lila desapareció en la madrugada, sin aviso, y no hubo manera de que Rubem, ¿celoso?, me diera su número de teléfono. La encontré de nuevo en París, algunos años después, y bailé de nuevo con ella, sin las inhibiciones y los complejos que me habían atormentado en el Sacha, sin la mirada celosa del «velho Rubem». Quizá cuente algo más cuando la memoria, en su despliegue, me lleve a ese tiempo. En esos primeros días de Río, en esas noches del Sacha, conocí al poeta Augusto Frederico Schmidt (Schmitte, pronunciaban los brasileños). Era un hombre corpulento, solemne, autor de una poesía de verso libre y de tonos místicos, entre whitmaniana y claudeliana, con tonos lusitanos y vuelos simbolistas, de Verlaine y de Baudelaire. Si quisiera citar a Nicanor Parra, diría que Schmidt era el típico poeta que no bajaba ni bajaría nunca del Olimpo. Era propietario de empresas importantes, organizador de campañas diplomáticas, amigo del presidente Juscelino Kubitschek. Nos invitó una noche a tomar una copa en su casa y las cosas ocurrieron de esta manera: se abrió la puerta del ascensor, en un edificio lujoso de Copacabana, y ya estábamos en el interior de un departamento que ocupaba todo el último piso. Se abría ante nosotros una imponente galería de mármol, que tenía bustos de emperadores romanos a los costados. «Escravo em Babilonia, espero a morte», comenzaba un soneto original del dueño de casa. A nosotros nos esperaba una botella de espléndido coñac de Francia en una sala de lectura forrada en maderas de lujo, con vitrinas y lomos de libros encuadernados a base de mucho oro y cueros finos. El poeta me regaló un grueso volumen de su poesía con la dedicatoria siguiente en lengua portuguesa: «A Jorge Edwards, con admiraçao pelo que escreviu e que ainda nao conheço».

Pensé que era un diplomático burlón de primera línea. Rubem me contó que le decían en el ambiente literario carioca «o gordinho sinistro», el gordito siniestro, y que se había ganado ese remoquete como hombre de negocios avasallador, de pocos escrúpulos, y como editor que no pagaba los derechos a sus autores. A lo mejor, me dije, los pagaba en coñac de las mejores marcas, y los autores, colegas suyos, no eran comprensivos. Controlaba el negocio del agua potable en la ciudad de Río de Janeiro, todavía capital del Brasil, y otro poeta, Carlos Drummond de Andrade, había escrito un poema a propósito de la situación deprimente del mundo, que cito de memoria: «O poeta Maiakovski suicidouse, o poeta Essenin fartouse de escrever, e o poeta Augusto Frederico Schmidt fornece de agua potavel a Capital Federal...».

Agua potable, agrego, siempre escasa, siempre mal abastecida, según las opiniones concordantes. Cuando salíamos por la galería de estatuas romanas, acompañados por el dueño de casa, el *gordinho sinistro*, divisé una puerta entreabierta: al fondo de un dormitorio oscuro, adentro de una gran cama de sábanas abundantes y desordenadas, se encontraba una señora mayor, pálida, despeinada, que nos miraba desde la oscuridad. Era la mujer del poeta, y supe que era hija de un poeta conocido, citado con frecuencia por los brasileños, que había emigrado de Chile hacía años, Jaime Ovalle. Era, al parecer, un poeta triste, sombrío, de calidad intelectual auténtica, verdadero sabio, como habría dicho Neruda, y, según la opinión general, más musa que poeta, esto es: poeta sabio, inspirador, pero cuya inspiración propia era escasa. Cuando yo, en mi adolescencia, salía del Colegio de San Ignacio, y subía por las calles Alonso Ovalle y Lord Cochrane para llegar a la Alameda, ya he contado que solía encontrarme con un señor alto, de aspecto imponente, de esclavina oscura, polainas grises, corbata de mariposa, que se detenía un momento para hablar con los escolares. Dirigía un diario de la tarde, *El Imparcial*, y se llamaba Darío Ovalle Castillo. Descubrí años después de esta visita a Río de Janeiro que este don Darío, el de la calle Lord Cochrane, el de las polainas, era hermano del personaje que había emigrado en su juventud al Brasil, «Jayme Ovalle», como escribían los brasileños, «poeta, homem triste». Comprobé que las biografías del Brasil informan que «era brasileño de ninguna parte», de lugar de nacimiento indefinido, lo cual podría confirmar su condición de «chileno de algún lugar». Lo de «homem triste» derivaba de un conocido poema de Manuel Bandeira: «Poema só para Jayme Ovalle».

Sacha, el club nocturno de Copacabana, se convirtió para mí, a los pocos días, en lugar emblemático. Me atrevo a decir que metafísico, con plena conciencia de la vaguedad del adjetivo. Al final de la noche solíamos comer una magnífica sopa de cebolla, *soupe à l'oignon* a la francesa, que en mi ignorancia de ese tiempo desconocía y llegué a admirar apasionadamente. Había en la boîte un movimiento general, un ambiente de fin de fiesta y de fin de mundo. Un joven mulato, vestido de etiqueta, paliducho, de mirada histérica, probablemente drogado, subía a la tarima y cantaba a voz en cuello, de brazos abiertos, con movimientos rítmicos del cuerpo, una canción que todas las noches era la misma, anunciadora del cierre inminente, y que cito de memoria en mi portugués mediocre:

Quien descubriu o Brasil,
O seu Cabral, no mes de avril,
Quinze días depois do Carnaval...

Nos despedíamos, yo me despedí una o dos veces de Lila de Moraes con ternura, con intensa ansiedad, con menguadas esperanzas, y partíamos a pie por las calles de Copacabana, mientras un amanecer dorado, rojizo, deslumbrante, encendía las islas y los islotes de la incomparable bahía. A veces nos deteníamos en un puesto callejero y tomábamos un *chopinho*, una cerveza fría, reparadora, preparadora del sueño del amanecer. Hacia las doce del día, Rubem despertaba y se sentaba frente a su vieja máquina de escribir. Yo dormía en un sofá cama del saloncito y también estaba obligado a despertar. Rubem, mientras escribía su crónica cotidiana, lanzaba alaridos de desesperación. Alaridos selváticos. Pero, como le decían allá, era el Príncipe de la Imprenta. Su crónica, melancólica, poética, divertida, llena de impresiones agudas de personajes, de episodios actuales o recordados, de mujeres, de pájaros y *passarinhos* de todas clases, de plantas, flores, tranvías, poemas antiguos, ruinas, recintos portuarios, era leída y celebrada por medio mundo, hasta en las más remotas provincias. Eso le permitía, desde luego, pagarse una botella en el Sacha todas las noches, y algo más que eso, endeudándose en forma razonable, y pagando sus deudas con algún cargo como el que había tenido en Santiago de Chile. A mí se me había acabado al tercer o cuarto día todo el dinero que había reunido en Chile con gran esfuerzo, y Rubem me propuso una fórmula salvadora. Él había comprado en Chile, cuando era diplomático del Brasil, una pequeña parcela de pinos insignes, allá por los cerros de Cartagena o Santo Domingo, y había firmado una colección de letras mensuales. Él me daba al contado todo el saldo del precio de la parcela y yo me hacía cargo del pago mensual de las letras. Acepté feliz y contento, recibí todo el dinero, lo gasté con alegría, con perfecta soltura de cuerpo, y la señora que llegaba todos los fines de mes a cobrarme las letras, primero en la oficina de corretaje de frutos del país de mi padre, donde trabajaba media jornada y cobraba medio sueldo mínimo, y más tarde en mi despacho de oficial grado doce o de no sé qué grado, en el Ministerio de Relaciones Exteriores, me penó durante años. Me angustiaba mucho, me acordaba de esos whiskies y esas *soupes à l'oignon*, y enseguida me olvidaba. Me había gastado la mitad de una parcela de pinos insignes en una maravillosa farra brasileña, y eso era una justificación más que suficiente.

Fui a la casa de Oscar Niemeyer, hacia la floresta del sur de la ciudad de Río, en los días de discusión apasionante, sin cuartel, con odios e intrigas de toda clase, de la decisión del concurso sobre el plano regulador de Brasilia, la nueva capital federal, y el propio Niemeyer nos explicó la maqueta de la ciudad futura, desplegada en una mesa de su estudio del centro de Río. Asistí a conversaciones chispeantes, informativas, chistosas, extraordinarias, con gente como Fernando Sabido, Paulo Mendes Campos, Newton Freitas, y un hombre gordo, sonriente, de cuyo nombre no estoy seguro, ¿Antonio María?, y que era cantante conocido, afrobrasileño, y cocinero de magníficos bacalaos y de gallinas con salsa de chocolate. Conocí al novelista José Lins do Rego cuando salía de un ascensor y entraba a las oficinas del Patrimonio Histórico y Lingüístico del Brasil, en un día en que acababa de ser designado como persona non grata por un club de fútbol, no sé si el Fluminense o el Flamengo, y observé de lejos la figura elegante, más bien reservada, legendaria, del poeta Rodrigo Melo Franco de Andrade, hombre que había sido figura clave de la célebre «Semana de Arte Moderna» del año 1924 en São Paulo. Confieso que entendía poco de lo que se hablaba en el rápido y cerrado portugués del Brasil, pero creo que adivinaba bastante y que nunca dejaba de presentarse algún traductor o traductora compasivos. Y un poeta más bien corpulento, secreto, de obra escasa, en el agua de Cabo Frío, o a la orilla del agua, en una playa de piedrecillas blancas, me habló de un poeta de Portugal que era, según él, uno de los más grandes del siglo, dentro y fuera de la lengua portuguesa, que se llamaba Fernando Pessoa, y que había muerto en Lisboa, desconocido, hacía ya algunos años. Cuando estuvimos en tierra firme, me regaló una breve antología de ese poeta que había nacido en una colonia inglesa del sur del continente africano y que había pasado el resto de su vida en Lisboa, en calidad de modesto empleado y traductor de una empresa comercial.

Leí la antología de Pessoa, releí muchas veces sus poemas, que me daban la impresión de un lirismo de segundo o tercer grado, con hablantes líricos sucesivos y sobrepuestos, y publiqué después en el suplemento dominical del diario *El Mercurio* de Santiago, gracias a la intervención amable de nuestro ya conocido Raúl Silva Castro, un ensayo sobre el poeta de *Mensagem* y sobre el sistema suyo de heterónimos, e intercalé traducciones mías de un par de sus poemas. Los chilenos me paraban en la calle y me preguntaban que por qué había escrito «sobre el Chico Pezoa», un poeta y funcionario municipal que era amigote nuestro, compañero de tertulias, y que se llamaba Fernando Pezoa. «No, huevones —contestaba yo—: Es Pessoa con doble "s", gran poeta de Portugal.»

Mis amigos se reían, y cuando les contaba historias de mi viaje a Brasil, me miraban con incredulidad, con envidia, con miradas provincianas, más o menos resentidas. Yo había descubierto un mundo diferente, sin profundizar demasiado en él: me sabía de memoria poemas de Manuel Bandeira, de Drummond de Andrade, de João Cabral de Melo Neto; había leído páginas de Clarice Lispector que me habían intrigado, y había llegado a la conclusión de que las novelas de la madurez de Machado de Assis formaban parte de lo más nuevo y lo que más me interesaba en la literatura iberoamericana, a pesar de que eran las más antiguas. Después leí otras cosas, y regresé al Brasil recién casado, y también exploré algunas obras portuguesas, aparte de Fernando Pessoa —Camilo Castelo Branco, Eça de Queiros, algunos de los novelistas recientes (Cardoso Pires, José Saramago, etcétera)—. Conté la anécdota del Chico Pezoa, el poeta y funcionario de la Municipalidad de Santiago de Chile, en la casa lisboeta de Pessoa, y una persona del fondo de la sala, un hombre mayor, modesto y tranquilo, pidió la palabra y declaró que él quería conocer la poesía «do Pessoa municipal». La curiosidad literaria portuguesa, me dije, es sensiblemente mayor que la chilena. Y sobre todo en el indiferente, monetizado, entontecido, a menudo cretinizado, Chile de ahora.

5

Cuando estaba todavía en Río, leí en la prensa brasileña que en Chile había disturbios graves, provocados por un alza de tarifas de «las micros», los buses que se hacían cargo de la locomoción colectiva. Era la segunda mitad del gobierno constitucional del general Carlos Ibáñez del Campo, y digo «constitucional» porque Ibáñez, como ya lo he mencionado, había sido dictador entre el año 1927 y julio de 1931, fecha en que los efectos, catastróficos en Chile, de la crisis económica mundial de 1929, habían llevado a una huelga general y de brazos caídos que culminó con su huida de La Moneda y del país.

Pues bien, el extraño, insatisfecho país, el «país de la ausencia», como había escrito Gabriela Mistral, poeta desdeñada, mal leída, a pesar de su Premio Nobel de Literatura, había elegido a fines de 1952 al exdictador Ibáñez, por amplia mayoría electoral, como presidente de la República. Lo había elegido con el símbolo de la escoba, que barría a los corruptos que habían invadido la escena política, y con el lema de acentos mesiánicos de «general de la esperanza». En Viña del Mar, frente a la Virreina, conocido café de la calle Valparaíso, había visto pasar en un automóvil oficial, ahora no recuerdo si flanqueado por motocicletas de la policía o por lanceros a caballo, al renovado general presidente, con su blanco uniforme de verano, acompañado por su vecino más importante, otro general presidente y que también había comenzado su andadura política como coronel, Juan Domingo Perón. Era una alianza que daba que hablar y que pronto mostraría ominosas intervenciones argentinas en la vida parlamentaria chilena. En abril de 1957, hacia el penúltimo año del régimen de Ibáñez, el pueblo de Chile, que lo había elegido con tantas ilusiones, protestaba furiosamente contra él en las calles de Santiago debido a un alza de las tarifas de la locomoción colectiva. El general Ibáñez, el conspirador eterno, después de una luna de miel presidencial que había durado muy poco, trataba ahora de mantenerse en el poder por cualquier medio, olvidando sus viejos ideales populistas, seudofascistas, negociando, transigiendo, recurriendo a la fuerza, pero no como en sus tiempos de dictador, sino en forma más limitada, más controlada, más astuta, con ayuda de algunos Maquiavelos de salón y otros de trastienda que se habían hecho presentes en La Moneda. Por ejemplo, había puesto a dormir las leyes anticomunistas promulgadas por su antecesor, Gabriel González Videla, y había dado facilidades para que Pablo Neruda regresara a Chile. La filosofía política de Carlos Ibáñez era primaria. Se decía que había afirmado en público que el gobernante debía favorecer en primer lugar a su familia, en segundo término a los amigos, y gobernar para los demás. Después de ganar su elección hacía cinco años con el símbolo de la escoba, el general gobernaba ahora con escobas melladas y con palos de luma, el palo que usa el Cuerpo de Carabineros de Chile, fundado por él en sus años de dictador.

Algunos años después, ya separado de Delia del Carril e instalado con Matilde Urrutia en una casa de los faldeos del cerro San Cristóbal, descubrí que Pablo Neruda hablaba de Ibáñez con una vaga simpatía, como si hubiera sido menos malo, en sus intenciones populistas, que los numerosos presidentes oligarcas del Chile anterior. En esos años cincuenta, pocos sabían y nadie se atrevía a decir que el primer nombramiento consular del poeta, el de 1927, había sido obra de la dictadura ibañista que se iniciaba en esos días. La detallada biografía escrita por el senador comunista Volodia Teitelboim, el gran especialista en Neruda y en la poesía chilena dentro del PC de entonces, relató este nombramiento en el Extremo Oriente en forma deliberadamente nebulosa, con notable y oportuna habilidad en el ocultamiento, más que en la narración histórica. Pero ocurría que Ibáñez, dictador de otra época, con fachadas constitucionalistas, tenía rasgos ocasionales de mecenas de las artes y de las letras y había becado en París a un grupo interesante de pintores, Camilo Mori y Luis Vargas Rozas entre ellos. Las acrobacias verbales de Volodia, sus habilidades en el arte del ocultamiento, eran interesantes de observar en los días de la publicación de su biografía-apología.

A todo esto, yo había pensado en ingresar de algún modo al Servicio Exterior chileno. Creía con alguna base de verdad, y con no poca ingenuidad, que la carrera diplomática podría ayudarme en mis ambiciones de escritor. Entré en un concurso abierto en 1952, hacia finales del gobierno de González Videla, y el gobierno siguiente, el de Carlos Ibáñez, no lo tomó en cuenta. Pero me presenté a otro concurso, esta vez a fines del gobierno ibañista, y me fue bien. Estaba cerca de recibirme de abogado, hablaba idiomas y me había quemado las pestañas estudiando temas de economía internacional. Los funcionarios lameculos me habían rebajado un poco el puntaje, ya que tenían que favorecer al sobrino de un senador de la derecha tradicional, pero no pudieron impedir que entrara al Ministerio en calidad de «meritante», lo cual significaba trabajar sin sueldo hasta que se produjera una vacante en el escalafón. En ese Ministerio, instalado en el ala sur del palacio de La Moneda, había escritores diplomáticos de la vieja escuela, como Salvador Reyes, que había sido cónsul en diversos lugares del mundo, entre ellos, en el París ocupado de la Segunda Guerra Mundial, y había escrito novelas del mar, al modo de un Joseph Conrad o un Pierre Loti, sobre los remotos mares del sur de Chile; como Humberto Díaz Casanueva, que era un socialista anticomunista, posición que había administrado con habilidad durante los años de González Videla, que escribía poemas metafísicos, oscuros, de insinuada y no desarrollada inspiración religiosa, y que era un germanista y buen conocedor de la filosofía alemana moderna; como Juan Guzmán Cruchaga, poeta de un lirismo posmodernista, posrubendariano, delicado, refinado, autor de unos versos que se habían hecho populares:

Alma, no me digas nada,
que para tu voz dormida,
ya mi puerta está cerrada...

En los mentideros literarios contaban que Juan Guzmán, el posmodernista, poeta maldito de segunda fila, asalariado del Estado, por más maldito que fuera, persona de gran encanto personal, de refinada cortesía, de amplios conocimientos literarios, amigo de Juan Ramón Jiménez, del colombiano Eduardo Carranza, entre muchos otros, solía beber whisky como un cosaco y tirarse vestido a las piscinas a altas horas de la madrugada. Vaya uno a saber. ¿Furor inútil, remordimientos reprimidos? A Humberto Díaz Casanueva lo había encontrado en la casa de Enrique Bello, el inefable Enrique Bello, y habíamos partido a comer un ajiaco en el Club Ciclista de la calle Bandera. Esa parte de la calle Bandera, donde se alejaba del centro y se acercaba al barrio del Mercado Central y de la Estación Mapocho, tenía fama de barriobajera, peligrosa, de malevos que jalaban cocaína y podían sacar cuchillo. Pero uno iba y no pasaba nada, y cuando pasaba algo, tomaba una distancia prudente. Se subía al Club Ciclista por una escalera estrecha, de escalones carcomidos, y arriba había gente que bebía, que se reía a carcajadas, que golpeaba en las mesas los cuernos del cacho, que tosía, escupía en el suelo, vociferaba. El ajiaco, servido en platos hondos, era espeso, denso, humeante, picante, coronado de hierbas variadas y flecos de cebolla. Yo salía de mis recintos ordenados, de mis apasionadas lecturas, de mis papeles, de mis balcones, a la niebla invernal, a la llovizna, a las torres y claraboyas del centro de la ciudad, o a las fantasías arquitectónicas de don Benjamín Vicuña Mackenna, que había construido el Mercado Central cercano, en su época de alcalde de Santiago, y urbanizado a base de fantasías andaluzas, venecianas, medievalistas, el cerro Santa Lucía, y entraba en terrenos de François Rabelais, del tremendista chileno Pablo de Rokha y sus secuaces, de los clubes de periodistas noctámbulos, de gente de la hípica o del boxeo, de poetas sin dientes, de aspirantes a la absoluta nada.

Trabajé largo tiempo en el Ministerio de Relaciones Exteriores, que, como ya he dicho, estaba entonces en el ala sur de La Moneda y se comunicaba por corredores más o menos secretos con el sector de la presidencia de la República, cuyos altos ventanales, originales del arquitecto Toesca, daban sobre la plaza llamada de la Constitución. El ala sur era más modesta en diversos aspectos y era producto de una ampliación del edificio, hecha sin el menor respeto por la tradición histórica, muy a la chilena, en la época de la dictadura de Ibáñez. Era una dictadura que había endiosado las obras públicas, pero sin la menor noción de la calidad urbanística, estética, de cualquier orden, que estas debían tener. Uno de mis compañeros de trabajo era Jaime Laso Jarpa, también aspirante a escritor, que había publicado en edición chilena una primera novela interesante, *El cepo*. El cepo de Jaime era la burocracia, la administración pública, una caja de pensiones del Cuerpo de Carabineros de Chile, donde había trabajado en años juveniles y conseguido una temprana media jubilación. Era jubilado a los treinta y tantos años, cosa que en el Chile de entonces podía obtenerse con un poco de astucia y un conocimiento suficiente de las fallas administrativas. *El cepo* era el mundo de *Un mundo feliz*, de Aldous Huxley, de *1984*, de George Orwell, de situaciones como las que analizaba Albert Camus en *El mito de Sísifo*. A todos nos sorprendía que Jaime, a quien ya conocíamos en las tertulias de final de la mañana del café Haití o del São Paulo, en pleno centro de la ciudad, fuera hijo de un general del arma de caballería, don Olegario Laso Baeza, autor de renovadas versiones y ampliaciones de cuentos militares, donde los principales personajes eran hombres y caballos. Don Olegario era un discípulo apasionado de Guy de Maupassant y obligaba a todos sus hijos a leerlo, así como a Turguénev y a Antón Chéjov, y a escribir cuentos a la manera de ellos. Yo me imaginaba esa casa de militar, esas medallas y escudos conmemorativos, esos extraños cursos familiares de literatura narrativa. En días anteriores, don Olegario se enfermó de gravedad y recibió la visita de su compañero de ejército, el general Carlos Ibáñez del Campo, que era en ese momento presidente de Chile. Desde su lecho de enfermo terminal, don Olegario le pidió a su amigo presidente que colocara a Jaime en el Servicio Exterior de la República, ya que el joven había resuelto dedicarse a escribir, y eso lo tenía seriamente preocupado por su futuro. El general Ibáñez prometió que lo haría y cumplió su promesa: ordenó sin mayores trámites que Jaime fuera incorporado al Ministerio en calidad de meritante, con derecho a ingresar en el servicio en la primera vacante que se produjera.

Las conversaciones en esa oficina ministerial de techos altos, de ventanas con barrotes pesados, con máquinas de escribir prehistóricas, eran animadas, sorprendentes, intensas, a menudo disparatadas. Había un interés notorio entre los miembros de esa oficina administrativa en temas de cultura, de filosofía, de arte. Jorge Berguño, silencioso, más bien esquivo, de caminar y de andar lento, de tonos burlones, también hijo de general de ejército, era conocedor de la obra de Ortega y Gasset, de Max Weber, de Henri Bergson, de otros filósofos recientes, sobre todo franceses y alemanes. Jaime Laso adoraba a Maupassant y hablaba de Albert Camus como si fuera hermano suyo, Camusito, lo cual era como decir que adoraba a su padre, el cuentista y oficial de caballería. Yo había leído en inglés y en forma exhaustiva, diccionario en mano, a James Joyce, desde mis años de alumno de los jesuitas, lo cual me daba muchas claves para entenderlo, y ahora leía a William Faulkner y a Stendhal. En la interrupción del mediodía, entre la una y las tres de la tarde, Jaime y yo nos quedábamos en la oficina, nos comíamos un sándwich de marraqueta con jamón y mantequilla, y después disponíamos de casi dos horas para escribir tranquilos. Yo salía en las tardes con Pilar, mi futura mujer, y a veces podía darme el lujo de invitarla a cenar al café Miraflores, propiedad de un emigrado vasco español de apellido Besaraluce. Veo el perfil más bien redondo, de boina, de Besaraluce, contra el paisaje de esos años. Había caricaturas de escritores españoles y chilenos en las paredes: Vicente Huidobro, con grandes ojos de paloma; Pablo Neruda, más bien obeso y con ramas de olivo encima de la cabeza calva, sin excluir al músico Acario Cotapos, al poeta Juvencio Valle, a Rafael Alberti. En los manteles a cuadrados, rojos y blancos, en los platos de la más sencilla cerámica del Miraflores, comíamos guisos de las Vascongadas y de toda España que nadie conocía en Chile: callos y cocidos a la madrileña, corvinas en salsas verdosas, gazpachos de consistencias y componentes diversos. ¡Cuántas conversaciones, cuántas voces, cuántos chismes y pelambres se escucharon en ese Miraflores de un pasado todavía cercano! Algunos hablaban de Jean-Paul Sartre, otros de Claudio Arrau, de Dimitri Shostakóvich, de Serguéi Prokofiev, y otros, como decía una amiga, «heideguereaban».

En las noches, después de ingresar a la administración pública, soñaba con rendiciones de cuentas en papeles de color verde; con oficios de acuse de recibo que nos ahogaban, que parecían reproducirse solos; con la oficina de partes, donde dos funcionarios mayores, sin chaqueta, con feos suspensores, traspirando, riéndose con bocas desdentadas, jugaban toda la tarde al fútbol con pelotas de papeles inútiles; con la antesala de la biblioteca, donde dos funcionarios antiguos, Juan Mujica de la Fuente y Juan José Fernández Valdés, hablaban todo el día de reyes, duques, marqueses, todos supuestos antepasados suyos, y se trataban entre ellos de señor marqués, señor duque, alteza, cesárea majestad.

Todo era cómico, perfectamente absurdo, y a veces era posible descubrir alguna relación con los intereses internacionales del Estado de Chile. A veces, no muchas veces. Los funcionarios más jóvenes esperaban con ansiedad que el crudo invierno europeo provocara vacantes entre los funcionarios más ancianos y «le diera tiraje a la chimenea». Las normas sobre retiro obligatorio no existían todavía. Los mayores, sentados en la antesala del subsecretario, de largos abrigos oscuros, esperaban que les dieran alguna destinación sustanciosa, pagada en dólares de los Estados Unidos, aunque fuera de cónsul en Córdoba, en Rosario, en Ushuaia; en Santa Cruz de la Sierra, en Arequipa, en Barranquilla. Desesperado, deprimido, me presenté a un concurso para optar a una beca de estudios en universidades norteamericanas que una fundación le daba al Ministerio chileno. Como hablaba idiomas y tenía hábitos de lectura, obtuve la beca anual para hacer estudios en el Instituto de Asuntos Públicos e Internacionales, el Woodrow Wilson School, de la Universidad de Princeton, una de las grandes de la costa Este de los Estados

Unidos. Y como salía casi todas las tardes con Pilar, y teníamos una relación sentimental en la que la literatura, el teatro, la pintura y la escultura jugaban un rol importante, le propuse, ¡en mi vaguedad, en mi desvarío!, que nos casáramos y que partiéramos a Princeton juntos. Pilar me confesó que no se sentía con fuerzas físicas suficientes para tener hijos, pero aceptó mi propuesta de matrimonio. No sé si con reservas interiores, con una pizca de escepticismo, pero con algo de amor carnal y espiritual, amor verdadero. Y me advirtió que habría que hacer un matrimonio privado, puesto que su abuela, doña María Carmela Blanco Correa, «la tía mamá», como le decían sus dos nietas, Paz y Pilar, acababa de fallecer. En vísperas de su muerte, que se anunció por error en forma adelantada en *El Diario Ilustrado*, el diario de la derecha conservadora y católica, aparecieron delegaciones del antiguo Partido Conservador de la región de Graneros con estandartes, banderas y emblemas de toda clase, puesto que la tía mamá era hija del prócer pechoño Ventura Blanco Viel, el que aparecía detrás del presidente Errázuriz en el abrazo del estrecho con los representantes argentinos, el que había ordenado poner a un par de campesinos de La Leonera en el cepo, el que había ganado su puesto de parlamentario, según decían sus enemigos políticos, ¡con el voto de los muertos de Codegua! Nos casó Diego Fernández de Castro, presbítero y tío de Pilar, que era teólogo e historiador de la religión, y que a medida que se desarrollaba la ceremonia, como si nos tomara el pelo, como si se riera a su manera de todos nosotros, nos decía que tal detalle, por ejemplo, el de la bendición de los anillos, no era necesario, puesto que era posterior a los orígenes del sacramento, y que tal otro, tal rezo, tal invocación, era de legitimidad histórica dudosa. Parecía una lección de teología y de historia eclesiástica, más que un matrimonio, y cuando llegó el momento de la imposición de los anillos, uno de esos anillos, creo que el mío, rodó por el suelo, y los asistentes lo buscaron entre los zapatos de los demás y debajo de los muebles, con risas sofocadas y toda suerte de chirigotas. La escena me hacía pensar en una película burlesca de esos años, *Occupe-toi d'Amélie*, donde actuaba uno de los ídolos emergentes de ese tiempo, Jean-Louis Barrault, y uno de mis amores femeninos en el cine, Danielle Darrieux, y que estaba basada en una obra de teatro de Georges Feydeau, cuyo hijo, Jacques, fue pareja transitoria, inconstante, de María Edwards, el personaje principal de mi novela reciente *La última hermana*.

Bebimos como locos en la fiesta de ese matrimonio privado, y creo que nuestra luna de miel, iniciada en un hotel mediocre, más bien barato, del centro de Santiago, transcurrió entre nubes alcohólicas. ¿Anuncio de un futuro desgraciado? No me parece, en verdad, analizando a la distancia los pro y los contras, que fuera tan desgraciado. Hubo amor, hubo diálogos intensos, constantes, a veces apasionantes, y hubo debilidades y traiciones. Fuimos infieles en un sentido carnal, fuimos ajenos, y en un sentido quizá profundo, más allá de minucias, fuimos intensamente fieles. Pero esas minucias no eran menores. Y entonces ¿qué concluir, qué presagio puro considerar, como pregunta el poeta?

Me acuerdo mucho, en esa fiestoca matrimonial privada, de personajes que ya han empezado a aparecer acá: de Luis Oyarzún Peña, filósofo, poeta, profesor mío de Introducción a la Filosofía en el Pedagógico, hombre de la noche santiaguina y porteña, especialista en botánica; de Jorge Sanhueza, el inolvidable Queque, que entregaba papelitos en encuentros callejeros con anotaciones enigmáticas, que era muy bajo de estatura y se enamoraba de mujeres gigantes, que militaba, con una que otra desviación ideológica, pero con notoria fidelidad, en el Partido Comunista de Chile, el glorioso, como solían agregar sus militantes; del poeta Enrique Lihn, con su cara de asco eterno, y de la Negra Vergara, hija del legendario Perico Vergara, que se gastó la mitad de los terrenos de Reñaca en safaris en el centro de África y en farras europeas y terminó en la miseria de una residencial santiaguina del barrio de la Estación Mapocho. No sé ahora, en otras palabras, si ese matrimonio privado, festivo, medio disparatado, tuvo un signo positivo, después de todo, dados los tiempos que nos iba a tocar vivir, a pesar de todos los signos en contrario. Don Pedro Lira Urquieta, primo hermano de mi madre, decretó que «el joven (yo) parecía estar con prisa». Don Pedro, que la familia conocía como Peruco, era jurista, ensayista, gramático, miembro de la Academia Chilena de la Lengua. Había escrito un ensayo notable sobre Jovellanos y Bello, y llegaría en ese tiempo a ser presidente del Partido Conservador, el mismo al que había pertenecido y que también había presidido don Ventura Blanco, el bisabuelo de Pilar. En buenas cuentas, en ese departamento de la decadencia de misiá María Carmela Blanco, la tía mamá, habían confluido antiguas corrientes conservadoras y corrientes juveniles anarquistoides, surrealistoides, comunistoides. Creo que yo no había invitado a Pablo Neruda y a Matilde por prejuicios ancestrales, probablemente clasistas, puesto que la residencia de la tía mamá era conservadora casi por definición, y ahora me digo que no habría sido malo invitarlos. Pablo ya había escrito su «Oda a Stalin» y todavía no daba la menor muestra de haberse arrepentido. Era, sin embargo, canchero, sociable, enteramente criollo en el sentido más amplio de esta expresión: se habría entendido con don Pedro Lira, se habría reído a carcajadas con las salidas de mi suegra, habría dialogado sin el menor problema con mi madre y quizá hasta habría cambiado impresiones con mi padre: un comunista con gustos conservadores y un burgués vagamente liberal.

6

A todo esto, Rubem Braga, al saber que nos casábamos y viajábamos a la Universidad de Princeton, nos había invitado a su pequeño departamento de Prudente de Morais, en el barrio carioca de Ipanema, prometiendo que él dormiría en la salita de la entrada y que nos dejaría la cama doble del dormitorio principal y único. Después nos llevaría a la magnífica *fazenda* de un gran amigo suyo, en las tierras del barón de Rio Preto, en el interior del estado de Río de Janeiro, y nosotros seguiríamos viaje más tarde a Nueva York y a Princeton, en el estado vecino de Nueva Jersey.

En los tres o cuatro días de estada en el departamento de Rubem en Prudente de Morais, el programa diario fue el mismo de mi primera visita. Tomábamos copas en largas, interminables noches, y Rubem, hacia la mitad de la mañana siguiente, escribía sus crónicas en su máquina de escribir vieja, en un balcón estrecho, junto a una hamaca, con vista desde una segunda fila al oleaje de la playa. Aporreaba las teclas de su Underwood dando enormes y sonoros bostezos, levantando los brazos desde el teclado al cielo, lanzando aullidos de impotencia, de dolor, de angustia. Eran los dolores del pequeño parto literario de cada mañana, y a su modo, una enseñanza para cualquier escritor. Y el resultado, todos los días, era una crónica divertida, maestra, sorprendente. El narrador de una de las crónicas, por ejemplo, deambulaba por la calle, con pasos inciertos, mientras seguía, embobado, entre la marcha de los transeúntes y el tráfico callejero, el vuelo de una mariposa amarilla: *A borboleta amarela*. O hacía una parodia lírica, inspirada, del *Ay de ti, Cafarnaúm*, del Evangelio de San Mateo: «Ay de ti, Copacabana, porque a ti te llamaron Princesa del Mar, y ciñeron tu frente con una corona de mentiras...».

A las dos de la tarde, después de una zambullida en el mar de Ipanema, solíamos sentarnos en el café de la esquina, beber un *chopiño* acompañado de pescadito frito, y mirar a las bellas *garotas* que se retiraban de la playa en sus ínfimos bikinis. De ese café preciso salió no mucho tiempo después, de la inspiración de Vinicius de Moraes, el poeta y no demasiado disciplinado diplomático, gran amigo de Rubem, y de Antonio Carlos Jobim, Tom Jobim, autor ya legendario de música popular, la canción que recorrió el mundo entero, de un confín al otro, «Garota de Ipanema», canción que marcó el comienzo de la llamada bossa nova.

Dejamos el pequeño departamento de Ipanema, de la calle Prudente de Morais, nos subimos en un automóvil, Marcio Moreira Alves senior, dueño de la *fazenda* donde íbamos a pasar una breve temporada de luna de miel, Pilar y yo, los flamantes recién casados, y el incombustible Rubem Braga, y viajamos, comiendo de vez en cuando una *banana ouro o prata*, durante horas, al misterioso interior brasileño. Las dimensiones del país-continente, históricas, geográficas, humanas, no dejaron nunca de impresionarme. En una etapa de ese largo viaje, el paisaje cambió de aspecto. Habíamos entrado sin darnos cuenta en una región de selva, de vegetación lujuriosa, de árboles de grandes flores colgantes, rojas, que se llamaban «mulungús» o algo parecido. La *fazenda* de Marcio Moreira Alves padre (conocí después a Marcito, su hijo, parlamentario de izquierda que tuvo que asilarse en Chile durante la dictadura militar) se encontraba en los límites del interior del estado de Río de Janeiro, en parte de las antiguas tierras cafetaleras del barón de Rio Preto. Nosotros llegamos a un conjunto de mansiones coloniales, decoradas con magníficos frescos que representaban escenas de la bahía carioca, dotadas de capillas con altares dorados en las que el «negrerío» (según la descripción textual) se instalaba en la planta baja, de pie, y los señores escuchaban la misa desde el piso alto, sentados o hincados en reclinatorios de terciopelo oscuro y madera fina. Me acuerdo de tres o cuatro escenas, como en una película. Gran mesa de comedor llena de platos variados, frejoles negros, arroces albos, *farofa* (harina con huevo), gallina, pajaritos, dulces de coco, de chocolate, de naranja. Alrededor de esa mesa, señoras jóvenes y una que otra señora mayor, todas elegantes, con vestimentas y zapatos deportivos, de buena marca, que hablaban en portugués y en impecable francés, ya que entre ellas había una marquesa francesa legítima, y todos se referían en forma discreta a «madame la marquise». El administrador de la *fazenda*, mulato de buena pinta, de bigotito, tocaba la guitarra en las noches, bebiendo *cachaça* o whisky, y tenía encandiladas a las señoras jóvenes. Había bandadas de niños que corrían por las galerías o por las terrazas de afuera, comandados, todos, con sorprendente autoridad, por una adolescente intrépida, de larga melena rubia, belleza futura y presente, que galopaba la mayor parte de la jornada en un caballo magnífico por las praderas vecinas. En las noches, las bandadas infantiles y juveniles se ponían máscaras y portaban lanzas de cartón de colores brillantes, y una vez descubrí que habían entrado en forma sigilosa, bajo el comando de la bella adolescente, al dormitorio de nuestra luna de miel, y que nos observaban, en silencio, con profunda atención, mientras Pilar y yo, desnudos, retozábamos adentro de las abundantes sábanas. Le conté la escena a Rubem, y Rubem la transmitió, con toda la picardía del caso, a las mujeres

jóvenes y al galante, codiciado administrador. Salimos una de esas
tardes a caballo hacia el interior de la selva, aperados con altas
botas, porque las víboras picaban, nos explicaron, solo a la altura
de los pies, y unas buenas botas eran la mejor defensa. El Brasil,
en todos sus rincones, en su paisaje, su música, su gastronomía,
y en el habla, en la poesía y la ficción que brotaban de ese lenguaje,
el de Vinicius, el de Clarice Lispector, el de Guimarães Rosa, el de
Rubem, producía aquello que los franceses llaman *dépaysement*: el
encuentro con otra manera de vivir, con otra manera de amar, con
los misterios mayores de la naturaleza. El clasismo de toda la situación me habría escandalizado en Chile, donde me había convertido a muy temprana edad en un huraño, una especie de exiliado
interior, y en el Brasil, por algún motivo, me escandalizaba menos.
El Brasil, no sé si por su tamaño, por algo ilimitado de su naturaleza, era un país menos politizado, menos politiquero, que Chile.
Rubem Braga, al fin y al cabo, había entrado, a diferencia de su
amigo Vinicius de Moraes, en las visiones críticas, anticomunistas,
del Congreso por la Libertad de la Cultura, y eso influía de algún
modo en la mirada mía y de Pilar, en una revisión germinal de
nuestro sectarismo importado de Chile. Mi padre, referencia mía
inevitable, era un burgués duro, desconfiado, excluyente, mientras
Marcio, nuestro magnífico anfitrión, era fino, seductor, aficionado a la compañía de grandes arquitectos, de escritores y artista de
talento. ¡Todo un contraste, todo un aprendizaje que nos iniciaba!
¿Y que de algún modo nos pervertía? Pensé por un momento que
nos podíamos quedar en el Brasil, lejos de la grisura chilena, de sus
cárceles mentales, a la manera de Jayme Ovalle, poeta, musa llegada del Chile remoto, y a diferencia de su hermano, don (imposible
quitarle el «don») Darío Ovalle Castillo, con sus polainas y sus esclavinas, con su vespertino *El Imparcial*, con su voz aleccionadora,
ligeramente impostada.

El hotel barato que nos recomendaron en Nueva York era un pequeño infierno de cemento, con habitaciones estrechas, parecidas a celdas de prisión, con voluminosos atados de sábanas y ropa sucia que humeaban en los pasillos. Pero descubrimos un bar con un pianista notable, en un hotel que daba sobre la Washington Square, el hotel Earle, y ya no recuerdo si íbamos todas las tardes a ese bar o si nos cambiamos de hotel. Lo que sí recuerdo es que salíamos a la calle, mirábamos la Quinta Avenida desde su final en la Washington Square, y la gente en las terrazas, las luces rojizas, el movimiento del tráfico, nos daban una sensación de irrealidad profunda, en el centro de la más cruda realidad. ¿Era la sensación fantasmagórica que podía proyectar el capitalismo avanzado, tan diferente de la belleza rural del interior del estado de Río? Había que estudiar a ensayistas modernos para empezar a comprender el fenómeno, o para quedarse con una perplejidad mejor analizada.

En mi primera entrevista, le dije con la más perfecta ingenuidad al profesor de American Institutions, en el Woodrow Wilson School de Princeton, que mi mayor deseo era leer literatura; en una institución superior de enseñanza, donde la libertad de elección del currículum estaba asegurada, la petición mía no era necesariamente extravagante. El profesor Harold Stein, ingenioso y pesado, con facha de animal plantígrado, grueso, calvo, de cuello de boxeador, me contestó:

—Lea usted a los Padres Fundadores (*Founding Fathers*). Eso es pura literatura.

No le hice el menor caso, y es probable que me haya equivocado. Pero un joven intelectual influido por el existencialismo de Jean-Paul Sartre, lector de Albert Camus, de Stendhal, de Miguel de Unamuno y Azorín, y, para más señas, de orígenes burgueses, en aquellos años, estaba destinado a equivocarse. Ahora, mientras escribo estas líneas, contemplo con alarma los primeros pasos de Donald Trump en la presidencia de los Estados Unidos y me digo que haber leído a los Padres Fundadores de la Unión, a Madison, a Jefferson, habría sido interesante. Habría podido conocer de primera mano los orígenes del sistema de «checks and balances», de controles y compensaciones, que ahora se tendrá que poner en marcha. Pero no habría podido saber, claro está, si el sistema podrá funcionar en las circunstancias imprevistas de ahora. No es posible leerlo todo ni saberlo todo.

Leí otras cosas, aparte de textos de Stendhal, de Giovanni Boccaccio, de Fiódor Dostoievski, del magnífico *Otoño de la Edad Media*, de Johan Huizinga, e hice un ensayo interesante sobre un clásico del siglo XIX norteamericano, *La educación de Henry Adams*, obra de un hijo escritor y esteta de uno de los primeros presidentes de los Estados Unidos, John Quincy Adams. Mi trabajo, realizado para el curso del profesor Stein, demostró que no estaba tan lejos, después de todo, de los Padres Fundadores y de su filosofía. Leí el libro como quien lee una novela autobiográfica de formación, llena de ritmo verbal y de magníficas intuiciones fundacionales. Creo que me inicié en el gusto por una escritura que he hecho, de diversas maneras, durante toda mi vida: tomando las necesarias libertades, adoptando los necesarios frenos y controles, «checks and balances», pero no políticos, no administrativos, sino exclusiva e irresponsablemente literarios.

En esas dos temporadas de Princeton, la de otoño y la de primavera, participé en los almuerzos de los días miércoles que organizaba el grupo de hispanistas de la universidad. Entre ellos recuerdo bien a Vicente Llorens, especialista en el liberalismo peninsular, y al todavía muy joven Claudio Guillén, hijo de don Jorge, el poeta de *Cántico*. Claudio me llevó una tarde a visitar a don Américo Castro, que ya estaba retirado y vivía en una casa de las afueras del pueblo de Princeton. Me parece que Castro era uno de los grandes pensadores de la lengua española de esos años, y que *El pensamiento de Cervantes*, discutible, sin ninguna duda, acusado de tendencioso, es una lectura de permanente aprendizaje. Don Américo nos habló del idioma español de Chile y sostuvo que los campesinos de los valles cercanos al puerto de Valparaíso hablaban como los labriegos de la región de Valladolid. Es probable que lo haya dicho por cumplido, pero también es probable que los campesinos del Valparaíso de entonces, el que había visitado don Américo, usaran la lengua mejor que los de ahora. Don Américo nos habló enseguida de la España de esos días, y nos dijo que si todos los movimientos antifranquistas fueran las piezas de un mosaico, el resultado de todo el mosaico sería la cara de Francisco Franco. La división de la oposición, de las piezas de ese mosaico, favorecía a la dictadura, como casi siempre y en casi todas partes.

En ese grupo de hispanistas de 1958 conocí un día a Francisco Ayala, gran ensayista, narrador, profesor, que había llegado al almuerzo de los princetonianos desde Nueva York, y fuimos amigos hasta el día de su muerte, a los ciento dos o ciento tres años de edad. Recuerdo como si fuera hoy que Francisco Ayala, Paco, en un balcón de su departamento neoyorquino, en un atardecer caluroso, de colores intensos, abigarrados, nos dijo a Pilar y a mí que había un joven cuentista argentino que se llamaba Julio Cortázar y que era interesante leer. Lo leímos en esos días con pasión, con asombro, con enorme sorpresa. En años recientes, hicimos experiencias ambiciosas, intensas, de relectura, y comprobamos, por ejemplo, que la prosa narrativa de *Rayuela*, que nos había parecido la más novedosa de la tierra, había envejecido hasta extremos sorprendentes. Por eso, cuando hablé de Cortázar en un homenaje a su obra, en La Sorbona, allá por 2011 o 2012, me extendí en el tema de sus prosas libres e informales, de sus *Cronopios*, de sus viajes de una fantasía sin amarras, como los de *La vuelta al día en ochenta mun-*

dos. Yo sentía que algunas de sus obras recientes, como *Libro de Manuel,* eran decididamente indigestas, y no creo que esto fuera consecuencia de ningún rencor personal. Yo me había equivocado de medio a medio en muchas cosas. Muchos se habían equivocado. Y otros, de cabezas más duras, se seguían equivocando. Equivocarse y reconocer después la equivocación, aprender de ella, sacar lecciones, puede ser lo más útil de la tierra. Creo que la enseñanza superior de Sócrates, su definitiva sabiduría, consistía en eso. Así como creo que la obstinación en el error, la inteligencia congelada por la teoría, por la fiebre ideológica, son los fenómenos más estériles de este mundo.

7

El sistema educativo de Princeton era interesante, en cierto modo fascinante, sobre todo en contraste con el sistema de esos años en Chile y en casi todo el mundo. Entre nosotros existían las tribunas, los estrados, los púlpitos, y los profesores infalibles, los doctores de la ley, los dueños de la verdad. Así había sido Arturo Alessandri Rodríguez, hijo del presidente Alessandri Palma, filiación que le agregaba un prestigio casi mágico, en la escuela de Derecho de la calle Pío Nono, y Manuel Somarriva Vicuña, heredero de su cátedra de Derecho Civil, y Guillermo Feliú Cruz, aunque a veces llegara pálido, con una mirada algo extraviada, encendida por libaciones nocturnas, a dictar su curso de Historia Constitucional, que se llenaba entonces de afirmaciones caprichosas y rotundas, emitidas con voz destemplada, con golpes de puño en la mesa. Las anécdotas nunca faltaban, los episodios picantes o bufos, los chascarros. Había profesores que llegaban directamente de la noche santiaguina, con los bolsillos del abrigo llenos de papeles, de cartas, de diarios de la mañana, y pasaban por el casino de la escuela a tomar un gin con gin doble: para darse ánimos, para enfrentar con más fuerza a los alumnos insolentes, bulliciosos, chocarreros, cada día más díscolos.

En los cursos norteamericanos, sobre todo en Princeton, la antigua universidad del Woodrow Wilson School, el sitio donde Albert Einstein, Jacques Maritain, Thomas Mann habían dictado sus clases, donde la mujer de Scott Fitzgerald, Zelda, de acuerdo con la leyenda, se había bañado borracha y desnuda en una pileta del campus, los profesores no eran semidioses. Se podía discrepar de ellos sin consecuencias peligrosas. Discutir, incluso disentir, era mejor visto que prestar una atención pasiva. ¿Consecuencia lejana de esa filosofía ilustrada de los Founding Fathers? Cada alumno, a su debido tiempo, recibía el encargo de disertar sobre algún tema en el curso siguiente. Yo seguía un curso sobre el Renacimiento y la Reforma protestante de un historiador de fama internacional, el profesor Harrison. Busco su nombre en internet y compruebo que ya no existe, que es un personaje del pasado profundo. Pues bien, Harrison pasaba la Reforma, su tema favorito, y me encargó que explicara en la clase siguiente la *Historia de los papas* de Leopold von Ranke. Corrí a los subterráneos de la magnífica biblioteca de la universidad a buscar el libro, y descubrí, en mi ignorancia, que tenía doce o catorce tomos, abultados, de ochocientas o más páginas cada uno. Me puse a leer como malo de la cabeza, con furia, con algo de rabia, y llegué a la clase siguiente con el primer tomo leído y con cerca de una cuarta parte leída del tomo segundo. Empecé con mi detallada, aburrida explicación, y el profesor Harrison dio, de repente, un tremendo golpe en la mesa.

Un historiador, dijo, en tono fuerte, es una persona que puede tener un libro de mil páginas durante un par de horas «and take the guts out of it», sacarle las entrañas. ¿En qué consistían las entrañas de la obra monumental de Ranke?

—En relatar —dije, tratando de no tartamudear— los aspectos frágiles, corrompidos, simoníacos, a veces criminales, de la historia de los papas de Roma, para justificar así el proceso de la Reforma.

—¡Eso es! —exclamó Harrison—, y eso es lo que usted nos tenía que explicar, sin perderse en minucias.

Creo que la rabieta del profesor Harrison, su golpe de puño en la mesa, me sirvieron de algo. Fueron una forma de pedagogía, un aprendizaje instantáneo y hondo, donde la humillación frente a la clase tenía su parte, y me ha servido hasta ahora mismo.

Hacia mediados del semestre de primavera, en abril de 1959, sucedió algo importante, que sacudió el pacífico ambiente princetoniano. La Revolución había triunfado en Cuba a comienzos de ese año y la organización nacional de la prensa norteamericana invitó a Fidel Castro, al comandante en jefe, a una gira por los Estados Unidos. El comandante fue invitado por los responsables de Historia y de Ciencias Políticas de la Universidad de Princeton y aceptó la invitación. Habló en mal inglés durante más de una hora, en una sala exclusiva para profesores y alumnos de Ciencias Políticas, evento al que había sido invitado, y consiguió transmitir su mensaje: su revolución, moderada, de signo liberal, iba a crear nuevos propietarios agrícolas, y ellos formarían un excelente mercado para los productos norteamericanos. Me acuerdo ahora del joven comandante en jefe, imponente, en uniforme de color verde oliva, seguido de otros barbudos y de algunas guerrilleras, que salió del Woodrow Wilson a la calle y fue levantado en andas por una multitud de jóvenes delirantes, enteramente trastornados. Había un personaje que vivía en los alrededores del pueblo de Princeton, casado con una millonaria, y que tenía parientes en Cuba. Durante todo el semestre anterior se había producido un desfile de personajes revolucionarios que se alojaban en su casa, que después bajaban hasta Miami y llevaban armamento en lanchas a los guerrilleros de la Sierra Maestra. Casi toda esa gente partió después al exilio, y ahora recuerdo bien sus discursos, sus grandes ilusiones, sus ideas de los cambios radicales, políticos, económicos, morales, que necesitaba la sufrida, martirizada, isla caribeña. ¡Solemnes propósitos, rimbombantes discursos, ilusiones defraudadas! Suponemos que todos esos cambios eran necesarios, pero comprobamos que los cambios apresurados, mal hechos, sin admitir la corrección, la crítica, aplicados con obsesiones ideológicas excluyentes, tienen consecuencias mucho peores, más regresivas, que las previstas. Fue el aprendizaje de una vida entera, de toda una generación, y parece, a juzgar por tantas situaciones actuales, en Chile y fuera de Chile, que el proceso de madurez, de conocimiento real de los fenómenos, de cambios reflexivos, graduales, todavía no termina. Nos emborrachamos de consignas con facilidad y nos convertimos en esclavos de ellas.

Termino entonces con Princeton, sigo con nuestro regreso a Chile en junio o en julio de 1959, con el general Ibáñez ya retirado de la presidencia en forma constitucional, con más bien poca pena y con gloria escasa o nula, y con Jorge Alessandri Rodríguez, otro de los hijos de don Arturo, ingeniero civil de profesión, al frente del gobierno, que la prensa ya había bautizado como «gobierno de los gerentes», así como la prensa amarilla, izquierdosa, había bautizado al presidente Alessandri, con sus abrigos largos, con sus bufandas, con sus orgías de agua mineral con gas, con su aversión al tabaco, con sus simpatías masculinas más bien calladas, casi disimuladas, como «la señora».

Pero doy antes una última pincelada princetoniana. Una mañana del crudo invierno del año 1959, cuando ya me había habituado a la universidad y tenía buenos amigos, caminaba por el campus solitario cubierto de nieve, enfundado en mi grueso abrigo, de bufanda y guantes, con dos o tres grados bajo cero, y divisé a una pequeña figura que se acercaba desde el lado opuesto. Era un hombre más bien bajo de estatura, de mostachos grises, de capa, de sombrero con plumita de estilo de cazador inglés. Cuando estuve cerca, lo miré a los ojos claros, severos, miré la nariz aguileña, y comprobé sin una sombra de duda que era William Faulkner, uno de los auténticos ídolos literarios de mi juventud y hasta de mis años maduros. Era como encontrarse a boca de jarro con Stendhal o con don Pío Baroja. Les conté a mis amigos, apenas llegué a los edificios universitarios, imitados del gótico y de las enredaderas, de la hiedra, de las universidades inglesas, y me contestaron que eso era imposible, que Faulkner vivía ahora en Virginia, o en Oxford, Mississippi, a centenares o miles de kilómetros de distancia. Pero al día siguiente el diario local, el *Princetonian*, anunciaba en su primera plana que William Faulkner, el autor de *Mientras yo agonizo*, de *Luz de agosto*, había pasado por Princeton el día anterior. El personaje de capa, de ojos verdosos, pensativos, de sombrero de tweed inglés con plumita, era William Faulkner en persona. ¡No podía ser otro! ¿Enseñaba algo el haber visto a un gran escritor en persona, a un metro de distancia? Quizá sí, quizá la tranquilidad de su mirada, de su integración con el paisaje invernal enseñaban algo.

8

Llegué a Chile con Pilar, que esperaba a nuestro primer hijo, y había cierto ruido acerca de una supuesta «generación del 50», una ficción del novelista Enrique Lafourcade, que era ágil en la prensa de entonces, que además era secretario del director de la escuela de Derecho, y hombre astuto, de mente rápida, algo exhibicionista y manipulador. Había publicado tres o cuatro libros, y su primera novela, *Pena de muerte*, eran páginas que ahora recuerdo en forma confusa, historias de orgías más o menos ambiguas, entre marineros, pescadores, intelectuales borrachines, en una caleta de la costa central de Chile, Horcón. Ahora, en el recuerdo, me parece que la novela de Lafourcade tenía momentos de verdadera fuerza narrativa. Como creo que ya lo dije, Roberto Bolaño me contó muchos años más tarde que la había leído, cuando ya el ruido de la generación del 50 se había esfumado hacía rato, y que en verdad le había interesado. Me lo dijo como si fuera un fenómeno literario enormemente extraño. Ahora bien, el juicio literario está hecho de prejuicios, de modas, de apasionadas simpatías y de furiosas diferencias. Aquí y en todas partes.

Enrique Lafourcade alegaba que la generación del 50, invento suyo que había sido recogido de inmediato y proyectado a nuestro cotarro por todos los medios de prensa, era una generación de jóvenes rebeldes, insatisfechos, enemigos del orden establecido, comparable con el grupo de los *angry young men* que acababa de aparecer en Inglaterra. Mantenía una intensa polémica por la prensa nacional con un connotado representante del orden, de la derecha más conservadora, Jorge Iván Hübner, profesor de esa escuela de Derecho donde Lafourcade trabajaba como secretario del director. Después me confesó, entre risotadas, que se había puesto de acuerdo con Jorge Iván para inventar esa polémica, procedimiento, sin duda, del más puro estilo lafourcadiano. Yo, con mi lado de malas pulgas, no me interesé en serio en ese invento generacional. Pero mucha gente de ese tiempo le siguió el amén a Lafourcade, a falta de noticias más interesantes, y una de mis primeras experiencias, al regresar a Santiago, consistió en ir una tarde al Salón de Honor de la Universidad de Chile, en el centro de la Alameda, frente a la estatua pensativa, en mármol, no en piedra, de su ilustre fundador, Andrés Bello, encontrar que el salón de honor estaba repleto, en medio de una acalorada polémica sobre la ya famosa generación, y que la poeta pelirroja Stella Díaz Varín, desde la puerta, porque el gentío le había impedido entrar, vociferaba toda clase de improperios, incluyendo garabatos de grueso calibre, contra Lafourcade y contra todos los participantes en el acto. Stella Díaz, a quien ya hemos encontrado en estas páginas, con sus ojos casi siempre encendidos por el alcohol, también me increpaba a mí. «¡Te odio!», exclamaba al verme, con su voz aguardentosa, con cara de pasión homicida, y después me abrazaba, me besaba, me declaraba un amor inextinguible. Después del ambiente sofisticado de Princeton, donde se hablaba de Scott Fitzgerald y de Ernest Hemingway, pero también se hablaba de Erasmo de Rotterdam y de Giovanni Boccaccio, era un reencuentro con el ambiente primario, salvaje, divertido, del Santiago de fines de esa década. Alejandro Jodorowsky había tenido un amor con Stella, la colorina, la provocadora de barrio, y después supe que iban a visitar con frecuencia a Mario Espinosa Wellman, cuando estaba enfermo de polineuritis, y que durante una hora de visita Stella Díaz tenía una mano metida en el bolsillo del pantalón de Alejandro y le agarraba el falo con vigor apasionado. Pero pronto Alejandro había salido de Chile y se había instalado en México, en París, en la compañía de mimos de Marcel Marceau, en alguna otra parte. Jodorowsky, con el paso de los años, descubrió que tenía algo en contra mía, no sé por qué motivo exacto, pero yo heredé de él la amistad con una mujer interesante, escultora de vanguardia, esotérica, muy amiga de Vicente Huidobro y que terminó casada con Álvaro Yáñez, Gabriela Rivadeneira. Nosotros, los amigos de ese tiempo, conocíamos a Gabriela como «Madame Gaviota», nombre que por algún motivo misterioso le ajustaba, le caía como anillo al dedo, y en cierto modo la definía. Las dos ayudantas de Alejandro Jodorowsky en su teatro de títeres eran Clarita y Pilarcita Yáñez, hijas de Álvaro, Pilo, que firmaba sus libros como Juan Emar, y vivían con Gabriela, Madame Gaviota, la segunda mujer de su padre. Cuando las conocí, creo que las dos estaban enamoradas de Alejandro, y las dos se enamoraron después de Raúl Valdivieso, escultor de mi tiempo, muy amigo de Pilar, quien hacía escultura cuando la conocí al pie de las escalinatas carcomidas de la escuela de Bellas Artes, y también amigo mío. Raúl, tres o cuatro años menor que yo, era un hombre guapo, silencioso, elegante a su manera, de sonrisa esquinada, de acentos y salidas burlonas. La burla, la broma pesada, la improvisación en tonos teatrales, paródicos, eran una constante de la época. A los que se pasaban de rosca, o a los que practicaban un esoterismo o un orientalismo que lindaba con la franca cursilería (en chileno, siutiquería), los llamábamos «faunos». Cuando las hermanas Yáñez estaban enamoradas de Raúl Valdivieso, hablaban de él todo el santo día. Por eso recuerdo la escena siguiente, ocurrida, me parece, después de Princeton, en una casa del barrio alto de

Santiago, moderna, poco agraciada, donde vivían las hermanas con su padre y su madrastra, Gabriela Rivadeneira, es decir, Madame Gaviota. Había mucha gente de ese tiempo en el salón de la casa, el Queque Sanhueza, supongo, y Arturo Edwards de Ferrari, y Raúl Valdivieso, y no sé si Enrique Lihn y Pilar, que ya se había casado conmigo, y se hablaba de muchas cosas, hasta que se produjo un repentino silencio. Entraba a la sala, desde un corredor del fondo, arrastrando los pies sin hacer ruido, en un abrigo que le llegaba hasta los zapatos, con una bufanda gris, un personaje de cabeza grande en forma de torpedo, pálido, enteramente calvo, de expresión entre profundamente aburrida, disgustada, severa. Era Álvaro Yáñez, el papá de las «niñitas», como se les decía, Juan Emar en persona. Nos miró a todos con frialdad suprema, que nadie habría podido imitar, y preguntó:

—¿Quién de ustedes es Raúl Valdivieso?

—¡Yo! —dijo Raúl, y levantó una mano.

—¡Ah! —exclamó Álvaro Yáñez, o Juan Emar, el secreto, el enigmático, y le clavó los ojos a Raúl; enseguida, después de haber identificado al personaje amado por sus dos hijas, dio media vuelta y regresó a sus aposentos privados, a su misterio, al baúl donde tiraba las hojas de su novela infinita. Escribía todos los días su novela río, su texto interminable, *Umbral*, y tiraba las hojas a ese baúl en el orden en que cayeran. Mucho tiempo después de su muerte, en épocas recientes, los investigadores literarios más avanzados, más impresionados por la teoría, han rescatado las páginas perdidas en ese baúl, que podría ser un cofre sin fondo, algo parecido al arcón donde se encontró el manuscrito de Cide Hamete Benengeli, y han editado y publicado *Umbral* en ediciones de la Biblioteca Nacional de Chile. Son volúmenes de mil o más páginas, ladrillos, mamotretos, donde uno puede encontrar páginas sorprendentes, fragmentos de filosofía esotérica, disquisiciones interminables, nebulosas, junto a momentos narrativos de atmósfera kafkiana, aun cuando no estamos seguros de que Álvaro Yáñez, Juan Emar, haya conocido algo de la literatura de Franz Kafka. En su prólogo a una edición de *Diez*, diez cuentos de Juan Emar, Pablo Neruda afirmó que era el Kafka de Chile, pero Neruda tampoco tenía una noción medianamente clara de la obra de Kafka. Yo, en cualquier caso, leo con más facilidad los relatos breves de Juan Emar, como *Ayer*, como *Miltín*, como *Diez*. He intentado leer *Umbral* y he fracasado repetidas veces, llegando con gran esfuerzo a pasar, quizá, de la página cien, o de la página doscientos. Fui, en mi juventud, amigo de Carmen Yáñez, actriz de talento, hija suya, y muchos años después cayó en mis manos una correspondencia publicada de esta con su padre. Me asombró que la principal lectura de Álvaro, Juan Emar, fueran autores espiritualistas, esotéricos, del estilo de Gurdjieff y de Ouspenski. Daba la impresión de que la literatura, con la excepción de unos pocos autores cercanos a sus maestros, como era el caso de Fiódor Dostoievski, le interesaba poco. Y al tratar de leer *Umbral*, libro farragoso, excesivo, oceánico, pensé que la literatura, desdeñada por él, tomaba su venganza. El humor extraño, inquietante, el gusto por lo absurdo de las páginas mejores de Juan Emar, me recuerda, más que la prosa de Kafka, la del Vicente Huidobro de *Tres inmensas novelas*, escritas en colaboración con el artista suizo de vanguardia Hans Arp. Y me parece que la prosa de algunos argentinos de la misma época, como Macedonio Fernández, para citar un solo caso, es equivalente a la de Emar y a la de textos sueltos de Huidobro.

Había afinidades generacionales y divergencias notorias. Alguna gente estudia estos temas a fondo y dedica su vida profesoral, académica, a estos estudios. No tengo la suficiente paciencia, ni la constancia suficiente. Ahora, sin ir más lejos, después de haber leído centenares de páginas de Stendhal, me he sumergido en la lectura de la autobiografía de Benvenuto Cellini. Es una lectura que me divierte mucho, que me enseña algunas cosas interesantes, altamente criminales, de la vida diaria en el Renacimiento italiano y en la corte de los papas, y que no me conduce a ninguna parte. Pero tampoco tengo interés en ser conducido a parte alguna. Y menos por la lectura. Solo me gusta la lectura libre, universal, no programada. En determinadas circunstancias, conocer a un autor a fondo, en sus textos principales, en su correspondencia, en sus páginas sueltas, es un placer superior y una enseñanza más estimulante.

Después de años de academismo, de críticos amenos, pero un tanto simples, me inclino a pensar que en Chile, en forma paralela a la prosa convencional, a los Pedro Prado, a los Mariano Latorre y Marta Brunet, a los Manuel Rojas y José Santos González Vera, hubo una creación narrativa de lo absurdo, emparentada con el surrealismo francés, con el creacionismo de estirpe huidobriana. Es una corriente alterna, más bien subterránea, conocida y practicada por una minoría, unos *happy few* locales, doblemente «few» y quizá no tan «happy». A esa corriente pertenecen las novelas de Braulio Arenas, los cuentos de Eduardo Anguita y de Teófilo Cid, quizá la prosa de María Luisa Bombal, entre otros. La corriente se hunde en algún lado y reaparece en la superficie con Mauricio Wacquez y sus novelas de una Colchagua imaginaria; vuelve a hundirse y reaparece con Roberto Bolaño. Me asomé alguna vez a esas maneras en *El museo de cera*, en *El descubrimiento de la pintura*, en algunos cuentos míos, y después caminé por parajes menos nocturnos. Hice una prosa que merodea, que se alimenta de sí misma, que se desvía, y que «laisse surnager ce qui surnage», como escribió André Breton en *Nadja* y como cité en el epígrafe de *El peso de la noche*. Los jóvenes de ahora leen bastante menos de lo que leíamos nosotros, están más preocupados que nosotros por sus derechos de autor y por el espacio que consiguen en los «medios», los sacrosantos y casi siempre estúpidos «medios», y de repente, sin decir ¡agua va!, nos escupen. Es probable que esta conducta sea normal. Escupí a muchos en mi juventud y recibí el pago que me correspondía. Eduardo Barrios, novelista de nuestra línea narrativa central, autor de *El niño que enloqueció de amor*, texto en que me gustan las campanas de los atardeceres de Santiago, además del erotismo que flota en el interior de las familias, y de *Un perdido*, que es de una lentitud exasperante, pero que tiene páginas que rescatan esa lentitud, declaró a la prensa que la generación nuestra solo escribía «estupidismos y barbarismos». Joaquín Edwards Bello, otro cascarrabias, fue, sin embargo, más tolerante, o más prudente en su juicio. Declaró que los jóvenes tenían derecho a leer lo que quisieran y a escribir lo que les diera la real gana. Bien por mi pariente Joaquín. Por algo, en sus comienzos literarios, después de pasar por París, fue proclamado por Tristan Tzara, el inventor del dadaísmo, cónsul dadá en Valparaíso.

Recuerdo un movimiento constante, agitado, febril, sin objeto, que se extendía desde el cerro Alegre y el cerro Cárcel de Valparaíso hasta Horcón, al norte del puerto de Quinteros, y la playa de Cachagua, que entonces estaba llena de machas vivas en la orilla, que cuando retrocedía la ola abrían sus valvas. Ese movimiento llegaba a menudo hasta el sur del país, a tierras de pinos y araucarias, regadas por el río Laja, y donde se bautizaba, por ejemplo, al hijo de un discípulo del filósofo Jorge Millas entre sandías refrescadas en la orilla, chuicos de vino tinto, cabritos asados en cruz, encebollados, causeos picantes. Nicanor Parra, a quien veíamos con frecuencia, era más bien sedentario y no nos acompañaba en nuestros desplazamientos. Después de haber publicado *Poemas y antipoemas* en los primeros años cincuenta, y algunos años más tarde un libro de inspiración popular, una especie de antiantipoema, *La cueca larga*, fabricaba en su departamento de la calle Mac Iver, sin descansar nunca, su *Quebrantahuesos*, hoja de creación colectiva, que se hacía con diarios viejos tirados sobre una mesa y con largas tijeras, y en cuya fabricación participaban Alejandro Jodorowsky, Enrique Lihn, Jorge Sanhueza, yo mismo, algunas veces. Me acuerdo de la gente que se aglomeraba en la calle Ahumada o Estado, al lado del antiguo Waldorf, para leer este diario mural del absurdo en estado puro, del antitodo. En esos mismos días, Nicanor ya empezaba a concebir sus artefactos, sus guatapiques, sus instalaciones conceptuales, sus variados, extravagantes, provocativos discursos. Había practicado la amistad, quizá inevitable, con Pablo Neruda, pero se alejaba del poeta de *Canto general*, de su ambiente, de algo indefinible que se podía llamar «nerudiano», de nerudianos y nerudólogos, en forma lenta, deliberada, salpicada de detalles insidiosos, sin retorno posible.

—Tú has perdido toda tu vida con Neruda —me dijo una vez.

—No toda —le respondí—, pero es posible que una parte sí la haya perdido.

Hablábamos de William Shakespeare, del utopismo de Fourier, de T. S. Eliot y Vladimir Maiakovski, de la prosa de Juan Rulfo, de los poetas beatniks de California. Nicanor ya tenía una casa en los faldeos cordilleranos de La Reina, y habíamos inventado el Instituto de la Maleza, cuya sede central se encontraba en un terreno abandonado frente a esa casa. También inventamos, con el Queque, con Enrique Lihn, el Club Gagá de Chile, cuyo presidente honorario era el escritor interesante, pero ingenuo y pomposo, aparte de majadero, Benjamín Subercaseaux. A medida que salían nombres en la conversación, el Club Gagá crecía y se multiplicaba, entre carcajadas estrepitosas. Mario Espinosa Wellman, que se jactaba de conocer a fondo la obra de James Joyce y de ser amigo personal de Benjamín Subercaseaux, nos llevó un día a la casa del autor de *Chile o una loca geografía*, en un barrio popular del sur de Santiago, cerca de la calle San Diego y de la avenida Matta. Creo que iban Enrique Lihn, Enrique Lafourcade, el imprescindible Queque, algún otro. Benjamín vivía en una casa de un piso, modesta, de barrio bajo, pero bien construida y pintada, y cuando se abría la puerta de calle, uno se encontraba con la fotografía en gran formato, impecablemente enmarcada, de un trasero masculino, un culo, un *poto*, en español de Chile con adherencias del mapuche originario. Debajo de la fotografía había versos escritos a tinta, caligráficos, de homenaje y alabanza de esa parte del cuerpo humano. Adentro de la casa nos encontramos con un despliegue de objetos de navegación de bronce, muebles de barco de buena madera, papeles, libros, retratos en fotografía y con uno u otro cuadro al óleo. Benjamín, afrancesado incurable, de origen martiniqués, como solían decir lenguas racistas y mal intencionadas de Santiago, era el André Gide de Chile. Me parece que lo era con buena información, con gran acopio de lectura, a conciencia. Uno entraba en esa casa y pensaba en alimentos terrestres, en *Corydon*, en páginas de diario del norte de África. El dueño de casa había vivido en Francia en su juventud y hablaba en un francés impecable. Nos contaba que en su juventud era el hombre más guapo de Francia y de Chile y que, en materia de conquistas eróticas, no conseguía nada. Ahora, en cambio, en su madurez avanzada, feo, pero famoso, declaraba con no disimulada satisfacción que tenía el mundo en bandeja. ¡Sí, señores! Su defensa de la homosexualidad, el *Corydon* suyo, fue un grueso ensayo, bastante indigesto, que se tituló *Santa materia*. Era un libro atiborrado de explicaciones seudocientíficas y de clasificaciones absurdas: clasificaba a los mejores amantes masculinos del mundo desarrollado y del mundo en desarrollo y les ponía puntos. Los chilenos del pueblo llano alcanzaban los mejores puntajes entre los amantes subdesarrollados. Uno salía de esa casa de un piso de la calle Santiaguillo o de la calle Baltazar Villalobos y descubría que los jóvenes ganadores de la clasificación de Benjamín pululaban por todos lados, conversando en las esquinas, mandándose recados a gritos, por encima del ruido de las carretelas, de las micros, que algunos todavía llamaban «góndolas», de los tranvías de carros abiertos.

En esos años de nuestro regreso de Princeton, primeros de nuestro matrimonio, íbamos con frecuencia, Pilar y yo, y a veces iba yo solo, a la casa de los Neruda, Pablo y Matilde, en Isla Negra. Solíamos dormir en un ala separada, que tenía salida directa a la parte de atrás de la casa. Nos reíamos de muchas cosas, en interminables conversaciones junto al fuego de una gran chimenea de piedra, pero también hablábamos de cosas serias, y hasta, me parece hoy, muy serias. Después del Congreso Continental de la Cultura de 1953, después de la «Oda a Stalin» del Neruda de esos años, Nikita Kruschev se había instalado en el poder y había pronunciado su célebre discurso del XX Congreso del Partido Comunista de la Unión Soviética de 1956, el discurso en que había denunciado los crímenes de Stalin y el llamado Culto a la Personalidad. No puedo relatar la reacción inmediata, política, emotiva, intelectual de Pablo Neruda. No fui testigo directo de este asunto: en casi todo ese tiempo estuvimos en Princeton y recibíamos noticias lejanas de Chile. Neruda, en sus pasadas anuales por Moscú, había conocido el tema muy de cerca, con fuerte acopio de testimonios de amigos, y había guardado un estricto, riguroso silencio. Desde mi perspectiva de hoy, estoy convencido de que el discurso de Kruschev fue un golpe feroz para él, un verdadero cataclismo personal. Algunos dirigentes chilenos dijeron después que «el camarada Kruschev había exagerado mucho», pero el silencio de Neruda, para los que comenzábamos a conocerlo a fondo, era enormemente revelador. En su hotel de Moscú, Pablo y Matilde se encontraban con gente como Konstantín Símonov, como Yevgueni Yevtushenko, como Ilya Ehrenburg, como Lily Brick, que había sido amante del poeta suicida Vladimir Maiakovski. Era gente que sabía mucho, y que también callaba, pero que después de algunas rondas de vodka, de coñac ruso, de auténtico whisky de Escocia, desataba sus lenguas y hablaba más de lo necesario. ¡Mucho más de lo necesario! Años más tarde, en un hotel de La Habana y en otros lugares habaneros, me tocó participar en conversaciones parecidas, comparables, salvando las enormes distancias, y comprendí un poco más. De regreso en Chile en 1956 o 1957, un Neruda golpeado, acribillado por la información, dolorosamente consciente, se puso a escribir un libro que era un golpe de timón, un cambio de rumbo, de orientación estética y hasta de intencionalidad política, un evidente abandono del realismo socialista de parte del autor del *Canto general* y de *Las uvas y el viento*. *Estravagario* estaba destinado a ser una colección de extravagancias, como el *Crepusculario* de la juventud había sido una colección de crepúsculos, pero coleccionar extravagancias, de salida de años de estalinismo duro, era un símbolo, un indicio, en cierta medida, una soterrada provocación. Me acuerdo del poeta coleccionando ilustraciones de antiguas ediciones de Julio Verne: imágenes del kraken, el pulpo descomunal, monstruoso; del órgano submarino en que interpretaba músicas catedralicias el Capitán Nemo; de sirenas, de otros personajes de viejas mitologías. ¿Había salvación, había sentido en alguna parte? Entre las extravagancias de *Estravagario*, había muchos versos del absurdo, del sinsentido, o de sentidos equívocos, tramposos.

Recuerdo la época en que empezaron a aparecer en Isla Negra, y ya no recuerdo un antes y un después precisos, jóvenes como Ulf Hyertonsson y Karen, diplomáticos recién llegados de Suecia, o como Claudio Véliz y Paula Silva. Véliz era allendista declarado y escribía vibrantes columnas de izquierda en el diario vespertino *La última hora*, donde también escribía con frecuencia gente como Arturo Matte Alessandri, Clodomiro Almeyda, Aníbal

Pinto Santa Cruz, Carlos Altamirano, Volodia Teitelboim, representantes de lo que podría llamarse una izquierda nueva, ilustrada, sólidamente conectada con el pensamiento contemporáneo. Paula, mujer de Claudio, era capítulo aparte: encantadora, libertaria, de costumbres privadas que escandalizaban al mundillo chileno de esos días. Piensen ustedes en una cena en un jardín, en una primavera de Santiago avanzada, en numerosas mesas redondas, impecablemente puestas y servidas. De repente una de las mesas se vuelca, con escandaloso estrépito de copas y platos quebrados, y todos ven las hermosas piernas de Paula entrelazadas con las de su joven y guapo vecino de mesa, maniobra que había causado el sorprendente episodio. Eran tiempos de ruptura en diversas direcciones; tiempos en que la revolución social se confundía con la revolución de las costumbres, fenómeno que pocos años después llegaría a su culminación en las jornadas de Mayo de 1968 en París. Paula terminó su periplo vital en Nueva York, casada con un neoyorquino empleado de bancos o algo por el estilo. Llegó a Chile de visita, hablando en inglés, poco antes de su muerte, y me dijo: *We were wild, incredibly wild.* Se acordaba de escenas de locura y de lujuria, de visita en un prostíbulo de Santiago, en un final de fiesta. Esas cosas podían ocurrir en una noche de farra y después se pasaba la página. Neruda, el «gordo bonzo», como había escrito su furibundo enemigo Pablo de Rokha, observaba las escenas de lejos, con una mezcla de astucia y de discreción, y se replegaba a sus cuarteles de un otoño temprano. En esos años, José Santos González Vera, que había sido desde los comienzos míos uno de mis lectores mejores, solía citarme un poema del Neruda adolescente, esto es, de Neruda antes de ser Neruda, que a él y a su amigo Manuel Rojas, en su condición de escritores ácratas, les gustaba en forma especial: «Patria, palabra triste / como termómetro o ascensor». Es tu mejor poema, le decía yo a Neruda, y el poeta contestaba: «¡Déjate de leseras!».

En mi memoria, lo mejor de esos años, lo más íntimo, lo más revelador, eran las cenas de los domingos en la noche en Chez Camilo, un restaurante de El Quisco, cinco o seis kilómetros al norte de Isla Negra. El restaurante había sido instalado por Camilo, uno de los antiguos mozos de la hostería de la señora Elena, con el apoyo entusiasta del poeta. La gente del fin de semana había regresado a Santiago en esas noches de domingo y los empleados de servicio de la casa de los Neruda tomaban su descanso. Siempre había poca gente en Chez Camilo, y las corvinas, las jaibas, los locos, estaban frescos. La conversación se soltaba, y no había necesidad de entrar en materias de fondo para entender muchas cosas. Una noche había dos señoras mayores que cenaban en la mesa de al lado. Una de ellas le mandó un cuaderno a Pablo con la petición de que le escribiera algo. Pablo, cansado de ese largo domingo, acometió la tarea con cara de resignación.

—¡Y pensar —me comentó en voz baja, con fastidio—, que esto es lo único que quiere Nicanor!

El comentario era veneno puro, y era el estilo de la época, la manera de deslizar verdades con la máscara de una sonrisa.

9

La primera persona que me habló de Salvador Allende, allá por los años cincuenta, cuando yo estudiaba derecho en la escuela de la calle Pío Nono y seguía cursos de un doctorado de Filosofía en el antiguo Instituto Pedagógico, fue Armando Cassigoli. Cassigoli era alumno de Filosofía y compañero mío en esa facultad, y aspiraba también a ser escritor. ¡Como tanta gente de mi tiempo! Ya había publicado cuentos y artículos en revistas, y no sé si un primer libro. Era un escritor interesante, todavía en verde, pero lector, imaginativo, de lenguaje y formas narrativas avanzadas. Por otro lado, era un militante serio, apasionado, disciplinado, del Partido Comunista chileno, y observaba a los políticos de la izquierda de entonces con enorme atención. Me contó que había hecho su aparición entre nosotros un personaje de gran porvenir, médico de profesión, hombre de oratoria eficaz, informada, convincente, y que actuaba en sectores populares, en barrios de la periferia, en provincias. El entusiasta Cassigoli me aseguraba que era un fenómeno nuevo y que pronto dejaría huellas en la política nacional.

—Ya oirás hablar de él —insistía—. Es una figura diferente, y va p'arriba.

Pocos años después, Cassigoli adhirió a la corriente maoísta del comunismo internacional, con su pasión de siempre, con su sed de absoluto, dando la sensación de que sabía mejor que ninguno de nosotros descubrir las tendencias más nuevas, las más interesantes y avanzadas, las únicas que valían verdaderamente la pena. Y como Salvador Allende era el candidato de toda la izquierda, de la derecha, el centro y la izquierda de la izquierda, desde radicales y masones hasta izquierdistas cristianos, comunistas prosoviéticos y comunistas prochinos, pudo continuar marchando y gritando consignas a favor suyo. En ese tiempo, daba la impresión de que ese doctor Allende recién aparecido, el Chicho Allende para muchos de sus amigos, sería el candidato eterno de la izquierda, parte de un escenario político donde había agitación, movimiento, bravatas impresionantes, pero donde los líderes de los diversos bandos comían pastelillos en los comedores del Senado, pasándose con exquisita cortesía las bandejas repletas de bocadillos, y donde nunca pasaba nada. En Chile, en Chilito, que estaba tan lejos de todo, en el extremo sur más perdido de la geografía mundial, no podía pasar nunca nada. Salvador Allende, el Chicho, el «pije Allende», a quien le gustaba mucho vestirse con esmero y dejarse ver con mujeres bonitas, y que tenía sentido del humor, podía mantener ese humor con perfecta impunidad, y había escrito su propio epitafio: «Aquí yace Salvador Allende, futuro presidente de Chile».

Tengo el recuerdo remoto, algo extravagante, pero seguro, del primer desfile político allendista, durante la campaña presidencial de 1952, aquella en que ganó la elección el general Carlos Ibáñez del Campo, el «general de la esperanza», con su escoba para barrer a los políticos corruptos y con sus huestes populares, que a veces parecían ilusionarse con la idea de que Ibáñez, dictador entre 1927 y 1931, fuera de nuevo un dictador militar de aire mussoliniano, pariente lejano de Primo de Rivera y de su falange española. Salvador Allende, precisamente, se proyectaba como el representante de una izquierda más pura, menos ambigua, alejada del ibañismo y de la naciente

Democracia Cristiana, partido que durante largos años mantuvo el nombre sospechoso de sus orígenes, el de Falange Nacional.

Lo extraño, en mi recuerdo, es que contemplé ese primer desfile de Allende, magro, con muchos claros en la columna que desfilaba por el centro de la Alameda, con carteles modestos, mal armados y mal dibujados, de letras chorreadas, en un ambiente de gritos, de canciones, de consignas, de puños levantados, que parecía juvenil, simpático, y que lo parecía, entre otras razones, porque nadie le daba la menor posibilidad de llegar a alcanzar un poder efectivo. En mi novela *Los convidados de piedra*, que escribí en los años de la Unidad Popular de Allende y en los que siguieron al golpe de Estado, describí ese desfile desde el punto de vista de una persona que se encontraba en el Club de la Unión, inventé los comentarios de los socios, despectivos, burlones, racistas, y puse en medio de la marcha a uno de mis personajes, Silverio Molina, que tenía un modelo real, aunque solo aproximado, como todo personaje de ficción: pije zapallarino barbudo, hirsuto, descalzo, de ojos muy azules, que había sido hijo de señores feudales a la chilena y había terminado por hacerse comunista. Siempre, como narrador, me fascinaron las conversiones, los desplazamientos y los desclasamientos. Ahora encuentro que mi novela reciente, *La última hermana*, también es la historia de un desplazamiento y de una conversión. Algunos lectores europeos (entre mis «happy few»), han entendido mi novela como un nuevo relato del Holocausto, pero está lejos de ser una novela histórica. María, el personaje principal del libro, está inspirada de lejos, en forma enteramente libre, en una María real. Pero es una María mía, verdadera y a la vez inventada. Un lector inteligente, de cultura literaria chilena, más que hispánica, y también francesa, me escribió que podría haber afirmado, «como nuestro amigo de Croisset», que «María c'est moi», como dicen que dijo Gustave Flaubert a propósito de Emma Bovary, aunque es muy probable que el maestro de los maestros nunca lo haya dicho. Me pareció reconocer, pues, entre el reducido y entusiasta, exaltado, número de los manifestantes de 1952, a mi Silverio Molina, que también era yo, más que su modelo de las playas zapallarinas y cachagüinas, pero no estoy del todo seguro, y escucho el murmullo molesto, irritado, sardónico, de los socios del Club de la Unión, cuyo rumor se aleja y se disuelve en la neblina, en la nada.

Después, en un atardecer de Isla Negra, antes, me parece, de haber viajado en mi primera misión diplomática estable a París, me encontré con Salvador Allende, que llegaba a cenar en la casa de Pablo Neruda, cuando yo salía de esa casa y él, en la oscuridad que avanzaba, daba la impresión de estar buscando la puerta. Neruda salió en ese momento, seguramente después de haber escuchado la voz del senador, y hubo una de esas presentaciones a la chilena, vagas, calculadas para que ninguno de los presentados se entere de nada, ni siquiera del nombre del otro.

Después me encontré algunas veces con Salvador Allende en Santiago y conocí a Hortensia Bussi, Tencha, su mujer. Mi imagen primera de Salvador, a finales de la década de los cincuenta y a comienzos de los sesenta, es más o menos la que sigue: un hombre afable, situado con la mayor claridad en la izquierda política, pero capaz de convivir en el mundo social chileno e hispanoamericano con sectores muy amplios. Era amigo, por ejemplo, de muchos de los políticos liberales y radicales (radicales de derecha o de centro derecha) que también eran amigos de mi padre y que solían llegar a nuestra casa de la Alameda frente al cerro Santa Lucía. En la conversación de Salvador Allende siempre pude advertir una notoria simpatía por el gran personaje de la política liberal de la primera mitad del siglo XX, Arturo Alessandri Palma, el León de Tarapacá. Le gustaba mucho contar un debate suyo en el Parlamento con Jorge Alessandri Rodríguez, senador entonces y más adelante presidente de

Chile, hijo de don Arturo. Como ingeniero de profesión, como presidente del directorio de la Compañía Manufacturera de Papeles y Cartones, Jorge Alessandri defendía las tesis de la llamada derecha económica, en una época en que se subrayaba la diferencia entre derecha económica y derecha política. Durante ese debate, don Arturo, el León, presidente del Senado, había animado por lo bajo a Salvador mientras discutía con su hijo Jorge. Después le había dicho a Salvador que Jorge, su hijo, «había estudiado para Dios». Puedo asegurar que a Salvador Allende le encantaban estas alusiones, estos guiños al viejo caudillo liberal del año veinte. Había detalles que eran más que detalles. Salvador Allende, con sus sombreros a la moda, sus pañuelos de seda al cuello, sus casacas deportivas, era un seductor de señoras atractivas, aficionadas a la pintura, al arte, al teatro, actrices, en algunos casos, de primera línea. Y los amores de don Arturo, del León, con divas de la ópera italiana que llegaban hasta las costas chilenas, con bellezas locales aficionadas a la poesía, de ideas avanzadas para su época, formaban parte de las leyendas nacionales. Yo tenía la impresión de que los amoríos, las aventuras galantes, hasta cierto punto escandalosas, no quitaban votos en los estrados electorales chilenos. Era algo parecido a los ambientes italianos, napolitanos, milaneses, de la literatura de Stendhal, con el añadido de que el León de Tarapacá y su familia, bulliciosa, llorona, operática, era de ascendencia italiana cercana. En resumidas cuentas, había una buena química entre Salvador Allende, el fogoso y todavía joven médico socialista, ministro de Salud Pública en el primer gobierno del Frente Popular, en 1938, y el gran caudillo de la derecha, Arturo Alessandri Palma, el hombre que había alcanzado la presidencia en la campaña de evidentes acentos populistas (en la terminología de ahora) de 1920, la del «Cielito lindo», ¡la de su querida chusma!

El Salvador Allende que conocí en la década de los cincuenta, a diferencia del Allende de la Unidad Popular, se encontraba cerca de personajes de la política latinoamericana populista, centrista, de centro izquierda, con fuertes ingredientes de nacionalismo continental: figuras del estilo de Víctor Raúl Haya de la Torre y sus compañeros del APRA, de José Figueres, de Juan Bosch, de algunos socialistas argentinos, de Juan José Arévalo y Jacobo Arbenz, reformistas de Guatemala que llegaron a parecer precursores del castrismo cubano, que estuvieron con Fidel Castro en los primeros tiempos. No sé qué contactos o relaciones pudo tener Salvador Allende con el peronismo. En el gobierno del general Carlos Ibáñez de 1952, el que alcanzó por enorme mayoría en elecciones populares, normales, el socialismo chileno se dividió. Hubo una fracción, dirigida por Clodomiro Almeyda, que apoyó al exdictador y luego presidente constitucional, y otra que formó parte de la oposición y en la que militaba Salvador Allende. Pero aquí se produce un proceso complejo, interesante, en alguna medida fascinante: el Allende socialdemócrata, de centro izquierda, se deja seducir con aparente facilidad por Fidel Castro y el castrismo, que en sus primeros pasos forman un movimiento esencialmente ambiguo, nacionalista, antiyanqui, que toma distancias con discreción, con astucia, con respecto al bloque soviético puro y duro. Hay un Allende anterior a la Revolución cubana y un Allende deslumbrado y en buena medida controlado por esa revolución, la que todavía, por lo demás, no se definía plenamente. Las vísperas del proceso cubano, los movimientos internos cambiantes, contradictorios, son endiabladamente difíciles de conocer. Pero me tocó observar de cerca el cambio radical de actitud de Salvador Allende y del allendismo chileno. El papel de la Cuba castrista en todo este fenómeno es esencial y en parte, hasta el día mismo de hoy, desconocido.

La transformación de la corriente allendista, que se alejó de su línea reformista, social demócrata, y adoptó una orientación francamente revolucionaria, de voto más fusil, en el Chile de tradición electoral, parlamentaria, de respeto estricto, casi religioso, del Estado de derecho, se produjo con fuerza, con pasos nítidos, definidos, inequívocos, en los años inmediatamente anteriores a la elección presidencial ganada al fin por Salvador Allende, en septiembre del año 1970, cuando Fidel Castro ya estaba a la cabeza del gobierno cubano.

En la década de mediados de los años cincuenta y comienzos de los sesenta, yo alquilaba una casita de fin de semana, ya casado con Pilar, después de haber viajado a Princeton, en los Estados Unidos, y de haber tenido a Jorge Luis, nuestro primer hijo, en los terrenos del norte de Isla Negra, los que llevaban desde Isla Negra a Punta de Tralca. En esos parajes había una casa de campesinos, de paredes azulinas, rodeada de un par de árboles curvados por los ventarrones, donde José Donoso había alquilado un par de habitaciones y había escrito su primera novela, *Coronación*. Pepe se interesaba poco, por no decir nada, en los temas de la política contingente, y llegaba de cuando en cuando a la casa de los Neruda para conversar un rato, comerse un caldillo bien caliente y darse una ducha. A Neruda le gustaba decir que Pepe se había convertido en un santo de la literatura, con todos los atributos de la santidad, sin excluir el olor y los rústicos materiales de sus chilabas y sus sandalias. No le faltaba razón al poeta, y yo me reía, y en cierto modo tenía envidia de esa manera de llevar una vocación, una pasión literaria, hasta su extremo, sin poner mayor atención en las contingencias nacionales.

Los terrenos del norte de Isla Negra, con una casona de un piso, de aspecto colonial, de paredes amarillas, y con la casita que yo alquilaba, pertenecían a Luis Fernández Solar, una de cuyas hermanas, carmelita descalza, fue canonizada como Teresa de los Andes por el papa Juan Pablo II en 1993. Lucho Fernández, como se lo conocía en Isla Negra, tenía una fama horrible: había sido cónsul de Chile en el norte de Europa, en los primeros tiempos de la Segunda Guerra

Mundial, y se decía que se había enriquecido vendiéndoles pasaportes chilenos a los judíos que escapaban de la persecución nazi. Era un personaje elegante, tolerado, pero no bien acogido, al menos en mi recuerdo, y lo visitaba con frecuencia Miguel Serrano, que fue un escritor interesante en su juventud y se transformó en sus años avanzados en un nazi obseso, negador del Holocausto, sonriente, disfrazado de alemán tirolés, y que invitaba a su casa, según me contaron, a tomar té con pastelillos en forma de esvásticas y con retratos de Adolfo Hitler en las paredes. En otras palabras, había presencias literarias heterogéneas en esa Isla Negra de los cincuenta y los sesenta: desde Miguel Serrano y sus páginas esotéricas, que al comienzo escondían su filiación nazi, y el Pepe Donoso de *Veraneo y otros cuentos* y de *Coronación*, hasta el Pablo Neruda de las *Odas elementales* y de *Memorial de Isla Negra*, pasando por José Ricardo Morales, dramaturgo valenciano emigrado a Chile después de la guerra de España, y sin omitir la presencia mía, que escribí ahí los cuentos de *Gente de la ciudad*, a nuestro regreso de Princeton, y que cultivaba la amistad con Pablo Neruda en largas conversaciones junto a su chimenea de piedra, entre mascarones de proa y veleros colgantes.

Una vez llegué en una esforzada citroneta de dos caballos, con Pilar, Jorge de niño, antes del nacimiento de Ximena, y con Anita Riquelme, a esa casita que arrendaba en los terrenos de Lucho Fernández, y me encontré con el siguiente, sorprendente espectáculo. Frente a mi casita, en la parte de atrás de la casa del médico socialista Alfredo Jadresic, que después sería decano de la Facultad de Medicina de la Universidad de Chile, se paseaba, solo, con cara de malas pulgas, Salvador Allende. Me bajé de mi modesta y atiborrada citroneta y saludé a Allende, extrañado de encontrarlo en esa situación, en ese paseo solitario.

—Es que he visto por la ventana —me dijo Allende— que adentro está el señor Altamirano, y prefiero no entrar.

En esos días se había producido una división tajante en el interior del Partido Socialista. Carlos Altamirano, que pertenecía por familia a las clases privilegiadas del país, se había encontrado en la fracción ibañista del partido en los tiempos de Ibáñez, entre 1952 y 1958, y ahora se ubicaba en el ala de extrema izquierda, neorrevolucionaria. Allende, por su lado, dominado por la obsesión, bastante difundida en el Chile de entonces y quizá también en el de ahora, de llegar a la presidencia del país a toda costa, esperaba formar una alianza sólida con sectores del Partido Radical, que era parte del antiguo centro político y que tenía fuertes conexiones con la masonería, de la que Allende también era miembro. Los sectores de centro eran importantes, y podían llegar a ser decisivos, para el proyecto presidencial suyo: él podía alcanzar su objetivo si aglutinaba a sectores de centro izquierda, laicos o católicos, con el Partido Comunista de Chile y con votantes sueltos de la extrema izquierda. Era como la cuadratura del círculo, pero Allende, para alcanzar la aspiración fundamental, excluyente, obsesiva, de toda su vida, tenía que resolver, justamente, el problema de la cuadratura del círculo. En esos años previos a la elección presidencial decisiva de fines de 1970, Pablo Neruda me decía que una sola frase en un discurso de Fidel Castro podía acabar con Salvador Allende. ¿Así de simple? Neruda no decía nada más, pero su observación, dicha con aparente distancia, sin el propósito de indagar más en el tema, era una bomba de profundidad. Era, concluyo ahora, una época de verdades no dichas, de lenguajes laterales, que esquivaban enormes bultos centrales. Las personas que estaban en el meollo de la política eran expertas en esquivar esos bultos y a la vez en colocarlos en el centro del ruedo. Esquivar, tirar la bomba, mirando para otro lado, y sacudirse las manos.

10

Como ya lo he señalado, conseguí entrar hacia mediados de septiembre de 1957, en el último año del gobierno constitucional del general Carlos Ibáñez del Campo, al Ministerio de Relaciones Exteriores en calidad de «meritante». Eduardo Alessandri Rodríguez, senador, hijo de don Arturo, muy amigo de mi familia, le había dicho a mi padre que me podía hacer ingresar como tercer secretario, pero que «sería bueno» que yo me acercara al Partido Liberal. No me «acerqué» al Partido Liberal, preferí ingresar por el último grado del escalafón, y mi padre, por lo demás, no estaba en absoluto satisfecho ni orgulloso de esta decisión mía. Decía que los diplomáticos chilenos eran unos ociosos que pasaban todo el día limándose las uñas en los balcones de La Moneda y que en las tardes asistían a cócteles y se repartían medallas. Era una opinión exagerada, si quieren ustedes, de viejo liberal mañoso, pero no del todo infundada. Después de algunos meses de espera, Ibáñez firmó mi decreto de nombramiento en diciembre del año 1957, cuando ya se empezaban a definir las posiciones para la elección presidencial del año siguiente, en la que Jorge Alessandri, por la derecha, competiría contra la izquierda de Allende, y en la que parte del voto populista de extrema izquierda recaería en un personaje pintoresco, el cura de Catapilco, que solía pasearse a caballo, con su manta de huaso y su vestimenta de sacerdote de pueblo, por tierras cachagüinas y de los alrededores de Zapallar. Como era previsible, la división del voto de la izquierda parecía destinada a favorecer, de hecho, al candidato de la derecha, pero no quiero adelantarme. Creo que me acerco a momentos políticos, culturales, sociales, decisivos, aunque en esos días era difícil advertirlo. Los árboles no dejaban ver el bosque, pero lo que se anunciaba, o que se dibujaba en los muros de la sala del banquete, era un cambio de época. ¿Una crisis prolongada, radical, que pondría todo en tela de juicio?

El subsecretario de Relaciones de esos días, Álvaro Droguett, buen amigo, le había llevado mi decreto de nombramiento al entonces presidente Ibáñez, y el presidente le preguntó si yo sería pariente de Alberto Edwards Vives. Era una pregunta muy propia del Chile de entonces. Había un parentesco lejano y mi padre solía hablar con respeto de Alberto Edwards. El hombre había escrito un ensayo político interesante, clásico en Chile, *La fronda aristocrática*, y había sido ministro de Hacienda del Ibáñez de la dictadura. Se contaba que se encerraba en su despacho ministerial y escribía las novelas y relatos policíacos de Román Calvo, «el Sherlock Holmes chileno», y que redactaba las páginas casi completas de la conocida revista *Pacífico Magazine*. Las narraciones de Román Calvo solían ser divertidas, pero el paso de Edwards Vives por el gobierno del Ibáñez de la primera época, dictadura con apariencias, luego de lo que hemos conocido después, de dictablanda, terminó con su carrera política para siempre y lo llevó a un final solitario, probablemente amargo. Algunos recordaban que Edward Gibbon, mientras escribía su deslumbrante *Decadencia y caída del Imperio romano*, también se encontraba a cargo de la cartera de Hacienda del Imperio británico, pero entre el Imperio romano y su caída, el Imperio británico en sus años mejores, y la República de Chile de los años veinte y treinta del siglo pasado, había distancias dignas de tomarse en cuenta, por mucho que nos encontráramos en los pasillos de la parte sur de La Moneda o en los mentideros del café Haití, del café São Paulo, del antiguo Bosco de nuestros pecados y nuestras trasnochadas.

Todas las divisiones del antiguo Ministerio de Relaciones, el de ese costado sur del palacio de La Moneda, cuya mediocridad no había que achacarla al arquitecto Joaquín Toesca, puesto que era un añadido reciente a la obra suya de fines del siglo XVIII, obedecían a nombres mucho más modestos, menos rimbombantes, que los de ahora. A mí me destinaron al departamento del personal, formado entonces, si no me falla la memoria, por Ramón Sotomayor Valdés, su jefe, que acababa de regresar después de una temporada como encargado de negocios en Haití, y por su secretario, su secretario-abogado, como le gustaba mucho decir al jefe, que era yo, oficial de grado cuarto o quinto del escalafón de aquellos días. Los decretos de nombramiento en las diversas misiones diplomáticas se cursaban en esa oficina, por órdenes superiores, claro está, y mi tarea consistía en pasar todo el día escribiendo decretos debidamente numerados en una máquina de escribir vieja, medio rota, con cinco o seis copias que había que insertar bajo papeles de carbón y con mucho cuidado, puesto que siempre se corría el riesgo de tener que repetir el trabajo. Viajaba todo el día, en el papel, en las teclas aporreadas de la Underwood, la Royal o la Hermes, a Manila, a Guayaquil, a Liverpool, a Tegucigalpa. Uno de los nombramientos más apreciados era Barcelona; otro, Río de Janeiro; otro, Nueva York. Lo último, la antesala del infierno, el nombramiento de castigo, era Ushuaia, en la Patagonia argentina, y ahora no recuerdo cuál otro. Pero había gustos para todo: personas que deliraban por París y personas que preferían Tacna o San Juan, Argentina. ¡Una tranquila pega en San Juan y a tiro de pichón de Chilito: largas horas bebiendo cerveza y transmitiendo chismes en el agradable club privado de la sociedad sanjuanina! En la antesala de la oficina estratégica de don Ramón Sotomayor Valdés había personajes en general mayores, malhumorados, friolentos, proclives a hablar mal de la institución, del gobierno de turno, de la vida, de lo que fuera, y que esperaban sus decretos respectivos. Descubrí que muchos soñaban con el consulado chileno en Bariloche, donde existía el problema de los obreros chilenos, pendencieros, borrachines, buenos para sacar cuchilla durante discusiones nocturnas, pero donde la vida era relativamente descansada, y el paisaje suave y hermoso, y los filetes de vacuno de calidad superior y de precios razonables.

Mi jefe, don Ramón, como le gustaba mucho que le dijeran, abría hacia el final del día su caja de fondos y sacaba una botella de pisco que tenía escondida entre decretos y oficios de acuse de recibo. Colocaba dos vasos en una esquina de su mesa de escritorio y brindábamos, jefe y subalterno, con satisfacción, con la noción del deber cumplido. Al poco rato llegaba a buscarlo su joven esposa haitiana, hermosa, de formas morenas que se cimbreaban y provocaban las ensoñaciones del secretario-abogado. Me trasladaron algún tiempo después a la dirección económica del Ministerio, que tenía fama de ser el sector de mayor porvenir, y me dieron una silla, un escritorio, una máquina de escribir un poco menos averiada que la del departamento del personal, y una carpeta delgada, azulina, donde decía en la cubierta, con esmerada caligrafía en tinta negra: «Anteproyecto de zona de libre comercio». La carpeta guardaba pocos papeles, pero la palabra «anteproyecto» me hacía pensar en niveles burocráticos superiores. Leí, pues, todo eso, que no era mucho, con la mayor atención; les hice preguntas a mis jefes y a mis compañeros de oficina, y me convertí en poco tiempo, sin pensarlo demasiado, en experto en la materia. Era una novedad extraordinaria: un intento de crear un espacio económico bien integrado, una especie de mercado común de América Latina, a partir de la nada. La ambición integradora no sorprende a nadie hoy en día, pero en la década de los cincuenta, en los primeros tiempos de la posguerra europea, a pesar de que tenía antecedentes que partían del siglo XIX, era extraordinariamente nueva. Estudié cuestiones como la cláusula de la nación más favorecida, que había intentado aplicar Andrés Bello durante los largos años en que había vivido en Chile y al servicio del Estado chileno, y después me quebré la cabeza para entender cuestiones tan abstrusas, tan misteriosas, como el GATT, el acuerdo general de tarifas aduaneras y comercio, y como las cláusulas que permitían introducir excepciones a esas férreas y complicadas reglas comerciales. Vislumbré que Bello, después de la separación de España, frente a la amenaza de la fragmentación y de la dispersión del mundo hispanoamericano, había buscado fórmulas para reconstruir la unidad todavía posible de ese mundo, y me pareció que en todo este intento había algo que valía la pena entender mejor. A pesar de que Andrés Bello, en mi ingenuidad, en mi profunda ignorancia, no me parecía mucho más que una estatua reiterada, un bisabuelo de piedra, como escribió uno de sus bisnietos. Confieso, ahora, en mi vejez arrepentida de tantas desviaciones juveniles, después de largos años de aprendizaje, que el tema de ese dichoso «anteproyecto» llegó a gustarme, y que sentía una satisfacción íntima cuando explicaba el complicado asunto, con elocuencia, con lenguaje adquirido en otras lecturas, a personas legas, que no entendían una sola palabra, y que seguirían sin entender una sola palabra. Había dos hermanos bastante mayores que yo que ya estaban iniciados en el tema, que habían llegado a vivir de este saber iniciático, Abelardo y Efrén Silva, y una señora que era subsecretaria de Hacienda, Vivian Schwartz. Jaime Laso Jarpa, el poeta y novelista de mi oficina, el gran bromista, que saltaba de gusto después de inventar alguna de sus bromas, había pergeñado unos versos que se suponía que yo recitaba junto con mis oraciones, de manos juntas, a la orilla de mi cama, todas las noches:

> *Con Abelardo me acuesto,*
> *con Efrén me levanto,*
> *que la Vivian Schwartz*
> *me cubra con su manto...*

Yo pensaba que la integración tenía alguna clase de sentido en medio de la división y de la subdivisión hispanoamericana, de países de una posible cultura común, pero que más bien, fuera de la palabrería tribunicia, desdeñaban la cultura y se daban la espalda entre ellos, con más bien notoria incultura y hasta con variados y mal disimulados racismos, mirando hacia Nueva York, hacia París, hacia Londres, hacia las grandes metrópolis de esos días. Observaba todo esto, me hacía preguntas, y trataba de hacer el trabajo lo mejor posible, sin estar demasiado seguro de las respuestas. Me convertí en un pequeño héroe de esa zona económica, heroísmo compartido con muchos otros, claro está, y terminé de secretario (¡secretario-abogado!) de una comisión nacional formada por empresarios, parlamentarios, altos funcionarios del gobierno. Se trató de mandar a un delegado de Chile a Ginebra, con el objeto de explicar a las autoridades del GATT el futuro Tratado de Montevideo, que pondría en el papel esta excepción latinoamericana, concebida hacía más de un siglo en la mente inspirada de Andrés Bello, y fui encargado por el Ministerio chileno de cumplir esa misión. Cuando me vestía a las seis de la mañana, en el caserón de mis padres de la Alameda casi en la esquina de Carmen, frente a las escalinatas de la subida principal al cerro Santa Lucía, la lámpara del techo tembló con bastante fuerza y supuse de inmediato, con mi experiencia de chileno de toda la vida, que eso había sido un temblor mucho más intenso, quizá un terremoto, en alguna otra parte del país. Viajé a comienzos del mes de mayo de 1960, en un BOAC británico, de propulsión a chorro, novedad en aquellos años, y cuando llegamos a Dakar, en la costa central de África, nos explicaron que había fallado uno de los motores y que había que esperar que fletaran otro desde Inglaterra. Pasé alrededor de tres días dedicado a la lectura de las *Confesiones* de Jean-Jacques Rousseau, libro que me había parecido adecuado para este viaje a Europa y dentro de Europa a Ginebra, Suiza, y a la exploración submarina —miríadas de peces y de plantas acuáticas de todas las formas y los colores imaginables—. Después nos llevaron en un bus a pueblos donde se celebraban las fiestas de la independencia de Senegal: colores intensos, amarillos, rojos, verdes, profusión de tambores, bailarines que se desplazaban por los caminos, dando saltos, barcas de pesca que llevaban grandes ojos pintados en la proa, y todo en un ambiente de trastorno, de alegría general, de euforia colectiva. Fue una salida completa de la rutina, un intermedio asombroso, y se interrumpió cuando el BOAC inglés, con su motor reemplazado, emprendía el vuelo rumbo al aeropuerto de Lisboa. En los quioscos del aeropuerto, los periódicos portugueses daban noticias en primera plana de un catastrófico terremoto en el sur de Chile. El epicentro estaba en la región de Osorno y de Valdivia, mil kilómetros al sur de Santiago, y el movimiento de la lámpara de mi dormitorio cuando me vestía para viajar había sido su eco debilitado. Seguí viaje, pues, en el BOAC a Londres, y ahí tomé un avión más pequeño rumbo a Ginebra. Era extraño, casi mágico, cruzar el Canal, ingresar en las nubes del continente en un avión a hélice, y contemplar desde poca altura, debajo de la capa nubosa, las casas limpias, primorosas, con sus techos bien terminados, sus ventanas perfectas, sus impecables jardines, de las orillas del lago Lemán. ¡Qué orden, pensaba, qué cultura, qué contraste con la barbarie urbana de Santiago de Chile y sus alrededores! Conocía el concepto a través de muchas fuentes, de muy diversos testimonios, pero ahora contemplaba el contraste verdadero desde mi ventanilla, con la frente pegada al vidrio, mudo, asombrado. En la tarde de ese día, ya estaba instalado en un cuarto del hotel Rousseau, en la rue Jean-Jacques Rousseau, que desembocaba en un islote del lago y en una estatua de bronce del ginebrino pensativo, de piernas cruzadas. ¡Nada menos!

Había viajado con un ejemplar francés en dos gruesos tomos de *Las confesiones* de Jean-Jacques y hacía algo que siempre me ha gustado hacer, una de mis manías literarias más constantes: leía una historia que transcurría en buena parte en Ginebra, en las orillas del lago, y la leía en su lugar preciso, mirando las mismas aguas y las mismas cumbres nevadas del Mont Blanc que había mirado su autor. Era como leer a Proust y pasear después por los Campos Elíseos de París, o visitar la casa de su tía Léonie en el pueblo normando de Illiers, transformado en Combray en la novela, en la memoria ficticia, en el tiempo perdido y recobrado. Mis lecturas afrancesadas de esos años, intensas, más bien desordenadas, me llevaban, en forma no tan casual, a los escenarios de sus páginas. Ahora me pregunto si era necesario hacer tanto viaje, ir de la página al escenario, y si no habría sido más sensato, en definitiva, no moverse de su sitio, dondequiera que se encontrara ese sitio, y limitarse a viajar con la imaginación. ¿Y dedicarse, quizá, a la profesión de abogado? No lo sé. No era rico, pero tampoco me faltaba lo esencial, y tampoco me faltaría, si se cumplían las normas hereditarias sin demasiados sobresaltos. Al final, me tocó vivir en tiempos que nadie podría considerar normales. Sobreviví con astucia, con esfuerzo, con etapas de angustia corrosiva, deprimente, y tengo que admitir que todavía sobrevivo: no tan bien como algunos, pero bastante mejor, se podría afirmar, que una relativa mayoría de mortales. Llega una joven profesora chilena de literatura en años recientes, toca el timbre de mi casa de Madrid sin haberse anunciado, en un momento en que acababa de dormir una breve siesta y en que me disponía a trabajar en la revisión de un ensayo. La profesora me mira con una cara extraña, de costado, como si tratara de esconderse detrás del cuello de su camisa, de sus manos inquietas. Después de un rato, me dice que hay tres escritores chilenos: el poeta Juan Luis Martínez, desaparecido hace pocos años, la novelista Diamela Eltit y Roberto Bolaño. Ellos forman lo que ahora se llama la «neovanguardia», dice, concepto que le han confirmado profesoras que acaba de conocer en Madrid, y empieza a comerse con ojos turbios, que parecen mirar por debajo de algo, su chaleco de lana gruesa. «Lo demás no existe», afirma, y al afirmarlo, parece suplicar que le dé mi consenso. Conclusión: yo no existo, José Donoso tampoco existe, Enrique Lihn existe quizá en alguna parte, Jorge Teillier y Óscar Hahn carecen de la menor chispa de existencia. La profesora sufre de la tiranía de la novedad, que en Chile es endémica y epidémica, y que ella contrajo sin duda en el mismo Chile. ¿Y Jean-Jacques, y Marcel Proust, y Henri Beyle? La joven profesora ha comenzado ahora a mascar el cuello blanco, un tanto sucio, machucado, de su camisa. Respira con algo de fuerza y da la impresión de que traspira un poco. Le digo que me deje trabajar tranquilo. ¡Por favor! Que nunca llegue a mi casa sin anunciarse, que es una de las cosas que detesto más en mi vida. Ella se pone de pie, se dirige a la puerta sin mirarme, llama al ascensor. Entra al ascensor, enhiesta, digna, sin hacer amago de despedirse, sin mirarme. Miro por la ventana y está detenida en el centro de la vereda madrileña, en una tarde invernal, fría. Tiene un teléfono móvil en la mano y marca unos números con notorio nerviosismo. Está tratando de ponerse en comunicación con Roberto Bolaño en la ultratumba. Y de acusarme por mal educado, por colérico, por arrogante. ¡No cabe ninguna duda!

Yo salí del hotel Rousseau, en esa primera noche de Ginebra y del Viejo Mundo, y entré en un restaurante de aspecto de taberna italiana. Pedí un minestrone, un simple minestrone, y me lo sirvieron con el mayor esmero, hundiendo un cucharón en la sopera humeante. Servilletas blancas, albas, me dije, y vajilla de cerámica del norte de Italia. Al día siguiente recité mi lección en la reunión del GATT y me llevé una sorpresa. La sorpresa formó parte de la educación de Jorge Edwards, para parafrasear el estilo que había conocido en Princeton de *La educación de Henry Adams*. Estaba preparado para rebatir las objeciones más intrincadas, y el embajador de Inglaterra pidió la palabra, miró un papel, carraspeó con cierta elegancia, y dijo que Chile era un país ordenado, cumplidor de sus obligaciones internacionales, y que luchaba con heroísmo para sobreponerse a sus enormes catástrofes naturales. El embajador del Japón tomó la palabra enseguida y manifestó una especie de honda solidaridad sísmica entre su país y el mío. Hubo otras intervenciones parecidas, y el embajador chileno en Suiza y en el GATT, el señor Fernando García Oldini, me comentó un poco después que estaba consternado por el desprecio que demostraban los países latinoamericanos, aspirantes a firmar ese Tratado de Montevideo, hacia las reglas internacionales reflejadas en el Acuerdo General de Tarifas Aduaneras y Comercio. ¡Consternado!, me insistió, y me acordé de que Neruda, antes de mi viaje, me había dicho que García Oldini era uno de los poetas que prometían algo en su época, y que las señoras chilenas más interesantes hablaban de él como de un Cagliostro redivivo, y que la burocracia internacional lo había transformado en un adocenado y un viejo chocho.

11

Después de Ginebra, pasé una semana por París. Tenía exactamente veintiocho años, estaba a dos meses de cumplir los veintinueve, y no había estado todavía en París. La gente de mi tiempo, afrancesada, furiosamente francófona, tenía que pasar por París de todos modos, con el pretexto que fuera, o sin el menor pretexto. Levanto la vista y diviso una foto entre mis libros: Raimundo Larraín de veintitantos años, sentado en un banco de la plaza Vergara de Viña del Mar, ¡enfermo de parisitis desde antes de haber aterrizado en Francia! En las estanterías del dormitorio de mi madre, en la casa de la Alameda, había ediciones francesas de André Gide, de Henri de Montherlant, de Louis Aragon, de Vercors, de Albert Camus. Creo que había también algún Paul Claudel, algún Paul Bourget, algún otro. Y mi madre, en cama, siempre un poco cansada, agobiada por algo, hablaba con entusiasmo de su lectura de *La isla de los pingüinos*, de Anatole France, de *Los miserables*, de Victor Hugo, de la poesía de Alfred de Musset.

Francisco Amunátegui Lira, primo hermano de ella, que era Valdés Lira, se había quedado en París después de largos años en que su padre había sido cónsul general de Chile. El cónsul Amusátegui, o algo parecido, figura con frecuencia en las novelas y crónicas de los escritores chilenos que pasaban por París en esos años, así como Jorge Cuevas Bartholin, Cuevitas, el futuro marqués de Cuevas. Francisco, hijo del cónsul y de mi tía abuela Fanny Lira, se había casado con una francesa, Berta, crítica de teatro, y le mandaba novedades literarias a mi madre y libros de su propia autoría sobre temas culinarios, porque después de iniciarse como mediano novelista (*A qué hora se acuestan los ancianos*), se había convertido en escritor de notable éxito en temas de cocina, que publicaba en la conocida editorial Albin Michel y en la revista *Les Écos*. Mi tía Fanny, su madre, hermana de mi abuela materna, Laura Lira Hertz, era una maravillosa conocedora de la gastronomía francesa y una afrancesada nostálgica, enamorada de París y de todo lo que fuera francés. Ya hablé bastante de ella en *Los círculos morados*, hasta el punto de que don Bernardino Piñera, obispo emérito de cerca de cien años de edad, tío del presidente Sebastián Piñera, me mandó, desde su refugio final en Las Hermanitas de los Pobres, una carta de recuerdos de la Fanny en el París de los años veinte y treinta. Fanny había sido vecina, en los tiempos de prosperidad de Manuel, su marido, el cónsul, de Marcel Proust en el boulevard Haussmann. Ella, que había regresado hacía poco a Chile, se asombró mucho cuando me sorprendió leyendo la *Recherche* en el comedor del caserón familiar de la Alameda, como ya lo conté en *Los círculos morados*. A todo esto, las malas lenguas de Santiago, ciudad donde no faltan las malas lenguas, contaban que Manuel Amunátegui, Amusátegui en la ficción, el marido de la tía Fanny, había hecho una estafa sonada en su cargo diplomático y había sido destituido.

—¡Primer diplomático de la historia chilena destituido por telegrama! —exclamaba Ramón Sotomayor, mi primer jefe, con los ojos muy abiertos.

Llegar a París desde Ginebra fue, pues, llegar a una leyenda, a un espacio mitológico, al centro del mundo conocido en aquellos días. Había otros centros, desde luego, pero ninguno comparable a

ese. En la primavera de 1960, con su lustre un poco desteñido, ligeramente gastado, era, todavía, y sobre todo para mi familia, el centro del centro. Cuevitas, ascendido ya a la condición de marqués de
Cuevas, había formado su cuerpo de ballet propio, con la ayuda
de Raimundo Larraín, mi amigo y compañero de curso, y había
dado el Baile del Siglo, que había merecido las críticas del *Observatore Romano*. ¡Jorge Cuevas Bartholin, Cuevitas, pariente de mi
madre, casado ahora con una auténtica Rockefeller! Había chilenos
de mi juventud, amigos de toda la vida, que se habían instalado
a vivir en París de una manera o de otra. Diego Balmaceda, por
ejemplo, que era arquitecto, o Raimundo, que había cambiado la
grafía de su nombre por Raymundo, pariente, según él, de Simón
Bolívar, y que se hacía llamar marqués de Larraín, con o sin compra
del correspondiente título. Y hubo algunos que naufragaron en la
droga, en el hachís, en la nada, y que desaparecieron.

Podría escribir un libro entero, o varios libros, sobre mi experiencia de París. Pero ahora me limitaré a contar un episodio frí-
volo, cómico, algo extravagante, de mi pasada en el mes de mayo
de 1960, seguro de que una crítica literaria de Cataluña, examiga,
se enfermará de furia y romperá lanzas en mi contra. Pero a mí,
lector de Stendhal y lector de Machado de Assis, me parece que
contar es un placer superior, y es, en algún aspecto, un deber, o por
lo menos una necesidad. Un día Raimundo (Raymundo) me avisó
que me iba a llevar, en compañía de la bella Maritza Gligo, a un
baile del más alto nivel social y cultural. Era el aniversario del día
de la Escuela de Bellas Artes, y el señor Jean-Paul Weller (o algo
parecido), petrolero y mecenas, lo celebraría por todo lo alto en su
residencia privada, el Hôtel des Ambassadeurs de Hollande, edificio histórico que se encontraba en una de las calles más conocidas
del antiguo barrio del Marais, la rue Vieille du Temple.

—¿Trajiste esmoquin? —me preguntó Raimundo.

Yo había viajado con un esmoquin de hacía un poco más de diez años de antigüedad en el fondo de mi maleta. Mi padre me había mandado hacer ese traje para asistir a los primeros bailes de sociedad, y yo, que ya bajaba a tabernas oscuras, un tanto siniestras, de la vida literaria santiaguina, no lo había usado más que un par de veces. Pero se suponía, o la gente de mi casa suponía, que un joven diplomático de aquellos años viajaba con su esmoquin y con los arreos de etiqueta correspondientes: faja, camisa, colleras finas, suspensores negros, corbata de humita. Me vestí, entonces, para pasar a buscar a Raimundo, que me esperaba en su departamento de «alto standing» del número 11 de la rue des Saints-Pères, al otro lado del Sena. Creo que cito bien esa dirección, porque se encontraba a pocas puertas de la librería y editorial de los hermanos Garnier, Garnier Frères, pie de imprenta de las ediciones de comienzos de siglo de obras de Alberto Blest Gana, *Los trasplantados* y *El loco Estero*, buenas novelas, para mi gusto, y textos, además, de notable interés histórico, que la tiranía de la novedad impide estudiar a los estudiosos chilenos actuales, pero que alguien estudia, de todos modos, contra la moda o creando una moda nueva, en remotas facultades de lenguas romances de los Estados Unidos. Yo ya sabía que Raimundo había hecho un baile, amenizado por una orquesta de jazzistas negros, en ese mismo departamento, y que Jean Genet en persona (*comédien et martyr*) había almorzado ahí, y había armado un tremendo escándalo, mareado por los vinos, al lanzarles exaltados piropos a los jóvenes obreros de una construcción vecina.

—¡No puedes ir a ese baile —me gritó Raimundo, espantado— con ese esmoquin del año de las culebras! ¡Es un adefesio!

Abrió un ropero y empezó a tirar esmoquins suyos encima de la cama, para que me los probara. También tiró camisas blancas, impecables, llenas de pliegues y pespuntes. Encontré un esmoquin que no me quedaba del todo mal, siempre que uno ajustara los pantalones con los suspensores, ya que Raimundo era más alto que yo, y me puse una camisa de moda furiosa cuyo cuello me cerraba a la fuerza, pero que pude aguantar haciendo esfuerzos continuos para que no me estrangulara. Pasamos a buscar a Maritza, que iba bellísima, con un traje largo que le había prestado un modisto archiconocido y con un peinado que le había regalado un peluquero famoso. En la entrada de pastelones de piedra del magnífico hotel de fines del siglo XVII o comienzos del XVIII, se congregaba una multitud que había concurrido a presenciar la entrada de los famosos de toda laya, incluso de los que ellos suponían famosos en algún lugar del mundo, como nosotros. De hecho, nadie nos conocía, pero Maritza, hija de croatas del extremo sur de Chile, estaba deslumbrante, y nosotros, en nuestros jóvenes veintiocho y treinta años, elegantemente vestidos, guapos, más bien pálidos, provocábamos comentarios, murmullos, preguntas de la más diversa especie. Me presentaron en poco rato, como en un juego de teatro, a Roger Vadim, a Roland Petit y Zizi Jeanmaire, a Jean Cocteau, a Francis Poulenc (gran músico que ahora se vuelve a poner de moda), a Yul Brynner, casado con una amiga chilena de mi juventud, a no sé cuántos otros. Había que ser famoso, o bello y rico. O ser un Lucien de Rubempré, el personaje de *Las ilusiones perdidas* de Honoré de Balzac, y suicidarse a la vuelta de la esquina. Los estudiantes de Bellas Artes, vestidos como soldados romanos, con cascos que parecían auténticos, con el pecho desnudo y salpicado de polvillo dorado, chillaban, se infiltraban por todas partes, pellizcaban descaradamente a las mujeres bonitas, repartían codazos a diestra y siniestra, y a veces se dignaban entregar una copa de champagne a alguno de los invitados. Aparte de los estudiantes que vociferaban, representantes de la decadencia de Roma, había mozos de librea, de gran estilo, que ofrecían montañas de fresas del bosque, *fraises du bois*, en bandejas redondas, de plata maciza. Los chilenos, además de nosotros tres, no faltaban. Los chilenos nunca faltan en casi ninguna parte. Había un señor de apellido Gandarillas, mayor, de buen aspecto, casado con una no sé cuántos de no sé cuántos, e hizo su aparición una amiga íntima de Raimundo —Raymundo—, esbelta, espléndida, la vizcondesa de Ribes. Arturo López Willshaw, hijo de uno de los hombres más ricos de la historia chilena, llegó vestido con sorprendente elegancia, botones de diamante en la camisa, cardenal blanco en el ojal, sujeto por dos efebos no menos elegantes, y borracho hasta el extremo de no poder sostenerse en pie. Raimundo me presentó a López, conocido por sus allegados como Arturito, y él me inspeccionó de arriba abajo, con ojos vidriosos, y dijo que mis apellidos eran conocidos en Chile, aunque no dijo si eran bien o mal conocidos. Me alejé, y el elegante Arturito, en un descuido de los efebos que lo sostenían, azotó con sus huesos en el magnífico parquet del Hôtel des Ambassadeurs de Hollande, y fue levantado con presteza, con caras impasibles, por sus jóvenes guardianes.

Yo lo miraba todo con asombro de provinciano: me acordaba de Lucien de Rubempré por mis lecturas balzacianas, de las botas salpicadas de barro de Lucien, que no había tenido dinero para llegar en coche a una recepción de los años de la Restauración, y de una frase de Oscar Wilde, que había declarado que el día de la muerte de Lucien de Rubempré había sido el más triste de su vida. Me acordaba de esas cosas, las rumiaba, y sentía que la camisa de Raimundo, de cuello bastante más delgado que el mío, me estrangulaba, y que los suspensores, al levantarme los pantalones en exceso, me oprimían los hombros y me alteraban la circulación de la sangre. Bebí una copa más, para ver si eso me normalizaba, y saludé a dos de los invitados principales, ya que uno de ellos, Yul Brynner, el famoso calvo de las superproducciones de Hollywood, estaba de cumpleaños, y yo había conocido a Doris Kleiner, su mujer chilena, en juveniles veraneos zapallarinos, en paseos románticos por los caletones del otro lado del cerro de la Cruz. Era un asunto extraño: la niña de los caletones, ya no tan niña, del brazo del famoso calvo de Hollywood, el de películas bíblicas o inspiradas en historias del rey de Siam.

Eran círculos en que lo más importante no era exactamente el talento: lo importante era la fama, y se reconocía talento en aquellos que la alcanzaban de cualquier manera. En otras palabras, la decadencia que ahora notamos por todos lados, que nos rodea, se anunciaba ya con perfecta claridad. Me asomé a ella, y no insistí en entrar en esos círculos. No me pareció evidente ni, después de todo, tan interesante. No le encontraba mayor sentido a codearme con Jean Cocteau, con Roger Vadim, con cualquiera de ellos. Pero quizá me acerqué a todo eso en forma peligrosa. Perdí algo, o más de algo, me distraje más de la cuenta, y no creo que haya ganado mucho. Solo algunas páginas que los censores de turno encontrarán deleznables.

Me encontraba en el instante peor de mi incomodidad vestimentaria, medio borracho, con el flujo de la sangre y de la respiración atascado, cuando Jacqueline de Ribes, desde un asiento en el borde de una ventana, donde esperaba no se sabía qué con expresión de aburrimiento, estiró un brazo y me pidió que saliéramos a conversar al jardín. Bajamos a un patio interior donde había estatuas y bancos duros como la piedra o como el mármol. La abundante hiedra trepaba por muros señoriales, entre magníficas ventanas renacentistas. Se alcanzaban a escuchar los gritos de los estudiantes y el rumor de la música a toda orquesta. Jacqueline, la vizcondesa, bella, interesante, madura, se puso a hablarme en forma atropellada, con una especie de ansiedad, de Raimundo. Raimundo (*Reymondó*) había hecho una fiesta en su departamento de la rue des Saints-Pères, había tirado la casa por la ventana, había contratado una orquesta negra, el champagne del mejor había corrido en cascadas, y al final no tenía diez francos en el bolsillo para darle una propina a cualquiera de los músicos. ¡Era siempre lo mismo! ¡Ella tenía que pagarlo todo, siempre!

—Y Raimundo —agregó, con expresión confidencial— tiene ese esnobismo idiota de la homosexualidad. Porque es homosexual por esnobismo, por puro exhibicionismo. ¡Y tiene el falo mejor de París, imagínate tú...! ¡El mejor falo de París, y ni un centavo en el bolsillo!

La bella, la imponente vizcondesa, se puso a llorar a mares, y mi obligación habría consistido en consolarla. «Lo hace siempre», me dijo Raimundo, cuando le conté el episodio al día siguiente o subsiguiente. Pero en lugar de consolarla, sentí que las imágenes se me ponían borrosas, las bellas imágenes, y que el patio de piedra, con sus muros, sus ventanales, sus estatuas, se ondulaba y vibraba, como si lo estuviera contemplando desde debajo del agua. Después de eso perdí el conocimiento. En otras palabras, en lugar de abrir los brazos para consolar a esta magnífica señora, me desmayé en los brazos de ella. ¡El *latin lover* se desplomó, con la circulación de su joven sangre obstruida por un botón de camisa y un par de suspensores! Cuando desperté, Jacqueline me daba una copa de coñac, sujetándome la cabeza, y las mayores celebridades del París de los sesenta, con Yul Brynner a la cabeza, con Jean Cocteau y Francis Poulenc, formaban círculo alrededor mío. Jacqueline había tenido la brillante idea de soltarme el botón de la camisa, y yo seguí la fiesta con la camisa abierta, con el corbatín en el bolsillo, bebiendo y bailando a saltos, enteramente recuperado.

Era mi primer encuentro con París, que conocía desde mucho antes, casi se diría que desde siempre, por las conversaciones de mi madre, de mi tía Fanny Lira, de mucha gente del Chile de mi infancia y de mi juventud, y por mi lectura de dos o tres escritores: el Marcel Proust de la *Recherche*, el Stendhal recién llegado de su región de Grenoble e instalado en la rue de Grenelle y en sus cercanías, el Alberto Blest Gana de *Los trasplantados*, con sus paseos en coche de sudamericanos rastacueros por la magnífica avenida entonces llamada del Bosque, la avenida Foch de ahora, y por las espesuras del Bois de Bologne. Después conocí el París de otros escritores franceses y de todas partes, y el París mío, con sus misterios, sus secretos, sus disparates, y hasta sus maravillosas epifanías. No faltaron en ese conocimiento inicial, inolvidable, las novelas del surrealismo y algunas que podríamos llamar marginales: *Nadja*, de André Breton, que me condujo a pasar una noche, en buena compañía, en el hotel des Grands Hommes de la plaza del Panteón, lugar poético en los años en que Breton lo había contado, carcomido ahora por las ratas; *El campesino de París*, del Louis Aragon de la juventud; la *Historia del ojo*, de Georges Bataille, que establecía un puente emocional, mental, imaginario, entre el centro de París, que para mí se ubicaría muchas noches en un bar de Montparnasse llamado Rosebud, y la catedral de Sevilla.

Tomé el avión de regreso de ese primer viaje, un Lufthansa a hélice, que tardó más de veinticuatro horas, haciendo escala en todas partes, y me detuve un par de días en Montevideo, Uruguay, con motivo de mis trabajos en el famoso «Anteproyecto de Zona de Libre Comercio». Ya había conocido en Santiago a Ricardo Latcham, uno de los grandes estudiosos de la literatura hispanoamericana de esa época, defensor elocuente de mis primeros cuentos, y resultó que vivía en Montevideo, en el barrio de Carrasco, en calidad de embajador de Chile, nombrado por el gobierno conservador de Jorge Alessandri Rodríguez. Latcham, que había sido socialista en su juventud y era ahora un conservador independiente, o quizá un liberal moderado, me organizó una cena en su casa, y ahí conocí a Carlos Martínez Moreno, a Ángel Rama, a Mario Benedetti, a Emir Rodríguez Monegal, que formaban parte del equipo de la revista *Marcha*. Eran años anunciadores del «boom» de la novela hispanoamericana, pero esa horrible palabra, que le gustaba mucho a Pepe Donoso, todavía no se había inventado. Lo que sí se empezaba a conocer era una literatura precursora del «boom»: Juan Rulfo, Jorge Luis Borges, Juan Carlos Onetti, Felisberto Hernández, Alejo Carpentier, los brasileños Guimarães Rosa y Clarice Lispector. Eran signos anunciadores, y demostraban que el «boom», además de ser un fenómeno literario nuevo, ayudaba a iluminar y a releer el pasado. En mi caso personal, mi amistad con Rubem Braga me llevaba a conocer las vertientes portuguesas y brasileñas de ese próximo gran descubrimiento.

12

En esos días, entre mi regreso del GATT y de París y mi partida a
la capital francesa con un nombramiento de tercer secretario de la
embajada chilena, se produjo en Chile un episodio de alguna im-
portancia para la nueva literatura hispanoamericana: un encuentro
continental de escritores organizado por la Universidad de Concepción y por el profesor, decano, poeta, Gonzalo Rojas. Alguien me
dijo que fuera a la casa de Pablo Neruda, en los faldeos del cerro
San Cristóbal, casa que ya conocía bastante. Había que ir corriendo
a esa casa porque un joven novelista mexicano, que había tenido
gran éxito con su primera novela, *La región más transparente*, acababa de llegar a Chile y se encontraría en la residencia del poeta, de
paso a Concepción y al congreso de escritores. Salí de mis recintos
ministeriales, de la sombra de las administraciones, como había escrito Neruda en *Desespediente*, y llegué a la casa de los faldeos del
cerro. Carlos Fuentes era un hombre más bien alto, dos o tres años
mayor que yo, de buena figura, bigotito muy mexicano, traje gris,
cuello blanco y corbata. Me dije que los escritores mexicanos eran,
a su modo, más formales que nosotros, y que sus obras tenían más
éxito y más resonancia que las nuestras. La novela de Fuentes, por
lo demás, era ambiciosa, polifónica: un mosaico de la vida en el Distrito Federal, en el que había huellas evidentes de la lectura de John

Dos Passos, pero armado, ese mosaico criollo, con evidente talento, con momentos de gran lenguaje, con un bagaje de lecturas heterogéneas que podía llegar a ser impresionante. Había ecos de Balzac, de Pérez Galdós, con alguna pizca de Fiódor Dostoievski, con sólido conocimiento de *El laberinto de la soledad* y, en general, de la obra en poesía y en ensayo de Octavio Paz. En el salón del segundo piso de la casa nerudiana del San Cristóbal, al pie de un retrato en tonos rojizos de Matilde, obra de su cuate David Alfaro Siqueiros, estaba asediado por sus colegas chilenos, por periodistas literarios, por curiosos diversos. Me dio la impresión de que él imperaba en el centro del grupo, con su cara de hijo de general de la revolución triunfante; de que nosotros parecíamos seguidores embobados, provincianos. Era un éxito, el suyo, y sobre todo visto desde el Chile de comienzos de la década de los sesenta, de aire extranjero, que venía del vasto mundo, que tenía algún tipo de relación con el cine, con la gloria de escritores del estilo de Ernest Hemingway o de Jean-Paul Sartre, de gente de esos niveles, algo que hasta ahora no había llegado hasta nosotros, hasta nuestras remotas orillas, y que ahora, por milagro, porque nuestras existencias menores, grises, cambiaban, por lo que fuera, empezaba a llegar. ¡Qué aura la de Carlos Fuentes! No sé si alcancé a saludar a nuestro personaje, dando codazos, o si me quedé en la orilla, pensativo. Carlos Fuentes era un escritor de otra especie, y aunque pude sentir alguna venenosa envidia, no sé, ahora, y puedo decirlo con la mayor honestidad, si esa especie literaria y humana me resultó de verdad atractiva. A lo mejor existía en mí, en alguna parte de mi conciencia, un sentimiento de rechazo de un éxito de esa naturaleza, que me parecía mejor conectado, digamos, con el ambiente de Hollywood que con el de Marcel Proust, el de Rainer Maria Rilke o Thomas Mann, o el del Neruda de *Residencia en la tierra* o el César Vallejo de *Trilce* y de

Poemas humanos. Para hablar en claro, para hablar de la literatura que yo, en forma discreta, con casi obligado secreto, amaba.

Se comentó en Santiago durante largo rato ese congreso de Concepción y una bullada polémica entre Fuentes, que había sostenido con elocuencia brillante, con vastos conocimientos históricos, las posiciones del nacionalismo mexicano, frente a las del imperialismo norteamericano, defendido, según se contaba, con tozudez singular, con mediocridad congénita, por un profesor universitario de los Estados Unidos. El joven Carlos Fuentes fue el héroe indiscutido de aquellas jornadas, y el profesor norteamericano, cuyo nombre no recuerdo, el villano sin remisión. Ya se tenía noticia, a todo esto, de la Revolución cubana en sus primeros pasos. La indignación mexicanista de Carlos Fuentes, su entonces deslumbrante retórica, iban en el rumbo de lo que pasaba en Cuba. A ese son, recogido por los sones que todavía estaban de furiosa moda de Nicolás Guillén, repicados por los de un guitarrista que se llamaba Carlos Puebla. Cuba era una fiesta, como había dicho Ernest Hemingway que era París, y todos coincidíamos y celebrábamos, aun cuando la fiesta cubana tenía una inevitable vertiente trágica.

Ya he contado más de una vez el paso de Fidel Castro, en abril de 1959, muy poco antes de ese congreso de Concepción del año 1960, por la Universidad de Princeton, donde me tocó escucharlo en mi condición de estudiante de posgrado de asuntos públicos e internacionales. En abril de 1959, en Princeton, Pilar y yo éramos amigos de una pareja norteamericana que tenía parentescos cubanos y que había alojado a Fidel Castro y a parte de su comitiva en su bonita mansión de las afueras. También nos habíamos hecho amigos de una pareja norteamericana que ocupaba un ala de la casa de campo donde alquilábamos un departamento, propiedad del inefable e industrioso señor Sam La Placa, de madera blanca, rodeada de bosque nativos, de pastizales, de pájaros y de roedoras ardillas. Theo y Alan Brilliant, nuestros nuevos amigos, eran poetas, intelectuales de un mundo alternativo, personas conectadas con el movimiento beatnik de la ciudad de San Francisco y de la costa de California. Theo era una mujer de sensibilidad fina, de sentimientos fuertes, enamorada de los gatos, aparte de estar enamorada de Alan, bastante menor que ella. Alan era delgado, huesudo, desmadejado, hasta se diría que descuajeringado, incisivo en su visión de todo. Estaba dominado por una especie de sobriedad, de puritanismo, de pasión contestataria. Se había interesado en las primeras etapas en el personaje de Fidel Castro, pero muy pronto, cuando comenzaron los procesos de La Habana y los fusilamientos de gente de la época de Batista después de juicios sumarios, se puso a expresar con insistencia una grave reserva, una crítica decidida. Eso de tomarse la justicia por la propia mano y de fusilar a centenares de personas en un estadio, o en los patios de un cuartel, con asistencia de público, al estilo de las tejedoras de los años duros de la Revolución francesa al pie de los cadalsos, no le gustaba absolutamente nada. Yo y Pilar lo escuchábamos con atención, pero estoy convencido ahora de que no le hicimos suficiente caso. Debimos tomar el tema mucho más en serio: eso nos habría ahorrado el tiempo y los errores que son propios de un entusiasmo excesivo, no bien corregido por la revisión crítica. Tomé distancias más o menos tempranas con respecto al castrismo, y Pilar las siguió por su camino propio, siempre independiente, pero había elementos que me habrían permitido distanciarme mucho antes, a pesar de la ola general de beatería, de rampante fanatismo. Cuando escribo estas líneas, no sé si Alan Brilliant, que podría haber sido dos o tres años mayor que yo, vive todavía, y es probable que Theo, mayor que nosotros, con su corazón ardiente, con su amor por la poesía de Emily Dickinson, haya desaparecido. Recibí tarjetas postales de los

Brilliant durante finales de año sucesivos, así como las recibía de mi compañero de curso y amigo japonés Takashi Onda, y todo aquello terminó. Yo hago ahora mi autocrítica, con plena conciencia de que es demasiado tarde: no he tenido en mi vida la paciencia necesaria, y la constancia, la energía emocional, la fidelidad, que permiten mantener viejas relaciones, y pienso que esto ha sido uno de mis errores importantes. ¿Una falla en la fidelidad esencial, una frivolidad inaceptable en las relaciones humanas? Quizá sí. He estado en muchas partes, con muchas personas, y, parodiando a Séneca, el hispano y el latino, no he estado en ninguna, y con ninguna. ¡Grave asunto!

13

Resultó que Carlos Valenzuela Montenegro, director económico del Ministerio, jefe superior mío, radical, masón, excomunista de los años cuarenta y de los primeros días del gobierno de González Videla —redomado traidor, bestia negra para los comunistas de los años sesenta, entre ellos Pablo Neruda, Enrique Bello y algunos otros amigos—, fue nombrado ministro consejero de la embajada de Chile en Francia, con el proyecto de abrir la embajada en la comunidad europea. Un colega mío de trabajo fue nombrado tercer secretario en Bruselas, y yo recibí un nombramiento en París, en el soñado, leído, legendario y apenas vislumbrado París. Nuestro hijo Jorge Luis había nacido en Santiago en 1959, a nuestro regreso de Princeton, y Pilar, que había sufrido de un tifus importante y había adelgazado más de la cuenta, estaba embarazada de la que sería nuestra hija Ximena. Tuvimos la audacia, o la inconsciencia, de viajar en avión a Buenos Aires y de embarcarnos por mar desde Buenos Aires a Cannes, en el sur de Francia, con pesados baúles, con camas y petacas, Pilar, embarazada de tres o cuatro meses, Jorge Luis, de dos años, Anita Riquelme, chillaneja, excelente cocinera criolla, cuidadora fiel del niño, y yo, con un cargo que era en realidad inferior al de tercer secretario, el de canciller, nuevo en el estatuto administrativo, que daba derecho a un sueldo, ínfimo para los niveles de París, y a las correspondientes «cargas familiares», de quinientos dólares mensuales. No era ninguna canonjía, y la posible intervención de la burocracia radical, movida por Valenzuela, ¡el traidor!, en mi nombramiento, no le importaba un rábano a nadie, ni siquiera a mí mismo.

Nos organizaron una despedida sonada, rumbosa, a Pilar y a mí, en el restaurante El Parrón, que se encontraba en la avenida Providencia, a la altura de la calle Manuel Montt, que estuvo allí hasta hace muy poco, y que era famoso por sus parrilladas: asadores con brasas crepitantes y con pirámides de chuletas de cerdo, de longanizas y prietas, de chunchules y mollejas, de sustanciosos pedazos de lomo y de filete de vacuno, acompañados de hermosas ensaladas de berros, de apio con palta, de magníficos encebollados a la chilena. El poeta brasileño Thiago de Mello, amazónico, eufórico, musical y tropical, que era agregado cultural del Brasil en Chile, y que había alquilado la casa de Neruda y Matilde en los faldeos del San Cristóbal, ofrecía después de la cena una fiesta de medianoche, con fogatas, con globos de todos colores, con abundancia de vinos y de whiskies. Yo diría que eran años de optimismo, años de relativa abundancia, años en que la clase intelectual, literaria, filosófica, artística, tenía muy poco dinero, pero gozaba de algunos privilegios y era más o menos bien tratada. En El Parrón hubo una concurrencia mezclada, heterogénea, pocas veces vista en el Santiago de comienzos de los sesenta, todavía bajo el gobierno conservador, de ambiente liberal, de amplia libertad de prensa, de coalición con el centro radical, de Jorge Alessandri Rodríguez. Asistieron poetas de mi tiempo, como Enrique Lihn, Jorge Teillier, Alberto Rubio, escritores, críticos, señoras más o menos de sociedad, de letras (bellas letras y bellas señoras), de teatro, e intelectuales de izquierda del estilo de Carlos Altamirano, que más tarde, durante el gobierno de Salvador Allende, sería el líder incómodo, no siempre complaciente, del socialismo de izquierda. Salvador Allende en persona, por lo demás, me mandó un telegrama de saludo. Y también llegó el inefable y simpático Enrique Bello, que tenía problemas con los comunistas ortodoxos porque no era partidario del realismo socialista en el arte, y Rubén Azócar, autor de la novela de ambiente chilote *Gente en la isla*, viejo amigo de Neruda, hermano de Albertina, uno de los amores más apasionados de la juventud nerudiana, una de las inspiradoras destacadas de los *Veinte poemas de amor y una canción desesperada*. Maruja Mori, mujer de Camilo Mori, uno de los pintores mayores de la pintura chilena moderna, y Teresa Hamel, novelista, cuentista, mujer de mundo, se presentaron magníficamente vestidas, seductoras, disfrazadas con largas narices postizas. También apareció, no se sabe cómo ni de dónde, la bella colorina furiosa que ya conocemos, la poeta Stella Díaz Varín, a quien ya hemos encontrado en la puerta del Salón de Honor de la Universidad de Chile, vomitando insultos a diestra y siniestra. Ahora, desmelenada, pelirroja, borracha, concentraba toda su proverbial procacidad en vapulear a la mujer de un médico psiquiatra amigo mío, señora elegante, atractiva, pálida, y a quien Stella Díaz, a voz en cuello, trataba de «pescado seco». Costumbres de esa época, anticostumbres, digo yo, excesos que se convertían en costumbres, que no escandalizaban a casi nadie.

En la fiesta de medianoche, me acuerdo de las fogatas y del poeta Molina, el poeta sin poemas, rojo como un camarón, con protuberancias, cototos, en el cráneo colorado, rodando por los faldeos del San Cristóbal. Creo que todos, sin excepciones, estábamos dando tumbos. Me imagino que al día siguiente hice las maletas y organicé el despacho de los papeles y de parte de mi biblioteca personal en un estado de sobriedad no bien asegurado. Irse de Chile, irse del centro de Santiago, de la calle Rosal, en el lado del oriente del cerro Santa Lucía, a la calle Cognacq-Jay de París, donde me habían conseguido un departamento pequeño, oscuro, esquinado, a metros de distancia del Sena, no lejos de la embajada chilena, situada en el número 2 de la avenida de La Motte-Picquet, al costado de los Inválidos, esquina que pasaría a ser emblemática en mi vida, me parecía una hazaña superior, un cambio de folio, un cambio de época. Viajamos en la primera clase de un transatlántico italiano, sin el menor heroísmo, como no es difícil de constatar, creo que el *Giulio Cesare*, y ese viaje, con su pequeño lujo, marcaba el comienzo de un cambio de dimensiones en verdad mayores. Pilar, en los primeros meses de su embarazo, se veía delgada, cansada, frágil. Jorge Luis, de dos años y medio, correteaba en mi memoria por listones de madera, en peligrosas orillas de la piscina del barco. Eduardo Bravo, mi colega del Ministerio, solo, tomaba copas con cara de celebración y probaba quesos italianos y franceses, gorgonzolas, camemberts, roqueforts. Otro compañero de viaje era el señor Mac Gill, el Gringo Mac Gill, padre de la muy famosa celebridad social Mary Rose Mac Gill, hombre internacional, mundano, administrador de fortunas, que a veces mandaba de regalo a la mesa nuestra y de Eduardo Bravo una botella de champagne de Francia de buena marca, un Veuve Clicquot, un Möet Chandon, y brindaba con nosotros a la distancia, guiñando un ojo. Tenía una manera crítica, deslenguada, muy británica, de burlarse de las ridiculeces y los provincianismos de la sociedad chilena, después de haber pasado parte de su vida casado con una señora conocida de Chile. También viajaba en el *Giulio Cesare* un embajador chileno que había perdido la voz, debido a una grave enfermedad de la garganta, y que asumiría el cargo de embajador ante los organismos internacionales que tenían su sede en Ginebra, Suiza (¡para qué necesitaría voz!). Recuerdo sus jerséis de color amarillo canario, sus gorras de tweed, sus intentos patéticos de comunicarse con voz agotada. Bajamos del barco en Río de Janeiro y en Lisboa. También nos detuvimos en Barcelona, y en un rápido paseo, la ciudad nos pareció el colmo de lo europeo, de lo moderno, de lo civilizado, a pesar de que en España todavía gobernaba en forma dictatorial el general Francisco Franco. ¿Habría sido posible sostener que en el mes de mayo de 1962, en vida del dictador, ya apuntaba en el horizonte, con signos débiles, pero visibles, el posfranquismo? Habría que analizar si la economía de mercado, por sí misma, crea espacios de libertad que ayudan a salir de la dictadura. La actual experiencia china parece indicarnos lo contrario: la fortaleza del mercado parece ayudar a fortalecer la dictadura del partido. En cualquier caso, tuve solo una visión fugaz, confusa, de la capital catalana, y me divirtió la idea de que muchos nombres que creíamos chilenos, porque correspondían a marcas comerciales difundidas entre nosotros o a personajes de nuestra historia independiente, como Llodrá (la camisa que domina la ciudad), o como Prat y Montt, fueran de la más pura cepa catalana. Todo anunciaba, en definitiva, que el viaje a Europa sería un viaje al conocimiento del mundo y al conocimiento de nosotros mismos, de nuestro pasado y nuestro presente. Y podría agregar, sin exageración, que yo tenía en esos años algo que todavía conservo, octogenario y todo: curiosidad por el mundo en sus más variadas formas, apasionados deseos de conocer y de seguir conociendo.

El Gringo Mac Gill, con sus botellones de champagne y sus maneras más bien impertinentes de dirigirse a nosotros, había desembarcado en Lisboa, donde parecía que tenía una cita galante en algún restaurante y en algún hotel de primera clase. Nosotros, los funcionarios chilenos, con nuestro embajador mudo ante instituciones donde todo se hace hablando, mediante largas intervenciones verbales, desembarcamos con nuestras familias, con nuestras maletas y baúles, con camas y petacas, en botes que nos condujeron desde el *Giulio Cesare* hasta el puerto de Cannes. Ahí subimos a un tren que recorrió la mitad de Francia, con vistas a los viñedos del Ródano, a montes, valles, collados, y nos dejó en el atardecer, en una oscuridad fría que parecía la contradicción exacta de la esperada primavera —habíamos escuchado hablar del «joli Mai»—, en la estación de Austerlitz. Recuerdo el viaje en automóvil hasta la que sería nuestra casa durante un tiempo: una planta baja en eterna penumbra, húmeda, malsana, con muebles que habían sido elegantes en alguna época o que habían sido hechos para aparentar elegancia, algo que los franceses, y los chilenos afrancesados, llamaban *standing*. Un diplomático chileno tenía que tener un barniz de *standing*, aun cuando se encontrara en la antesala de la portería, o de la calle (¡de la puta calle!), o de la nada. El barrio donde habíamos llegado, sin embargo, era sorprendente: cerca de un maravilloso mercado al aire libre, donde había jabalíes que colgaban de garfios de acero; de calles históricas, como la rue Cler, la de ese mercado, la rue Malar, las calles stendhalianas de L'Université y de Grenelle; y la vasta explanada que se extendía desde el puente relativamente moderno de Alejandro III hasta la enorme fachada de los Inválidos, propia del Gran Siglo, de Luis XIV. La residencia chilena, de gran clase, seguía la curva del encuentro de la avenida de La Motte-Picquet con el boulevard de la Tour-Maubourg, en un ángulo digno de ese barrio insuperable, el *septième arrondissement*.

No recuerdo mi primera noche en Cognacq-Jay ni mi presentación en la embajada al día siguiente. Pablo Neruda me había dado una idea negra de Carlos Morla Lynch, el embajador nombrado por el presidente Jorge Alessandri y que seguiría en funciones hasta el fin del gobierno alessandrista, hacia noviembre de 1964. Me había dicho, en resumen, que Morla, mientras había sido ministro de Chile en Madrid en los años de la República española, había recibido a gente de los sectores más variados en sus salones: grandes aristócratas, toreros famosos, poetas e intelectuales de izquierda. A la vez, había dado asilo en la misión diplomática de Chile a centenares de personajes que corrían peligro en el sector republicano de la guerra. Al final de la guerra, cuando los nacionales habían triunfado y Franco entraba con su ejército y con su guardia mora en Madrid, Morla, según decía Neruda, se había definido a favor de la derecha franquista olvidando su populismo de años anteriores. Consecuente con esa nueva actitud suya, le había denegado el asilo en la embajada al poeta Miguel Hernández, comunista de origen campesino, amigo admirado por Neruda, y Hernández había muerto en una cárcel franquista. Era la versión nerudiana rencorosa, paranoica, del personaje de Carlos Morla Lynch, y ahora creo que no tuve la suficiente independencia para cotejarla con otras versiones y crearme una visión propia. Sea como sea, ahora puedo dar un testimonio personal más equilibrado: Morla era un hombre muy mayor, de piel blanca, de ojos de un azul intenso, elegante, de voz pausada, de pronunciación no del todo chilena, aun cuando a veces, medio en broma, como si se propusiera demostrar que era tan chileno como cualquiera, soltaba un chilenismo de grueso calibre. Era un ser ultrasensible, conectado en profundidad con la música, la poesía, el memorialismo en prosa, y actuaba casi siempre con una forma curiosa de ingenuidad, como si la política y la diplomacia, con sus cálculos, su control, su prudencia, fueran ajenas a su manera de ser más íntima. «¡Qué hombre más malo!», le escuché decir alguna vez a propósito de Neruda, y creo que me reí un poco. Pero yo, en esos días, a pesar de que no pretendía ser más que un amigo de Neruda, estaba sometido en cierto modo a su ambiente, a su orientación política, a sus amigos de izquierda. Tenía amigos que estaban en contra de esa tendencia, que se pronunciaban furiosamente contrarios al «nerudismo», como el poeta Eduardo Anguita, para citar un solo caso, pero reconozco que la atmósfera nerudiana me impresionaba, y es probable que en mis años de París, en las pasadas del poeta, que llegaba desde Moscú, en los encuentros con Louis Aragon y otros personajes de la izquierda francesa, la impresión mía, o la sujeción mía, si se quiere, se mantuviera con más fuerza. Era, sin embargo, difícil no sentir simpatía por el personaje frágil, refinado, elegante, lleno de humor, que era don Carlos (como yo lo llamaba, a pesar de que él me pedía que lo llamara Carlos y que lo tuteara); pero la imagen fuerte, negativa, de fondo franquista, que me había dibujado Neruda, predominó en mí durante un tiempo bastante largo e impidió que yo desarrollara una amistad franca, abierta, con Carlos Morla, amistad que habría sido interesante e instructiva para mí, como lo entendí bien en años recientes en Madrid. Ahora he estudiado al personaje mejor, sin prejuicios políticos, y he llegado a la conclusión de que las acusaciones de Neruda eran injustas. Morla acogió a Miguel Hernández en la embajada, pero el poeta escuchó decir que la Guerra Civil continuaba en alguna parte de España y salió a participar en el combate. Cuando comprendió que la derrota del bando republicano era definitiva y regresó a refugiarse de nuevo en la misión de Chile, las tropas de Franco rodeaban el edificio y no le permitieron volver a entrar. Miguel Hernández corrió entonces a la frontera con Portugal, donde las policías de Oliveira Salazar y de Franco lo detuvieron y lo metieron a la cárcel. Cometió un error político importante, porque habría tenido mejores posibilidades de salvarse en la frontera con Francia.

La mujer de Morla, Bebé Vicuña, muy conocida, muy mentada, como se solía decir en el Chile antiguo, había muerto hacía poco. El libro *Poeta en Nueva York*, de Federico García Lorca, publicado en forma póstuma, estaba dedicado a «Bebé y Carlos», la pareja chilena inconfundible. Pues bien, cuando llegué a esa embajada en calidad de último secretario, a mis todavía treinta años de edad, Carlos Morla, viudo, se paseaba solo por los amplios espacios de

La Motte-Picquet, en una relativa y más bien fría penumbra, porque se ahorraba mucho en electricidad y en calefacción. Se paseaba un tanto lloroso, porque no se había podido consolar de la pérdida de Bebé, seguido por las escaleras por sus dos o tres perritos pekineses, a quienes llamaba a cada rato y trataba de atraer con terrones de azúcar. Los pekineses eran la proyección fantasmal de Bebé, una sombra suya.

Carlos Morla tenía dos empleados de absoluta confianza, heredados de sus tiempos de diplomático en España, en Berlín y en Suecia: Anton, alemán, de disciplina militar, ¿exnazi?, y una andaluza de carácter fuerte, que cocinaba con talento y parecía ocuparse de todos los detalles de esa gran residencia.

Morla, en resumidas cuentas, y a pesar de la interpretación tendenciosa y contagiosa de Neruda, tenía un lado entrañable, pintoresco, original. Carlos Valenzuela Montenegro, el ministro consejero de carrera, el ex comunista convertido en radical y masón, trataba a toda costa de desbancarlo para que lo hicieran embajador a él, pero no conseguía nada. Morla se escribía con su viejo amigo, el presidente Jorge Alessandri, persona también, a su manera, extravagante, original, y Alessandri, en sus cartas de respuesta, le reiteraba su amistad, su cariño, su plena confianza. En su edad avanzada, en su viudez melancólica, en algo que se podría definir como cansancio existencial, Morla recibía el despacho de la mañana en su tina de baño, en una tabla que cubría parte de la tina en calidad de escritorio, mientras la andaluza, Lola, le frotaba la espalda con una esponja jabonosa. Era un detalle digno del duque de Saint-Simon, pero Morla, claro está, no era el Roi Soleil, sino el embajador de un país perdido en el globo terráqueo. Morla subía después a las oficinas del tercer piso y saludaba con amabilidad, con perfecta calma, a todo el personal. A mí, cuando me veía aporrear mi máquina de escribir en un mediodía de sol, me decía que por qué no salía y aprovechaba la hermosa mañana. ¡París estaba tan bonito!, y yo perdiendo mi tiempo, escribiendo oficios e informes que no leería nadie.

Cuando regresaba del palacio del Eliseo a la residencia de La Motte-Picquet, y en una ocasión, frente a los tacos del tráfico, se había ido en metro, vestido de frac y condecoraciones, contaba sus encuentros con el general De Gaulle. Siempre surgía algún detalle personal, alguna broma amable, y no era un detalle inventado. El humor tranquilo de Morla, además de su francés impecable, aseguraban que los detalles eran verdaderos. Ahora bien, después de su misión en la España de Federico García Lorca, en el Madrid de la guerra, conservaba una relación intensa con el mundo hispánico, el de la España de esos días y el de algunos grandes personajes del exilio. Una tarde encontré a una señora que esperaba en la penumbra de la antesala de la residencia, y era una de las hermanas de Federico García Lorca. Otro día llamó por teléfono a mi despacho y me invitó a almorzar en el comedor principal con el poeta Jorge Guillén y su familia. El poeta, que residía en alguna universidad norteamericana, había llegado de visita acompañado por una hija suya y por su marido, profesor hispanista, y don Carlos, amistoso, considerado con su gente, me llamaba para que compartiera ese almuerzo con el autor de *Cántico*.

Yo había sido amigo del hijo de don Jorge, Claudio, en Princeton, y le habíamos hecho una visita, inolvidable para mí y que ya he contado, a don Américo Castro en una casa de las afueras, donde vivía ya retirado. Ahora no recuerdo bien la cara de don Américo en su casa de Princeton. Solo veo su sombra más bien voluminosa y escucho su voz serena, tranquila. En cambio, me acuerdo de la cara más bien mediterránea del poeta Jorge Guillén, en fuerte contraste con la *boisserie* blanca del siglo XVIII instalada en el comedor de la embajada. Y también me acuerdo de que hablamos de un escritor francés por excelencia, a pesar de que amaba sus residencias en Italia, en ciudades pequeñas, aparte de Milán, Florencia, Roma, Nápoles, y sus amores y amoríos italianos, más que su Francia natal, incluidas la ciudad de su infancia, Grenoble, y París, donde había residido en sitios que formaban parte de ese distrito 7 de la embajada. El avisado lector ya sabe que ese escritor, tan francés y tan no francés, tan avenido con Italia, tan desterrado en más de algún sentido, era Henri Beyle, el señor de Stendhal. Y no podría decir, en verdad, de qué Stendhal hablamos con don Jorge: del de *El rojo y el negro*, del de *La cartuja de Parma*, del de las crónicas italianas o del de los textos definidos como «Escritos íntimos». Lo que sí sé es que hablar de Stendhal con el poeta, y en presencia de un Carlos Morla silencioso, complacido, fue uno de los grandes instantes literarios que guardo en la memoria. Por muy difícil que sea explicar un fenómeno de esta especie en estos días. Haber salido de la calle Rosal, del lejano Chile, de la sombra del cerro fundacional de Santa Lucía, de sus grandes pimientos, de sus contrafuertes de ladrillo quemado, de sus guirnaldas, cañones coloniales, enrejados de hierro y de bronce, para conversar de Stendhal en la mesa de Carlos Morla Lynch, y con el poeta Jorge Guillén, había valido la pena. «Despaisarse», *se dépayser*, tomar distancia, para hablar del más clásico de los «despaisados», clásico y romántico, tenía un sentido provocador, perturbador. Era una forma de inspiración. Don Jorge, inmutable, sonreía, yo tomaba una copa de vino, Carlos Morla hablaba con suavidad, indicando el camino del gran vestíbulo de piedra y de mármol que llevaba del comedor a los salones.

Carlos Morla, atento en forma delicada, sin aspavientos, a mis inclinaciones literarias, que hasta ahí no eran más que inclinaciones, le habló de mí a Mathilde Pomès, vieja y notable hispanista francesa, gran amiga de los poetas españoles exiliados de la generación de 1927, y ella me pidió un texto sobre Gabriela Mistral para una colección de premios Nobel de Literatura. Releí con atención la poesía y muchas de las prosas de Gabriela, ásperas, originales, agudas. Escribí el texto con mi relativa lentitud de esos años, y Mathilde Pomès declaró que yo era un «jeune et charmant artiste». Después de todo, no estaba tan mal. Ella insistió en esa definición, y ahora la recuerdo con simpatía, diciéndome que debí ser mucho más fiel, más constante, en mi relación con la anciana y generosa hispanista. Pero, como ya he dicho, he sido distraído y olvidadizo. He dejado pasar demasiadas cosas, y merezco, ahora, que tanta gente me deje pasar a mí. Sembré distraída, desaprensiva indiferencia, y me toca cosecharla. ¡Cuántas tarjetas postales que no respondí, cuántos signos, cuántos llamados que no contesté! Me aturdí tomando vinos, probando quesos, devorando *terrines* diversas, y me puse gordo, neurótico, insomne. Pero vamos por partes. Aunque no soy complaciente, no soy un autoflagelante definitivo.

Los días jueves en la tarde, en su departamento del número 13 de la rue Jacob, una de las calles más bonitas de París, la chilena Margot Rivas, hermana de Mario Rivas González (el personaje del periodismo amarillo y nocturno que me había llevado por primera vez a la casa de Pablo Neruda), casada con Bernard Collin, poeta, amigo, coleccionista de pintura de vanguardia, abría su salón para un pequeño grupo de intelectuales, artistas, gente de buena compañía. Había un gran cuadro en la pared del fondo hecho con cáscaras de huevo como elemento principal, técnica de un artista muy conocido, pero de cuyo nombre no estoy enteramente seguro, y en otro lado una pintura abstracta, desvaída, onírica, desmayada en su tela, para decirlo de algún modo, de Wols, uno de los grandes de la pintura abstracta de esos años. También había dibujos de un gran poeta, Henri Michaux: plumas, palotes, figuras estilizadas, que deambulaban por espacios entre lunares y mentales. Michaux estaba sentado en persona, justamente, debajo de uno de sus dibujos, pero tengo la impresión ahora de que no le presté la atención debida, seguramente por ignorancia. El otro asistente a esa tertulia de los días jueves era el pintor Roberto Matta, que en Francia era conocido como *Mattá*, cercano al surrealismo de André Breton, pero expulsado por el maestro, creí entender, del círculo de hierro surrealista. Había parientes de la dueña de casa, y un señor elegante, de apellido David, emparejado con una francesa atractiva y no menos elegante. El señor de apellido David recordaba a un chileno de una generación anterior, pintor de talento residente en Londres, y a quien sus amigos y colegas ingleses, que no habían visto a un chileno en su vida, conocían como Chile Guevara. Después supe que Neruda había frecuentado bastante a este Chile Guevara, y que Chile, llamado Álvaro, era pariente de una señora que se llamaba Dorila Guevara, casada con uno de los propietarios más ricos de la Patagonia chilena y argentina. A esta Dorila Guevara, que tenía una mansión en la calle Ejército de Santiago, la llamaban Gorila, doña Gorila Guevara, y también tenía talento de pintora. Pero la Gorila pintaba figuras fantasmales rojizas o amarillentas, al estilo de los fantasmas, las máscaras, los esqueletos del belga James Ensor, uno de los iniciadores del vanguardismo en pintura. Chile Guevara, en cambio, era un sucesor del prerrafaelismo inglés y había derivado a una forma de surrealismo a la inglesa. Era un fanático aficionado al boxeo y lo había practicado en su juventud en los cerros de Valparaíso, y era un homosexual agresivo, a pesar de que terminó su vida casado con una inglesa de gran fortuna. En Inglaterra se hizo gran amigo de Ezra Pound, el poeta de los *Cantos*, que se entusiasmó con el fascismo italiano durante la Segunda Guerra Mundial y terminó encerrado en una jaula por los dirigentes aliados. Pound y Guevara provocaban a personas y armaban descomunales peleas en una esquina célebre de Montparnasse, en París, la del boulevard Saint-Michel y de las últimas alamedas de los jardines de Luxemburgo, frente a la terraza legendaria de la Closerie des Lilas.

El señor de apellido David, de aspecto distinguido y decadente, y su atractiva pareja, con quien conversé largo y de quien me enamoré durante algunas horas, o algunos días, fueron mis interlocutores finales en esa tertulia de Bernard Collin y Margot Rivas. Ellos despertaron mi curiosidad por Álvaro Chile Guevara, a quien estudié lo más que pude y que terminó siendo personaje de una novela mía de años más recientes, *La mujer imaginaria*. Hablé algo también con Roberto Matta, o Mattá, y me invitó a su casa de Boissy-sans-Avoir, o *sans-avoir peur*: casa de piedra medieval, con un gran galpón destinado a las pinturas de formatos importantes, con pequeñas lluvias de personajes de Magritte en algunos rincones, con una mano de Giacometti encima de una mesa, y un cuadro del Giorgio de Chirico metafísico, uno que tenía un retrato parcial de Guillaume Apollinaire en la esquina superior derecha. Para mí, esos primeros tiempos de secretario de la embajada chilena en París fueron días de Guillaume Apollinaire, de Apollinaire visto e interpretado por Vicente Huidobro, o recitado por Gérard Philipe; días de lectura de Albert Camus y de Claude Lévi-Strauss; días de descubrimiento de Henri Michaux y su amigo francés-ecuatoriano Alfredo Gangotena, y de novelas francesas que no se insertaban en las corrientes narrativas centrales, sino dentro del surrealismo o de la literatura fantástica: *Nadja* y el hotel des Grands Hommes; *El campesino de París* y el maravilloso parque de Buttes-Chaumont; novelas de George Bataille y de Raymond Roussel, además de *nouvelles* de Heinrich von Kleist y de E. T. A. Hoffman. ¿Y de Franz Kafka? Creo ahora que fueron los días en que leí mejor a Kafka, en *El proceso*, en *América*, en *El castillo*, en *La metamorfosis*, en la *Carta al padre*. No es decir demasiado, pero no es poco decir.

14

Jean Supervielle, hijo del gran poeta francés nacido en Uruguay Jules Supervielle, estaba casado con una chilena. Era una amiga de Pilar, y la habíamos conocido durante antiguos paseos por el Parque Forestal de Santiago, en los alrededores del Museo de Bellas Artes. Encuentro fotos con ella, con Pilar, con Jorge Sanhueza, en un banco del parque. Se me ocurre ahora escribir un poema sobre aquellos bancos, sobre aquellos senderos, que ya no son los mismos. Cuando Pilar murió en los primeros días del año 2007, Jaime Valdivieso, escritor, vástago de familia santiaguina venida a menos, casado con una novelista que tuvo su momento, Mercedes Valdivieso, separado de ella, comunista disciplinado, fervoroso, que nunca consiguió entender el discurso de Nikita Kruschev de 1956, se me acercó, ya no recuerdo dónde ni en qué circunstancia, y me dijo: «Ver a Pilar caminando por los senderos del Parque Forestal es un recuerdo imborrable». Lo era, sin duda. Y me pareció simpático, generoso, por encima de complicaciones doctrinarias de cualquier orden, que me lo dijera Jaime. Pilar era una de las mujeres que caminaban mejor, con más gracia, con el ritmo más sutil que he visto en este mundo y en muchos mundos. La Petearkovich (¿Beatriz, Adriana, Yolanda?), a quien Rubem Braga llamaba «la Petearkovita», chilena de antepasados polacos, tampoco caminaba mal: se embarcó un buen día para Europa con un pasaje de tercera clase y terminó por casarse con el hijo del poeta francés-uruguayo, a quien quizá conoció en las tertulias de los jueves del 13 de la rue Jacob. Jean era buena persona: un inocente, uno de los hombres más distraídos que he conocido, y trabajaba en los programas de la Radio Francesa en lengua española. Pues bien, Jean, el bueno de Jean, me propuso un día que participara en uno de esos programas, uno en que se suponía que escritores de lengua española residentes en Francia comentaban la nueva literatura francesa para el público hispanoamericano. En el programa, me explicó Jean, participaba Carlos Semprún, hermano de Jorge, que ya se había dado a conocer en Francia como novelista; un intelectual marroquí de apellido Eltit, que seguía estudios hispanistas en Francia, y un joven peruano que había leído mucho, pero que era un poco sistemático y rígido en sus ideas, con lo cual quería decirme que pertenecía a sectores dogmáticos, altamente ideologizados, de la extrema izquierda de aquellos tiempos. ¡Estupendo lector, sin embargo, y brillante expositor!

Jean me pasó un libro francés recién aparecido y que tendríamos que comentar en la radio. Era una novela típica del llamado *nouveau roman* de Francia, la corriente dominante en aquellos días. Ya no sé si era obra de Claude Simon o de alguien muy cercano a ese grupo, editada en los volúmenes grises, de amplio formato, de las Éditions de Minuit. Como todos los del *nouveau roman*, era un texto denso, lento, con momentos interesantes, con una mirada intensa, morosa, que convertía la contemplación, y el objeto contemplado, un vaso de agua, una flor, un pedazo de muro (¿heredero del *petit pan de mur jaune* de Marcel Proust?), una mosca, en experiencia poética y experiencia ontológica, en misterio y en revelación de un misterio. Llegué en mi lectura hasta cerca de la mitad del grueso libro, ya que mi trabajo rutinario en la embajada, donde nunca faltaban los momentos excepcionales, complicados, no carecía de exigencias, y me presenté en el programa, en un estudio de la rue François Ier, ya que el gran edificio de la ORTF todavía no existía, con la sensación incómoda, culpable, de no haber cumplido enteramente con el cometido que se me pedía. Eltit, el marroquí, enjuto, nervioso, puntilloso, apareció en el estudio declarando que no había tenido tiempo de leer el libro. No había leído la mitad, como yo. No había leído casi nada. Carlos Semprún, simpático, amistoso, algo malhumorado, declaró con la mayor soltura, sin el menor recato, que el famoso *nouveau roman*, la corriente narrativa del momento, le interesaba muy poco o, francamente, le interesaba un pepino. El peruano, el más joven de todos, de voz intensa, vestido con un chaleco de lana rojiza bastante gastado, con bluyines azul oscuro, y peinado con un jopo ligero, a lo galán del cine mexicano, tampoco mostró el más mínimo interés por el libro que nos tocaría comentar; propuso que uno de nosotros lo defendiera y otro lo atacara, para conseguir así que el programa fuera polémico, un poco menos aburrido.

Hicimos nuestra conversación ante los micrófonos, no demasiado interesante, y partimos después al café de la esquina. Había que firmar un par de papeles y después de dos o tres semanas se recibía un cheque de cincuenta francos a domicilio. Más tarde comprendí que la conversación de verdadero interés se había producido en el café de la esquina, no ante los micrófonos de la ORTF. Todos los que estábamos ahí hablábamos de literatura en forma apasionada, sin prejuicios, sin temores reverenciales, sin vetos, sin declaraciones para una galería imaginaria. Primero salió a relucir el tema del *Quijote*, ya no recuerdo a propósito de qué, y el joven peruano, el del peinado al estilo de los galanes mexicanos, y ahora también me parece que llevaba un bigotito a lo Jorge Negrete, pero no puedo asegurarlo, habló con entusiasmo singular, que me sorprendió, de las novelas de caballería, y de *Tirante el Blanco*, del valenciano Joanot Martorell, y dijo, en palabras que ya no recuerdo con exactitud, que el *Quijote* le parecía más subjetivista, menos imbuido de la esencia mítica, de creación imaginaria pura, de novelas como el *Tirante* o como el *Amadís de Gaula*. Los presentes en esa mesa de café escuchábamos estas afirmaciones poco usuales, poco académicas, sin la menor censura, y creo que nos divertíamos bastante. Después salió a relucir el tema de Tolstói y Dostoievski, y ahí se produjo una división de opiniones fuerte, apasionada, exaltada, con gritos que llegaban hasta la calle, discusión que habría sido notable como polémica radial, pero que no habría cumplido con los fines diplomáticos, de difusión internacional de los productos franceses, que se proponía alcanzar el programa. Carlos Semprún alegaba que el gran novelista ruso, superior, genial, era el autor de *Los endemoniados*, de *Crimen y castigo*, de *Los hermanos Karamazov*, y el joven de bigotito, a gritos, aunque yo diría que sin agresividad, con un toque de humor, de provocación intelectual, de juego, sostenía que el universo dostoievskiano era de un espiritualismo y un subjetivismo enfermizos, en tanto que León Tolstói, en *Guerra y paz* y en sus mejores relatos intermedios, era un creador de espacios literarios autónomos, dotados de una fuerza propia, de un poder que se oponía al de la realidad real. Dostoievski, en esta visión, era el intérprete de algo, un talentoso intérprete, pero el gran creador, el Dios de la literatura (en los años que siguieron desarrollaría la tesis del novelista como deicida), era Tolstói, un gigante en estado de naturaleza. Yo me acordaba de un extraordinario ensayo de Thomas Mann sobre el tema, de mis largas lecturas de Dostoievski —de *El príncipe idiota*, de *Crimen y castigo*, mi novela favorita, que he releído muchas veces, y que es, para mi gusto, el drama de un intelectual equivocado y convertido en criminal, de maravillosas novelas más breves, como *Noches blancas*—, del Pierre Bezujov de *Guerra y paz*, de los príncipes ilustrados tolstoianos, del general Kutuzov en la batalla de Borodino, aplicando su conocimiento de la cacería del jabalí, de la gran naturaleza sagrada, a la lucha contra Napoleón Bonaparte, y me quedaba callado, dudando, revisando. Dije, con candidez, quizá con timidez, con una mesura mal vista entonces, y creo que también ahora, que los dos escritores me gustaban mucho, que los dos me fascinaban cada vez que emprendía su lectura, Tolstói y Dostoievski, y que era perfectamente incapaz de decir, ahora, si uno me gustaba más de los dos, y cuál era ese uno. Porque entraba en una novela de Dostoievski, pasaba de la página cincuenta o sesenta, y era el más dostoievskiano de los lectores, el más identificado con esos mundos, con esos salones y esos laberintos infernales, y entraba después en *Infancia, adolescencia, juventud*, en *La muerte de Iván Ilich*, y era el más fanático de los tolstoianos. Me quedé embobado frente a un abrigo de cuero y de piel colgado a la salida de una casa del viejo Tolstói, en Moscú, hace no muchos años: admirado, apabullado, frente a esa humanidad gigante que tenía también algo de oso, algo de fiera.

Al final, después de ese primer programa de radio, nos reímos a carcajadas y salimos de ese café de la esquina de la rue François Ier animados y contentos, celebrando la vida, y celebrando París como parte de la vida. Pronto nos conocimos mejor, dentro de los estudios de la ORTF y de su literatura francesa al día, y fuera, en el café Old Navy, o en el restaurante Polydor, que figuraba en las biografías del joven James Joyce, o en Les Charpentiers (del gremio de los carpinteros) de la rue Mabillon: Carlos Semprún y Nina, que antes había sido mujer de un personaje francés, o ruso-francés, muy conocido en el mundillo parisino, y Mario Vargas Llosa, porque no es difícil adivinar que el joven lector de novelas de caballería y tolstoiano fanático era Mario, y Julia Urquidi, la misma, incomparable Julia de *La tía Julia y el escribidor*. Después llegué muchas veces al departamento de Mario y Julia, en el patio interior de un edificio medio hundido por el paso de los años, y donde había un viejo pimiento, o un frondoso castaño, entre las piedras del patio. Se encontraba en la rue de Tournon, de subida hacia el Senado de Francia y hacia el Luxemburgo, por el lado izquierdo. Me acuerdo de Mario trabajando en *La casa verde*, frente a una máquina de escribir de color gris, con un montón de hojas en blanco por un lado y de hojas escritas por el otro, con un mapa de la geografía de la novela y una lista de personajes, todo pegado con chinchetas en una pared de frente a la mesa de trabajo. Salíamos para comer cualquier cosa, a la carrera, en el café de la esquina, el Tournon, donde los escritores norteamericanos solían reunirse y publicar su *The Paris Review*, que tenía ese nombre, o en algún lugar parecido. Porque había que llegar a una película del Oeste, un western, en alguno de los cines del Barrio Latino, en el Champollion o en algún otro. Mario veía la película conmigo, *Álamo*, por ejemplo, o *Las horas contadas*, y sus razones para preferir las películas del Oeste no eran demasiado diferentes de sus razones para preferir a Tolstói o las novelas de caballería. Se leía la palabra «Fin» y él corría para llegar a tiempo, o no con excesivo retraso, a su trabajo en la radio. Julia era secretaria del director de programas, André Camp, que trabajaba de día, de manera que los horarios de la pareja coincidían poco.

La rutina aproximada de Mario, que conocí en detalle en esos días, en septiembre u octubre de 1962, era más o menos la siguiente. Después de ver sus westerns (le hablé de Ingmar Bergman y de Federico Fellini y comprendí que le interesaban poco), trataba de llegar a la radio antes de la medianoche y trabajaba hasta las tres o las cuatro de la madrugada. Su trabajo consistía en recibir las principales noticias de las agencias francesas, seleccionarlas para el mundo hispanoamericano, traducirlas y grabarlas para su transmisión por la radio. Corría de regreso, de madrugada, a su departamento de la rue de Tournon, dormía hasta el mediodía siguiente, se preparaba un gran tazón de café con leche, comía alguna cosa, lo que hubiera en la cocina, y se instalaba frente a su máquina de escribir, frente a una estantería donde estaban las obras completas de Lenin en traducción francesa, en ediciones de tapa rojiza. Me sorprendían bastante esas obras completas de Lenin y todavía, en mi memoria, me sorprenden, aunque ya, como todos saben, desaparecieron hace décadas. En una parte de esa estantería estaba el mapa de Piura que ya he mencionado y en otro el cuadro sinóptico de los personajes de *La casa verde*. Mario ya había entregado el manuscrito de su primera novela, *La ciudad y los perros*, a Carlos Barral, el poeta, director y socio de la editorial Seix Barral, y esperaba en silencio, con suma, sorprendente discreción, el dictamen del jurado del Premio Biblioteca Breve. Me imagino que Barral ya le había transmitido su opinión entusiasta, de entusiasmo desbordante, sobre esa novela, y que la decisión del jurado era perfectamente segura. Pero Mario guardaba un silencio estricto sobre este asunto, con estrategia bien pensada y bien afinada. No hacía excepciones en esta materia, o no las hizo, por lo menos, conmigo. Fue Jean Supervielle, si no me equivoco, el primero en comunicarme la noticia del Biblioteca Breve ganado por *La ciudad y los perros*. Jean estaba completamente asombrado, estupefacto. Me había advertido que Mario era muy buen lector, pero demasiado «sistemático», palabra suya textual, lo cual revelaba que no había captado su talento con la precisión y la anticipación necesarias. Yo no conocía la existencia de ese premio, ni la de Carlos Barral, y su socio Víctor Seix, y la de Joan Petit, que le daba su nombre al galardón, pero no me sorprendió en absoluto que Mario fuera el galardonado. A mí me asombraba su capacidad de trabajo, su enorme, casi desbocada, capacidad de lectura, su total entrega. Esos gritos de entusiasmo literario, de loca admiración, que había escuchado en el café de la rue François Ier, y después en muchos otros lugares, iban a resonar en mis oídos muchas veces: a propósito de Gustave Flaubert y de Emma Bovary, de Honoré de Balzac, de *Tirante el Blanco*, de Charles Baudelaire, de fragmentos del Neruda de *Residencia en la tierra*, de las primeras líneas de algún cuento de Jorge Luis Borges, que se había aprendido de memoria. No hubo celebraciones con champagne, como habría ocurrido ahora, pero supimos del viaje a Barcelona y de las celebraciones de allá. Era un ambiente de cambio de folio, de celebración de una literatura nueva, de descubrimiento de América en sus nuevas generaciones literarias, y de redescubrimiento de las no tan nuevas: Alejo Carpentier, Juan Rulfo, Juan Carlos Onetti, entre muchos otros. María Luisa Bombal, entre nosotros, chilenos. Los españoles hablaban de la primera gran novela de América Latina después de *Don Segundo Sombra*, del argentino Ricardo Güiraldes. Pero la narrativa de Güiraldes hacía las veces de una transición: un pie en el criollismo, otro en la poesía de la naturaleza, del tiempo, del espacio. Las nuevas formas narrativas que asomaban ahora tenían más que ver con William Faulkner y quizá con Juan Rulfo. Eran propias de un tiempo de libertades en la forma, y de la aparición de fenómenos intelectuales inéditos: el psicoanálisis, el hermetismo en la poesía y en la prosa, el surrealismo. La prosa narrativa hispanoamericana se desvinculaba de sus antecesores regionalistas, del naturalismo anterior, y parecía recuperar el tono de la poesía del pasado, de *Residencia en la tierra*, de *Poemas humanos*, de César Vallejo, de *Piedra de sol*, de Octavio Paz, y hasta del Rubén Darío mayor, a quien Mario había estudiado en sus todavía recientes años universitarios. Cuando se hablaba con la majadería habitual propia del academicismo chileno, yo me decía que los prosistas de mi tiempo habíamos tratado de insertar el aire de la gran poesía anterior en la prosa actual. Y en algunos momentos lo habíamos conseguido.

Me acuerdo ahora de un encuentro con Carlos Barral, con Claude Couffon, el gran traductor y crítico de los nuevos latinoamericanos, y con Vargas Llosa, en una mesa del Deux Magots, el café más célebre de todos, en plena plaza de Saint-Germain-des-Prés, en los primeros días posteriores al anuncio del premio Biblioteca Breve. Me acuerdo de un ambiente, de un tono, de conversaciones literarias muy de esos días, de algunas bromas. Parece que miré a unas jóvenes atractivas de la mesa de al lado, en medio del bullicio, de las voces, del humo de la tarde otoñal, y Carlos me dijo que yo era «un cachondo», expresión española que no conocía.

Después me veo en el departamento de Mario de la rue de Tournon, con alguna gente sentada en sillas y otra en el suelo, de espalda contra las paredes. Miguel Ángel Asturias, uno de los novelistas precursores, y su mujer, Blanca, Blanquita, habían subido por las estrechas y desniveladas escaleras con previsible dificultad, resoplando, y Asturias, corpulento, de muchos años y muchos kilos de peso, bebedor retirado, jubilado, se quejaba amargamente y nos anunciaba que había pensado en desistir de esa tan trabajosa ascensión. En el suelo de tablas crujientes recuerdo una cara nueva, muy joven, amulatada, de labios gruesos. De dónde son los cantantes, parecía decirnos esa cara, que era la de Severo Sarduy, producto extraño, atípico, discretamente disidente, de la Revolución cubana. Sabíamos de disidentes rusos, checos, húngaros, pero no creíamos que la tan alegre y en apariencia tan libertaria Revolución de Cuba pudiera producirlos. Años más tarde publiqué mi novela *El museo de cera*, la primera que escribí después de mi regreso a Chile a fines de 1978, y Severo me dijo que habíamos escrito el mismo libro. Lo suyo era, me parece, un ensayo sobre el barroco, y el escritor cubano había logrado salir de Cuba con una beca para estudiar historia del arte; lo mío, un relato que pertenecía de lleno al género fantástico, aun cuando me gusta ocultar la fantasía en la narración y meterla de contrabando, o transitar por la llamada realidad y resbalar hacia lo otro, hacia lo extraño. El irrealismo ostentoso, frecuente en la literatura del llamado «boom», suele aburrirme.

Creo que los otros personajes de esa reunión, sentados en sillones derrengados, eran Joan Petit, Carlos Barral con su barba, solo barbilla, en esos días iniciales, y con su pipa, probablemente Ivonne Barral, quizá Pilar, quizá Couffon, y probablemente María Cristina Orive, fotógrafa guatemalteca o salvadoreña y amiga nuestra. Al final de ese año de 1962, que ahora me parece histórico, hubo una fiesta de Año Nuevo en las alturas de Montmartre. Ya no recuerdo quién era la dueña de casa, pero sí que María Cristina Orive jugaba un papel importante. Todos bebíamos y saltábamos, al son de una música atronadora, que retumbaba al fondo de la calle, y había un mono en una jaula que lanzaba chillidos atroces. ¿O sería un papagayo? Creo ahora que era un monito fiero, de ojos ardientes, de dientes filudos, de manos perversas, que saltaba en su jaula estrecha cada vez que nos veía saltar a nosotros. Una mujer bonita, más bien gruesa, fortacha, bailaba sola, con expresión ausente, moviéndose con gracia, y tenía una mancha húmeda en la zona del sexo y en su trasero bien formado. No sé si en esa fiesta había drogas, si había marihuana o cocaína. En esa generación del possurrealismo, de la posvanguardia, del presente existencialismo, del ya muy cercano Mayo del 68, de los años espontáneos, por decirlo de alguna manera, de la Revolución cubana, el tema de la droga había tomado fuerza. Mejor dicho, recuperaba la fuerza que había tenido en tiempos anteriores. La mujer del vestido de lanilla ceñido a su cuerpo, manchado, que parecía excitada por los alaridos del mono de la jaula, así como el mono de ojos ardientes parecía excitado por las ondulaciones de ella, estaba probablemente drogada. La generación mía era bastante alcohólica, de ron con Coca-Cola, de gin con gin, de pisco sour, de variados vinos, pero la afición a la droga no era tan frecuente. Llegué a fumar uno que otro pito de marihuana, y en una ocasión, con una joven lunática, probé el hachís, aunque no en la «chambre de bonne» de Charles Baudelaire, bautizada por él como Club del Hachís; y en un taller de Nueva York, ya por los años ochenta, con Juanito Downey, pintor, grabador, autor de videos, chileno casado con cubana, aspiré una línea de cocaína con un lápiz bic ahuecado, función de los lápices bic que ignoraba, pero la experiencia, en su forma global, en su mitología, en su mística, no llegó a interesarme mucho. Los accesos histéricos, absurdos, de risa que provocaba la marihuana nunca llegaron a parecerme ni siquiera graciosos. Prefería de lejos un buen whisky junto a un buen libro, poemas en inglés, por ejemplo, de John Keats o de John Donne, o en portugués, de Fernando Pessoa, de Drummond de Andrade, o en el español del Romancero, o de San Juan de la Cruz, y al calor de una chimenea encendida, de gruesos leños que crepitaban y lanzaban ocasionales chispas, como epifanías que estallaban en el interior de la mente.

15

El capítulo de las visitas literarias a lugares de la Isla de Francia, con el joven Vargas Llosa, con Pilar y ya no sé si con Julia Urquidi, no sé si con nuestros hijos, que eran demasiado niños, ha sido escrito y publicado en alguna ocasión, pero creo que puedo agregar detalles interesantes. Fuimos a Ermenonville, el parque de las cercanías de París, donde existe una hermosa estatua de Jean-Jacques Rousseau y se encuentra su tumba. La tumba está rodeada de sauces llorones y de pequeñas lagunas y canales. En mi recuerdo, fue una visita un tanto rápida, no atenta y bien informada. Ahora me gustaría mucho repetirla, y si se me presenta la ocasión, lo haré de todos modos. Mi lectura de *Las confesiones*, que se remontaba a ese primer viaje a Ginebra, creaba una atmósfera en esa visita a Ermenonville, alimentaba intuiciones más bien vagas. Descubro ahora, por ejemplo, que el Templo de la Filosofía, que se encuentra en el parque, está sin terminar, porque alude al hecho de que la filosofía es un proceso, un camino, algo que se encuentra en construcción. La idea es un antídoto contra todo sectarismo y todo fanatismo. La filosofía se construye, y también se deconstruye. Vale decir, no hay ninguna filosofía que dure cien años. Me lo dijo muchas veces el embajador de la antigua Yugoslavia en Cuba, durante mi accidentada misión diplomática de comienzos de la década de los setenta en La Habana. La filosofía es un movimiento de la inteligencia, del espíritu: no un conjunto de verdades fijas, cristalizadas, paralizadas, como había llegado a ser el marxismo-leninismo de los años setenta.

Otro detalle que solo descubro ahora, décadas después de nuestra visita con Mario: el Templo de la Filosofía tiene referencias a numerosos pensadores y artistas, a Virgilio, a René Descartes, entre otros, pero en su conjunto, en su intención global, está dedicado a Michel de Montaigne, «que ya lo dijo todo». ¡Maravilloso resumen! La visita, por lo menos para mí, fue prematura. Tendría que repetirla hoy, a mi edad avanzada. Descubrí a Montaigne gradualmente, en una lectura lenta, reiterada, siempre insuficiente, y no aproveché el conocimiento de Ermenonville, de sus paseos, sus recovecos, sus grutas, sus símbolos, por pura y elemental ignorancia. Ahora leo que el marqués de Girardin, dueño del parque y constructor de gran parte de este conjunto en la segunda mitad del siglo XVIII, poco antes de la Revolución francesa, fue un partidario ferviente, anticipado, de las ideas revolucionarias. Los consejeros de los comités revolucionarios locales, después de 1789, dieron informes favorables sobre su conducta política. A pesar de eso, cayó bajo sospecha en los años del Terror, que fueron los años de la sospecha, y fue asignado a residencia, preso en su domicilio. Es probable que la experiencia de la revolución en marcha le haya gustado bastante menos que las ideas revolucionarias preparatorias, como le sucede a toda persona de un mínimo de cultura. En todo caso, se salvó de la guillotina, y eso, en los años del Terror y del delirante Maximilien de Robespierre, no era poco.

Nosotros, Mario y yo, habríamos ganado bastante, y ahorrado tiempo, si hubiéramos estudiado el tema a fondo, sin limitarnos a mirar desde lejos, a hacer una breve caminata por hojas otoñales, y a seguir viaje. En cualquier caso, no nos faltaban los temas de estudio, y Jean-Jacques Rousseau, el ginebrino, con su amor a

Montaigne, con Virgilio en la distancia, con su visión virgiliana del hombre y la naturaleza, no pasaba de ser una remota, nebulosa tarea pendiente.

Después de Ermenonville fuimos a Croisset, en Normandía, al pabellón donde trabajaba Gustave Flaubert con vista a un brazo ancho del Sena y a barcazas cuya aparición en el amanecer, con sus fanales rojos, servía para advertirle que su larga jornada nocturna había terminado. Croisset era una concesión mía a Mario, fanático flaubertiano, que en años siguientes evocaría estas visitas en su ensayo *La orgía perpetua*. Después de la alameda de Croisset, del *gueuloir*, el lugar donde el maestro vociferaba y acomodaba el ritmo de sus frases, para equilibrar concesiones, íbamos a visitar la casa de la *tante* Léonie en Illiers, el Combray de Marcel Proust, que no quedaba lejos de la casa de Condé-sur-Iton, en el occidente de Normandía, del Neruda de los años finales. Estos grandes, gigantescos novelistas decimonónicos —Proust, que comenzó a publicar la *Recherche* en 1913, es el último de ellos—, cambiaban la geografía, como la cambiaron más tarde los mejores novelistas del siglo XX, con William Faulkner a la cabeza, con Juan Carlos Onetti y Gabriel García Márquez en el pelotón sudamericano, inventores de Santa María y de Macondo. Si Croisset se había transformado en geografía flaubertiana, con ese río Sena de la imaginación, el Illiers de la geografía normanda ya era el Combray de la ficción.

Mario llegaba al paroxismo cuando hablaba de su Flaubert, de su Emma Bovary, de su *Educación sentimental.* Yo amé la *Educación*, que leí en un ejemplar de Garnier Frères, lleno de las anotaciones suyas, y uno de los *Tres cuentos*, el famoso cuento del loro y de la anciana criada, que termina por confundir o con identificar al pajarraco en su jaula con el Espíritu Santo, el espíritu de la palabra («Un corazón sencillo»), y *Bouvard y Pécuchet*, que me parece la broma monumental de la escritura de los tiempos modernos, de la grafomanía llevada a su sereno delirio. Después, en años muy recientes, he descubierto la correspondencia de Flaubert, que es una de las sumas apasionantes del siglo XIX europeo, solo comparable, para mi gusto, a la correspondencia de Stendhal y a los diarios íntimos, no menos indiscretos que las cartas stendhalianas, altamente confesionales, de espíritu filosófico, de Victor Hugo, *Choses vues* (*Cosas vistas*).

Años después de esa visita a Croisset y a Illiers descubrimos el ahora famoso libro de Julian Barnes, *El loro de Flaubert*, magnífico ejemplo de interacción de la crítica literaria con el arte narrativo, demostración de que los géneros de la literatura, en años más recientes, tienden a entrecruzarse, entre bromas y veras. No sé quién me presentó ante un público mexicano, Alejandro Rossi o algún otro, como un autor inglés nacido en Valparaíso y muy aficionado a la literatura francesa, «algo así como Julian Barnes». Acepto la broma; no me siento en absoluto disminuido por ella. ¡Estamos en familia, sobre todo con el loro, con Françoise, la anciana criada (¿se llamaba Françoise?), y con el humor de mister Barnes, británico y universal!

Cuando llegamos a la casa de la *tante* Léonie, llovía en forma torrencial. Ahora pienso que esto ocurría en el invierno de 1962-1963. No había nadie para abrirnos la puerta y mostrarnos la casa, y alguien sugirió que fuéramos al castillo de los duques o de los barones del pueblo. Encontramos un castillo de tamaño regular, de aspecto elegante, lleno de hiedras en los muros y bonitos ventanales, a pesar de que el estilo de la arquitectura era bastante híbrido, de época no fácil de definir. Tocamos el timbre y nos recibió un señor más bien joven, de aspecto amable, en grandes botas de goma negra, que había estado trabajando en el jardín, en medio del barro y de la lluvia, y estaba embarrado hasta la punta de la nariz. Le dijimos que veníamos de Chile y del Perú a visitar la casa de la tía

Léonie de Marcel Proust, y el dueño del castillo, el duque, el barón, el conde, el auténtico Guermantes de la ficción proustiana, nos hizo pasar al salón, donde nos recibió una señora muy mayor, delgada, de pelo blanco, de aspecto distinguido, con una gargantilla de seda y un medallón en el cuello, ¡la duquesa, la vieja princesa!

El señor de las botas cubiertas de barro salió con nosotros, con un manojo de llaves, y nos abrió la casa de la tía Léonie, casa burguesa, mucho más pequeña, de bonitas terminaciones. Después apareció el curador, viejo médico que había sido amigo de Robert, el hermano médico de Marcel, que pertenecía a una conocida familia de médicos y que utilizaba toda clase de imágenes y de metáforas médicas en las descripciones de su libro. Llegó una empleada de la casa, le dijo al curador que las cortinas bordadas del segundo piso habían llegado rotas de la tintorería. El médico, espantado, respondió que esas cortinas no podían mandarse jamás a la tintorería, que debían lavarse a mano, y la empleada le contestó que él, señor doctor, le había ordenado mandarlas. «Je me suis oublié!», exclamó el doctor, consternado, llevándose las manos a la cabeza. También se había olvidado del lugar de la muerte del autor y sobrino de la dueña de esa casa. Dijo que había muerto en el boulevard Haussmann, y yo, que vivía muy cerca y caminaba casi todos los días frente al lugar, dije, con prudencia, que creía que había muerto en la rue Hamelin. En el número 54 de la rue Hamelin, para ser exacto. El viejo médico se volvió a golpear la cabeza con una mano.

—¡Estos sudamericanos lo saben todo! —exclamó.

Fue una exclamación simpática, y yo me habría reído de buena gana, pero preferí no reírme. En ese minuto se detuvo frente a la casa un automóvil negro, que tenía un escudo nobiliario marcado en las puertas, y se bajó un señor alto, fachoso, de abrigo negro con vuelta de terciopelo, acompañado por una señora de sombrero, vistosa, más bien grandota. Se presentó a sí mismo como presidente de la sociedad de amigos del vizconde René de Chateaubriand, y advirtió que Marcel Proust no era santo de su devoción, pero había escuchado que esa sociedad suya estaba bien organizada. En buenas cuentas, había llegado para aprender, no por respeto literario, y cuando supo que entre los visitantes había un chileno, declaró que tenía un sobrino en Valparaíso. Valparaíso, Valparaísó, entraba en los espacios de la mitología francesa, y creo que Lima también. El Valparaíso de Pierre Loti y de algunas canciones; la Lima de Melville y de Flora Tristán. *Ces sudaméricains!* Y Marcel Proust, en alguna página suya, hablaba de una extraordinaria «Madame Errázuriz», Elena Huici de Errázuriz, que fue amiga de Pablo Picasso, de Igor Stravinski, de Blaise Cendrars, entre muchos otros; que tuvo una mansión célebre en Biarritz y otra en las afueras de París, por allá por el Bois de Boulogne o Saint-Cloud, antes de regresar a Chile en la Segunda Guerra Mundial, olvidada por Picasso y en la más completa ruina, lo cual era un desenlace perfectamente chileno. En resumen, Jean-Jacques Rousseau, Gustave Flaubert, Marcel Proust, con chispazos, con aproximaciones a Michel de Montaigne, a Victor Hugo, al vizconde de Chateaubriand, al Valparaíso de Pierre Loti y de Salvador Reyes, a la Lima de Melville y de Flora Tristán. ¡No estaba mal para algunos meses de otoño e invierno!

16

Mario Espinosa Wellman, compañero de curso de Germán, mi hermano mayor, en el Colegio de San Ignacio, lector apasionado de James Joyce, quizá a causa de la conexión jesuita, personaje del mundo literario de mi tiempo, se había venido a vivir a París y trabajaba de fotógrafo callejero en las cercanías de la Isla San Luis y de la rue Agrippa d'Aubigné, donde me parece que tenía una de esas *chambres de bonne* misérrimas, de pocos metros cuadrados, de los sudamericanos recién llegados. Había conocido a Julio Cortázar en alguna oportunidad, y hablaba con frecuencia, con aire sobrador, de presentármelo, como si fuera un as que él escondía debajo de su manga. Mario Vargas Llosa también había leído y conocido a Cortázar en París, y hablaba de él con enorme admiración, y como las admiraciones de Mario eran escasas, y contrastaban con sus furibundos rechazos, parecía que tenían un valor multiplicado. Un día, cuando Mario Vargas Llosa se había trasladado de la rue de Tournon a la rue Malar, y creo que ya separado de Julia Urquidi, pero todavía solo, nos invitó a Pilar y a mí a una cena con Cortázar y su familia.

Me acuerdo de haber entrado a un salón bastante oscuro, estrecho, provisto de una ventana más bien grande que daba a la calle y a la esquina, que sería con los años una de mis esquinas de París, y haber encontrado un espectáculo salido de la pintura ingenua del aduanero Rousseau: tres personas modosamente sentadas en sendas sillas de palo, la madre de Julio en un extremo, la esposa, Aurora Bernárdez, en el otro, y en el centro el ya famoso Julio. Era un hombre alto, desgarbado, lampiño, de cara a primera vista juvenil, aunque no tan joven cuando se la examinaba con atención. No sé de qué hablamos, no sé si sucedió algo en ese primer encuentro, y tengo la sensación de que no sucedió nada. Cortázar invitó poco después a todo el mundo a cenar en su casa de la place du Général Beuret, en el distrito quince de París, barrio, entonces, y creo que también ahora, de intelectuales, artistas, profesionales medios, de *gauche*, no lejos de la estación de metro de La Motte-Picquet-Grenelle. La casa era estrecha, de aspecto frágil, vertical, de dos o tres pisos. En años muy recientes me tocó ir a dejar a Aurora, su viuda, en esa misma casa, lo cual me demostró que a pesar de no ser su última pareja, era su viuda oficial. En esos días de fines de 1962 o de 1963, pude observar detalles interesantes. Cortázar, melómano, escritor artista, por lo menos hasta esos días, tenía un tocadiscos de buena clase y una colección de discos clásicos y modernos, mucho jazz, música de vanguardia, Arnold Schöenberg, Alban Berg, Webern, Iannis Xenakis, Luigi Nono, además de los grandes clásicos, y ahora me atrevo a sostener que con predominio de Juan Sebastián Bach, lo cual demostraba un gusto definido, relacionado con el jazz, con la abstracción, con la música dodecafónica. Había algo de pintura abstracta en las paredes, por lo menos de un buen amigo suyo, Eduardo Jonquières. Y en su escritorio se imponía una fotografía en gran formato de Jorge Luis Borges, detalle digno de destacarse, puesto que Borges era un conservador confeso y convicto, que había definido su conservadurismo como un acto de humor, y Julio empezaba a declararse conquistado, entusiasmado y hasta enamorado de la Revolución cubana. Ya había viajado a Cuba y ya había sentido el flechazo. Mario, por su parte, había ido como periodista, durante la crisis de los misiles de octubre de 1963, y había declarado su adhesión al castrismo, pero me pregunto si esa adhesión era tan entusiasta, tan ingenua, tan de primera hora, como la de Julio. Mario, como ya dije, trabajaba en el extenso manuscrito de *La casa verde* frente a una estantería con las obras completas de Vladímir Uliánov Lenin, pero no me cabe la menor duda de que su pasión auténtica era Flaubert, autor que inspiraba escasas simpatías a los seguidores del realismo socialista. Flaubert, entonces, y no Lenin, a pesar de sus obras completas, y a pesar de que la adhesión del joven Mario al castrismo, y a través del castrismo al marxismo-leninismo, parecía no tener fisuras. Había un factor político importante, y que entonces, por razones muy precisas, no se comprendía o se pretendía no conocer bien. Se podía ser antiestalinista, y más que eso, antisoviético, sin la menor necesidad de ser anticastrista. Gente del trotskismo y hasta del más puro y simple anarquismo miraba a Fidel y al Che Guevara con simpatía: eran las cabezas de una revolución original, juvenil, libertaria, que toleraba y promocionaba el arte de vanguardia, que después de una dictadura sangrienta en Cuba, había entrado a La Habana a terminar con la barbarie del sargento Fulgencio Batista, a convertir los cuarteles en escuelas, a alfabetizar y educar al pueblo, a confiscar y expulsar a los multimillonarios de un pasado reciente y radicalmente injusto. Ya se había empezado a fusilar en juicios sumarios, sin las debidas formalidades y precauciones legales, a los esbirros del antiguo régimen, pero estos atropellos del Estado de derecho no se veían con claridad. Los veía mi amigo poeta Alan Brilliant en Princeton, Nueva Jersey, pero uno creía que Alan exageraba. La Historia tenía que parir la sociedad del futuro con dolor, con sangre. La reacción del mundo intelectual americano del norte y del sur, la de una importante mayoría de los intelectuales europeos, era incondicional.

Había otras líneas de pensamiento, como podía ser la de Raymond Aron en Francia, pero la moda del castrismo parecía dominar en todas partes. Tuve la impresión, poco después de nuestros primeros encuentros, de que Julio Cortázar había huido de Argentina peronista, de que era un típico admirador de la vanguardia francesa y europea, un afrancesado sin remedio, y de que había hecho el descubrimiento de América en Cuba, en forma muy similar a como lo hacían los intelectuales franceses de izquierda: Jean-Paul Sartre, Simone de Beauvoir, Michel Leiris, el joven Régis Debray.

Pues bien, vuelvo ahora al extravagante Mario Espinosa Wellman, a su curiosa relación con Julio Cortázar. No sé, por ejemplo, si se podría sostener que Espinosa era una persona simpática. Era demasiado loco, demasiado absurdo, demasiado majadero. Para mi visión muy personal, por haberlo visto pasar entre los grandes del San Ignacio cuando yo, en mi primera adolescencia, sentado en los pastelones de ladrillo del suelo, jugaba a las bolitas de cristal, por lo que sea, le tenía algo de simpatía. Quizá también por James Joyce, el otro alumno de jesuitas con aficiones literarias. Habíamos hablado muchísimas veces de Joyce, entre otros temas, y su primera novela, *Un retrato de David*, publicada en dos tomos pequeños de la Editorial Cruz del Sur, era una versión chilena del *Retrato del artista adolescente*, el *Portrait of the Artist as a Young Man*. Después Mario Espinosa quiso escribir una novela equivalente al *Ulises*. Publicó textos altamente experimentales, más o menos ininteligibles, en revistas, y me parece que desistió de su proyecto, o que su proyecto naufragó. Pero me interesa más su curiosa, enigmática relación con Julio Cortázar. Mario Espinosa era un enorme mixtificador literario, un fabulador que podía llegar a niveles delirantes. Por esos días de París, Julio Cortázar recibió un llamado de larga distancia en que le comunicaban que Michelangelo Antonioni quería hacer una película inspirada en su cuento «Las babas del diablo». Fue un gran acontecimiento en el mundo literario latinoamericano de París, un terremoto de grado siete o de grado ocho. Fue un signo tangible de que esto del «boom» de la literatura latinoamericana iba en serio, y a niveles mundiales. América, o Hispanoamérica, o Iberoamérica, para ser precisos, despertaban, salían de su largo sueño, formaban parte del mundo. La Revolución cubana, y la revolución estética de la que empezábamos a formar parte, eran fenómenos concordantes, convergentes.

«Las babas del diablo» es un relato que transcurre en el extremo final de la Isla San Luis, frente a las fachadas curvas del extraordinario Hôtel Lambert, al lado del puente de Sully, que cruza el Sena, pasa por la punta de la isla y tiene su continuación en el boulevard Henri IV, que desemboca en la plaza de la Bastilla. La rue Agrippa d'Aubigné, nombre de un gran poeta contemporáneo de Enrique IV, donde Mario Espinosa ocupaba una *chambre de bonne*, era una calle corta, perpendicular al quai Henri IV, que se encontraba frente a esa parte de la isla. Pues bien, el cuento de Cortázar, «Las babas del diablo», es una historia sórdida, contada sin excesivo realismo, con alusiones ambiguas, con un relativo hermetismo, de fotografías y de perversiones voyeuristas, de personajes que espían una escena erótica desde un automóvil disimulado por los árboles callejeros. En el relato, el personaje del fotógrafo es un chileno que había estudiado Derecho en Santiago de Chile, que había abandonado sus estudios y que vive ahora en las cercanías del escenario principal, personaje que tiene una proximidad no demasiado explicada con la literatura, con la fotografía, con el cine pornográfico. ¡Mario Espinosa Wellman en persona! En el relato se llama Roberto Michel, y es franco-chileno, y ha trabajado como ayudante de un profesor de derecho procesal en una universidad de Santiago. ¿Quién otro podía ser? De manera que Mario Espinosa, Espinosa de los Monteros, como le gustaba decir, después de identificarse a la fuerza con el James Joyce del *Retrato* y del *Ulises*, había terminado de personaje cortazariano: había ingresado al mundo del «boom» por ese camino inédito, imprevisible, con una máquina que disparaba y que producía de inmediato una fotografía borrosa, de pésima calidad, pero erótica, porno, perversa, cuando las circunstancias lo exigían.

Mario Espinosa había quedado tan obsesionado, tan enfermo, a causa de una crónica dominical de Alone, de Hernán Díaz Arrieta, el gran crítico literario de esos años, sobre su *Un retrato de David*, que un buen día me subí a un trolley de Santiago, en esos tiempos de locomoción a tracción eléctrica, y Mario me gritó desde el asiento del fondo, antes siquiera de saludarme:

—¡Jorge, la crónica era favorable!

Debí contestar que sí, que por supuesto, pero el grito patético de Mario, a quien no esperaba encontrar en ese trolleybus, me dejó apabullado. La crítica de Alone, insidiosa, no desprovista de un lado maligno, y lo digo a pesar de mi simpatía por el personaje afrancesado, anacrónico, seguidor de Proust, de Sainte-Beuve, de Molière, permitía las interpretaciones más diversas. Yo tenía la impresión de que si Alone captaba la debilidad de un autor frente a su juicio crítico, abusaba de su poder, se reía, le tomaba el pelo al otro, a la inocente y nerviosa, insegura, víctima. Poco después de ese encuentro accidental en un trolley, supimos que Mario había caído enfermo de una enfermedad que se llamaba polineuritis. Ninguno de nosotros sabía en qué podía consistir esa polineuritis, pero de hecho Mario estaba en cama en su casa familiar del barrio de Ñuñoa, a dos o tres cuadras de la plaza Ñuñoa, y si uno, de visita, llegaba a tocar la punta de una de sus sábanas, el enfermo lanzaba un grito agudo de dolor. Cuando Mario Espinosa se levantó, al cabo de meses de postración, no tenía la agilidad de los años de su juventud. Parecía que el límite entre su juventud deportiva, germánica, y su vejez adelantada, artrítica, envenenada por la crítica de Alone a *Un retrato de David*, había sido marcada y dejada atrás por esa polineuritis, probable enfermedad secreta de la literatura, enfermedad de la imaginación neurótica, de la autoestima intelectual contrariada.

Encontré de nuevo a Mario Espinosa Wellman en París, como ya lo he contado, y llegó una tarde a mi departamento bastante pequeño, pero elegante, amueblado con gusto, de la rue Boissière, entre la avenida Kléber y la plaza de Victor Hugo, no lejos de la rue Hamelin, donde una placa de mármol informaba de la muerte en esa casa del autor de la *Recherche*. Llegó a vernos, a Pilar y a mí, en compañía de una joven norteamericana que era su pareja y con un bebé recién nacido que había tenido con ella. Mario conversaba con excitación, intranquilo, no sé si medio borracho, probablemente alterado por unos pitos de marihuana que acababa de fumar, y agarraba al bebé, lo tiraba al techo y lo recogía en sus brazos. Era una acrobacia atroz, insoportable, y la joven gringuita pretendía soportarla con un estoicismo fingido, absurdo. Pocos días más tarde recibí una carta de ella manuscrita, en inglés. «As you know —escribía en la carta—, I am hysterical, and so Mario hits me...» Al que había que propinarle una buena bofetada era a Mario, pero ella no estaba en condiciones de hacerlo. ¿De dónde venía todo eso, de Jean-Arthur Rimbaud, de alguna forma de barbarie germano-araucana, de los bajos fondos mariguaneros y pichicateros de la santiaguina calle Bandera arriba, del barrio Recoleta, de las callejuelas del poniente del barrio de la Estación Central? Pusimos toda la distancia posible, Pilar y yo, pero a veces nos llegaban noticias que no eran tranquilizadoras. Mario partió algo después a los Estados Unidos, y alguien contó que vivía en un submarino viejo varado en la costa de California. Años más tarde hizo su aparición en Europa su hermano menor, Gerardo, que había intentado ser actor de teatro, y que había conseguido ser amante de una actriz conocida, algo mayor que nosotros, talentosa, de voz ronca inconfundible, que había publicado un par de novelas con relativo éxito. Había sido uno de los «gusanos» de esa actriz, como le gustaba decir al viperino Mario Rivas González, pero esta es otra historia. De pronto contaron las voces de París, ociosas, reincidentes, solapadas, que Mario Espinosa había muerto en ese submarino encallado. Supusimos que había muerto de su misteriosa polineuritis, de la crítica de Alone, de la fotografía porno y «Las babas del diablo», de jamesjoycismo, de esas cosas. Lo dejo anotado y me despido con algo de horror y con no poca tristeza.

17

En esos primeros tiempos de secretario de la embajada en París, hubo momentos de conflicto burocrático, burocrático-social, imprevisto. Por ejemplo, un día llegaron invitaciones primorosamente escritas, impresas con lujo, al estreno del ballet *Cendrillon* (*La Cenicienta*), interpretado por el conjunto del ya fallecido marqués de Cuevas y bajo la dirección de mi amigo de colegio y de juventud Raimundo Larraín. Ya he contado la fiesta fastuosa y disparatada del Hôtel des Ambassadeurs de Hollande en mayo de 1960. El estreno de ahora se realizó alrededor de mayo de 1963 en el Teatro des Champs-Elysées, bajo la batuta de Raimundo y con la muy joven Geraldine Chaplin, hija de Charles Chaplin, en calidad de bailarina estrella. La llegada de las invitaciones provocó un verdadero terremoto interno, propio del clasismo desaforado de la sociedad chilena, de los resentimientos, los odios solapados, las insondables amarguras que provocaba entonces, y que ahora, bajo formas modernas, diferentes, sigue provocando en buena medida. Solo habían recibido invitación el embajador Carlos Morla, la bella Maritza Gligo, amiga de Raimundo, que había entrado a trabajar hacía poco en la embajada en calidad de secretaria administrativa, aparte de Pilar y yo. Pilar, que había tenido un parto muy prematuro de nuestra hija Ximena, y que después había tenido que pasar por una operación de cataratas, estaba cansada, en cama. Yo tuve la idea, quizá mala, de proponerle a Agustín Picó Cañas, Cucho Picó, miembro del grupo de propietarios del diario *La Tercera*, adicto de prensa *ad honorem*, que me acompañara al dichoso estreno. No preví la reacción que esto podía provocar: los diplomáticos chilenos no invitados, mortalmente ofendidos, se sintieron menospreciados, insultados, «ninguneados», y organizaron una cena en un restaurante conocido en son de desagravio. Parecía que el agravio no solo provenía de Raimundo y de los ballets del marqués de Cuevas; también provenía de nosotros, invitados que habíamos incurrido en la fea debilidad de aceptar la invitación.

Yo y Cucho Picó, que a veces bebíamos una copa en la mitad de la mañana administrativa, un vinillo de Muscadet bien frío, vestidos con esmóquines más bien inadecuados, que habrían escandalizado a Raimundo, sin automóvil oficial de chofer uniformado, llegamos al estreno, que sería seguido de una cena en el no lejano Maxim's, sin tomarle el peso a este tan delicado y sensible asunto. Observamos que los bailarines, en el escenario del célebre teatro, el de los estrenos de Diaghilev y de Igor Stravinski a comienzos de siglo, apenas podían bailar debido al recargo de los trajes, de los plumajes, de los peinados que les había diseñado Raimundo. Nosotros reconocíamos a las celebridades que ocupaban los asientos principales y admirábamos los pasos delicados de Geraldine Chaplin, la muy joven heroína principal de la jornada.

Confieso, por mi parte, que me asombraron los Rolls Royce, los Bentleys, los Masserattis, con sus choferes uniformados, impecables, agolpados en doble y hasta en tres filas a la salida del Maxim's, en la rue Royale, al lado de la plaza de la Concordia.

Yo pensaba que en los comedores del Maxim's, con su mitología bastante reciente, habían estado Marcel Proust, y Georges Feydeau, y la Mistinguett, y Jean Cocteau, y probablemente don Matías

Errázuriz en sus mejores tiempos, quien, en sus años finales de Zapallar, mostraba una tarjeta postal que le había mandado la célebre
Mistinguett desde Niza, «Mon cher ami»… En una de las numerosas mesas redondas, sentada a mi lado izquierdo, estaba Danielle
Darrieux, a quien había amado en mis años santiaguinos de adolescente aficionado al cine. No sé si me atreví a decirle algo a Danielle
Darrieux, que se hallaba en la bella y magnífica madurez de los
cuarenta y seis años de edad. ¡Yo, un tercer secretario de embajada!
Mejor habría sido irse a cenar con el representante de la Corfo en
Francia, con Valdenegro y dos o tres de sus subordinados diplomáticos (subordinados y chupamedias): hablar de Chilito, de los problemas del escalafón, de la escasez de los sueldos, de las empanadas
de horno. Pero uno entraba en el Servicio Exterior de la República
para no tener que hablar, precisamente, de esos temas, y uno se
equivocaba, y los temas lo perseguían.

Ya se acercaban en Chile las elecciones presidenciales de 1964,
las que iban a determinar la sucesión de Jorge Alessandri Rodríguez, el presidente conservador, hijo del legendario León de Tarapacá, que había encabezado un gobierno que fue bautizado como
«de los gerentes» por su ortodoxia financiera y por sus garantías al
mundo de la gran empresa privada. Hubo episodios preliminares
confusos y la elección se decidió al final entre el demócrata cristiano Eduardo Frei Montalva, apoyado por la derecha política, y Salvador Allende, apoyado por una coalición de izquierda. Yo cambiaba cartas frecuentes con mi amigo Jaime Laso Jarpa, escritor y
funcionario del Ministerio, compañero de banco, por decirlo así,
y ambos decidimos apoyar la candidatura de Allende, aunque nos
expulsaran de la carrera. El aburrimiento, la rutina, la mediocridad
instalada, consagrada, nos convertían en funcionarios suicidas. Yo
había invitado a Tencha Allende, la esposa de Salvador, con una
de sus hijas, ya no recuerdo cuál, a una representación de Bertolt

Brecht en el Teatro del Odeón, hacia fines de 1963, y después habíamos entrado a un café cualquiera del boulevard Saint-Germain. Bebíamos un café, o una cerveza de presión, en el atardecer, al fondo de la sala, y vimos que entraba una chica bonita envuelta en una bandera norteamericana y que vendía una edición del *Herald Tribune* o del *New York Times*. La primera plana, a página completa, decía que el presidente John Kennedy había sido asesinado a tiros en las calles de Dallas hacía pocas horas. Pensamos que era un happening surrealista, o algo por el estilo, alguna broma de estudiantes, pero pronto comprobamos que era un hecho real, y que el mundo cambiaba, aun cuando no sabíamos en qué direcciones. Fidel Castro ya llevaba algunos años en el poder en Cuba, y la dramática crisis de los misiles, que repercutió en Francia con enorme impacto, había ocurrido en octubre del año anterior. Se producía una sospecha, una relación mental entre esa crisis y el asesinato de Kennedy, pero no sabíamos nada. Y Tencha parecía, pese a todo, satisfecha de tomarse un café y un *demi* de cerveza con un joven intelectual chileno de familia burguesa pasado a la izquierda, escandalosamente desclasado. Las firmas de Jaime Laso Jarpa y mía en un manifiesto a favor de la candidatura allendista ya habían aparecido en el diario comunista *El Siglo*, o aparecerían en los días siguientes. A todo esto, no sé si la propia Tencha me había encargado invitar a Jean-Paul Sartre a ir a Chile y participar en los actos electorales del allendismo. Para cumplir con este encargo, visitamos, Nicanor Parra, que estaba de paso en París, y yo, al escritor español, más célebre que nunca en esos días, Juan Goytisolo, y le pedimos que transmitiera la invitación a su amigo Jean-Paul Sartre.

Tengo la impresión de que Nicanor venía de pasar una temporada en Moscú, donde había escrito sus *Canciones rusas*, y donde había practicado la amistad con Yevgueni Yevtushenko, con Andréi Voznesenski, con algún otro, y se había enamorado de alguna joven poeta, o crítica literaria, o traductora de la lengua española al ruso. Me flota un nombre en la memoria, Ajmadúlina, un bonito nombre, pero no puedo agregar nada. Coloco las piezas de un mosaico del pasado en un orden bastante relativo. Como conservo la memoria exacta de esa visita en compañía de Nicanor a Juan Goytisolo en una casa del barrio de Bonne Nouvelle, deduzco que una escena con Nicanor, el poeta chileno Enrique Lihn y el poeta beatnik californiano Allen Ginsberg, el autor de *Howl* (*Aullido*), en una noche prolongada de La Coupole, en Montparnasse, debe de haber ocurrido por esas fechas. Allen Ginsberg llegaba a París desde la Cuba de la revolución todavía joven. Nos contó en La Coupole, donde bebíamos vino en medio del humo, del choque de las copas, de un griterío general, que retumbaba en las altas paredes, entre columnas decoradas por pintores de la década de los veinte, los detalles de su brusca expulsión de la isla revolucionaria. Él estaba siendo entrevistado en un programa cultural de la radio habanera, nos dijo, con aire inocentón, y se puso a relatar en la entrevista, a micrófono abierto, un sueño erótico que acababa de tener esa noche con el Che Guevara. Se hallaba en lo mejor de su relato cuando entraron dos o tres policías de civil al estudio, interrumpieron la entrevista de inmediato, sin formalidades mayores, y se llevaron al poeta a su hotel. Allí le dieron unos pocos minutos para preparar sus maletas y lo embarcaron a la fuerza en un avión que salía de Cuba a Europa.

Mientras nos contaba todo esto, Ginsberg, impávido, como si contara un paseo por el Barrio Latino de París, sacaba a cada rato una peineta del bolsillo y se la pasaba por el pelo que le caía hasta los hombros. Era un poeta de la angustia, del rechazo del mundo moderno, de una desesperación de nuevo tono, aunque de fondo probablemente romántico y neosurrealista. Su invocación de la libertad sexual extrema en un programa de radio cubano era una provocación deliberada, una especie de bomba de profundidad lanzada con una carcajada. Todos sabían que en la Cuba de esos días la homosexualidad era una lacra social severamente castigada. Ya se habían instalado en la isla las siniestras UMAP, las unidades militarizadas de ayuda a la producción, adonde iban a parar homosexuales, santeros, vagabundos, inadaptados de variada especie. Los artistas mariquitas y borrachines no escapaban a esta persecución, y las melenas a lo Ginsberg eran altamente sospechosas. Nicanor Parra guardaba silencio, pero no faltaba mucho para que él, después de tomar té en la Casa Blanca con la señora Pat Nixon, cayera también en flagrante y vergonzosa desgracia en la isla de Cuba. Enrique Lihn, el otro de los comensales de esa noche en La Coupole, pasaría una temporada bajo el alero de la Casa de las Américas de La Habana, dedicado a escribir un ensayo sobre Vicente Huidobro, pero, en último examen, no sería un predilecto de la Revolución y de la Casa. Y Neruda, que no estaba, claro está, en la reunión de esa noche, pero que de algún modo nos penaba a cada rato, recibiría en 1966 una carta abierta de virulento ataque contra él de los escritores y artistas cubanos. En mi libro *Adiós, Poeta…*, memoria personal sobre Pablo Neruda y su tiempo, me referí a esa carta. Pero no sé si relaté sin omisiones, sin autocensura, la intensidad de la rabia, del dolor, de la indignación que le provocaba ese ataque desde la izquierda al viejo militante. Ahora puedo sostener que mi vocación, declarada desde muy temprano, por la verdad narrativa implicaba, exigía, una lucha denodada, permanente, contra la autocensura y su poderoso ejército de fantasmas ideológicos.

Allen Ginsberg, en aquella noche de La Coupole, continuó peinando su pelo rebelde con una peineta sucia, también rebelde, aunque no pudiera saberse de qué rebeldía. Nicanor hacía bromas con su voz afónica, de huaso ladino, pero de huaso que sabía quién era André Breton y quién era T. S. Eliot, además del Cabro Rojas

Giménez y del Cadáver Valdivia. Enrique Lihn y yo hablábamos de filosofía y de poesía inglesa, italiana, rusa, mientras bebíamos nuestros vinos de la cosecha nueva de Beaujolais. Yo sabía que Nicanor y Enrique sentían una antipatía visceral, superior a ellos mismos, por Pablo Neruda, a diferencia mía, que no era rival suyo en poesía, ni en aspiraciones a la fama, al Premio Nobel, a nada, o a casi nada. Fue en esos tiempos, o un poco después, que Parra me dijo que yo había perdido mi vida con Neruda.

—No tanto —le respondí—. Perdí algo de tiempo, quizá, pero gané una que otra cosa, y me divertí bastante.

Era probable, de todos modos, que yo hubiera *nerudiado* más de la cuenta. Y Ginsberg, parriano, perfectamente inocente de nerudismo, y como descubrí en una conversación en Santiago, en los faldeos de La Reina, kafkiano, y admirador, admiración que compartía conmigo, del brasileño Joaquim Maria Machado de Assis, de quien me dijo que era «nuestro Kafka», siguió peinando sus pelos largos y de dudosa limpieza, mirando el movimiento circundante con ojos que parecían hueros, entre pasmado, indiferente, burlón. En resumidas cuentas, los cuatro escritores que compartíamos aquella mesa teníamos ya, o tendríamos, entredichos con el castrismo, y la incorrección política nos perseguía, o nos perseguiría, nos entramparía a todos.

18

A mediados de la década de los sesenta, ya no recuerdo la fecha exacta, hubo una visita oficial de los más grandes poetas rusos a París. Era una indicación limitada, pero clara, inequívoca, de deshielo, de liberación interna. Pasternak, gran poeta no comunista y mal mirado por las autoridades, había muerto hacía tres o cuatro años, pero llegó Anna Ajmátova, alta, vestida de traje talar negro, mítica, que había tenido serias dificultades en los años de Stalin y que fue de las primeras en denunciar, en su poema *Réquiem*, obra de la década de los treinta, el terror estalinista. La Ajmátova, imponente, más allá de todo, era la figura más escuchada del grupo de poetas rusos. También formaban parte de la delegación Yevgueni Yevtushenko, Guenia, amigo nuestro; Andréi Voznesenski; el anciano Semión Kirsanov, que cuando se sentía debidamente inspirado, movido por fuerzas superiores, saltaba arriba de una silla o de una mesa, a pesar de sus años, y recitaba sus poemas a voz en cuello. Creo que la bella y joven Bela Ajmadúlina también había viajado, pero Nicanor Parra, que se declaraba enamorado de ella, ya se había ido de París.

Hubo un importante recital en la gran sala de la Mutualité, lugar emblemático de la izquierda francesa, y después una fiesta en el bar de La Coupole, ofrecida por el notable editor de poesía, amigo de Neruda, de Aragon, de Guillevic, de René Char, de todos ellos, Pierre Seghers, cuya colección Poètes d'aujourd'hui («Poetas de hoy»), era famosa en Francia y en el mundo entero. En ese bar de Montparnasse, en la fiesta de Seghers, el champagne fluía en cataratas, los poetas franceses, rusos, hispanoamericanos, caribeños, españoles, se abrazaban y se comunicaban en todos los idiomas imaginables, y había jóvenes rusas de piel extremadamente blanca, de cabellos de lino, maquilladas en forma excesiva, bellas muñecas que ejercían de intérpretes y que eran en su mayoría, me explicaron, de familias de emigrados rusos blancos, del bando exactamente contrario al bando oficial soviético. Pero los años espontáneos de la revolución, que ya empezaban a quedar atrás en Cuba, habían pasado hacía décadas en la Unión Soviética. Anna Ajmátova, por ejemplo, había sido amiga de Osip Mandelstam, uno de los poetas desaparecidos en el gulag, y no me extrañaría que haya conocido también a Isaac Babel, el desaparecido por antonomasia, y a Mijaíl Bulgákov, castigado por Stalin y autor de una de las novelas maestras del siglo XX en cualquier lengua, *El maestro y Margarita*.

Creo que estaba entre nosotros una amiga ítalo-francesa, Clo, la mujer de Jean-Max Leclerc, editor de la gran firma Armand Colin. Clo tenía amistad con uno de los grandes especialistas franceses en literatura rusa, y todos parecían estar en su salsa en esa fiesta que representaba, más que un simple deshielo, un descubrimiento, un reinvento franco-ruso. Hicimos amistad con una de las bellas intérpretes rusas y terminamos la noche en su pequeño departamento, Jean-Max, Clo, Pilar y yo, el especialista francés en literatura rusa, más bien bajo de estatura, pelirrojo, opinante, intelectual sorboniano hasta la médula de los huesos, comunista y no comunista, y me parece que Maritza Gligo. El departamento era una sala de no más de cuarenta metros, cuarenta y cinco a lo sumo, donde predominaban las sedas rojizas y los dorados más bien falsos. Encima de la cama de dos plazas, de buenas telas, de esponjosos cojines, había un espejo de gran formato, de marco ostentoso, colgado de la pared por medio de cordajes de lujo y que se levantaba sobre la cama en línea oblicua.

¿Qué profesión tendrá la dueña de casa, le pregunté a uno de nuestros acompañantes, aparte de ser intérprete del ruso?

—Puta —me contestó.

—¿Puta?

—Sí —me contestó—, puta.

Era el final de la Revolución de Octubre, o era la derivación clásica de las revoluciones, el paso de la etapa jacobina a Termidor. Después de Stalin, después de Kruschev y su caída en desgracia, en tiempos de Leonid Bré*zhnev, en vísperas de Gorbachov, las reacciones termidorianas daban paso a una cuasirestauración. Lo curioso era que Chile parecía inclinarse hacia el centro, y hacia un posible y hasta probable centro izquierda, un futuro que empezaba a vislumbrarse, aunque con elementos todavía confusos, opacos, contradictorios.

19

Los partidos de la derecha tradicional chilena, puestos en minoría, apoyaron la candidatura demócrata cristiana de Eduardo Frei Montalva, que ganó las elecciones de 1964 con relativa facilidad frente a Salvador Allende, candidato eterno de la izquierda. Las firmas de Jaime Laso Jarpa y mía en un manifiesto allendista publicado en el diario *El Siglo* pasaron sin pena ni gloria, aunque algunas personas vigilantes, enquistadas en trincheras de extrema derecha, tomaron debida nota. Jaime, hijo de general del arma de caballería, y yo, de familia notoriamente burguesa, éramos traidores de clase redomados. Nadie dijo nada, pero nos colocaron en una lista negra silenciosa y ominosa. Me presenté a un concurso de traductores de inglés y francés convocado por la UNESCO, en compañía de Mario Vargas Llosa, en previsión, en el caso mío, de que me expulsaran de la carrera diplomática, y nos fue bien: yo salí primero, y Mario, que sabía poco inglés en esa época, salió, con algo de ayuda mía, tercero. Pero la sangre chilena no llegó al río. El nuevo embajador en París, Enrique Bernstein Carabantes, diplomático experimentado, de prestigio, amigo personal de Salvador Allende y de Tencha Bussi, su mujer, me confirmó en mi cargo en la embajada de la avenida de La Motte-Picquet. Yo le había hecho una petición extravagante, reveladora del espíritu de esos tiempos, al último subsecretario de

Relaciones de Alessandri, de militancia radical, Pedro Daza: que me trasladara de la embajada en París a la embajada en La Habana, petición que habría justificado un traslado, para mucha gente, al manicomio de Santiago. Pero tenía que llegar todavía Salvador Allende al gobierno para que se abriera una misión en La Habana. Pedro Daza optó por no hacerme el menor caso y por ascenderme en las calificaciones, ¿por méritos de izquierdismo? Él, años más tarde, fue un competente embajador ante las Naciones Unidas del régimen militar, vale decir, de la dictadura del general Augusto Pinochet. ¿Y yo? A veces me pregunto quién soy, quién diablos soy, y no consigo dar con una buena respuesta.

En esa época de los años sesenta, ya en la embajada de Enrique Bernstein, bajo el signo de una Democracia Cristiana que ya entonces perdía su rumbo, que se izquierdizaba y a la vez se derechizaba, se desgarraba por dentro, viví con mi familia en un departamento destartalado, más bien grande, bien situado en la avenida Bosquet, no lejos de la plaza de l'Alma, dotado de grandes ventanales y balcones que daban sobre los techos del distrito 7 de París y sobre la enorme estructura rojiza, apabulladora, gran fantasma acorazado, articulado, de los tiempos modernos, sobre la «Tour Eiffel / guitarre du ciel», de nuestro talentoso Vicente Huidobro. Pablo Neruda, el otro grande, todavía en su envoltura mortal, pasaba por París de regreso de sus jornadas de Moscú, donde le había tocado oficiar como miembro del jurado del premio que ahora se llamaba Lenin, y que él había obtenido en años anteriores con el nombre ahora ominoso, malsonante, de Stalin. El paso del poeta por París quedaba marcado, entre muchas otras cosas, porque mi departamento del 11 de la avenida Bosquet, en el cuarto piso, empezaba a llenarse de los cachivaches más variados que el poeta, coleccionista compulsivo, compraba en cualquier parte y después mandaba a mi casa, que era por lo visto su almacén, su depósito, el germen de su museo.

Ya he escrito más de una página sobre el coleccionismo nerudiano y sobre mi no coleccionismo deliberado, que llevó a una artista
brasileña que acababa de conocer a exclamar que era un partidario
desvergonzado del «minimal art». Yo, en verdad, no sé si era partidario de nada. Me habría hecho militante comunista, pero las teorías del realismo social en el arte, que me parecían intragables,
infumables, me lo impidió, y ahora compruebo que me lo impidió
felizmente. Quedé como partidario de la nada, sin saber muy bien
quién era, y esto constituía, probablemente, una neurosis arraigada,
enquistada, y una manera de ser. He aquí algunos de los cachivaches del poeta que se amontonaban en mi casa: un cartón con vaji-
llas de campo o de playa inglesas, con ramilletes rojizos o escenas
marinas; una estatuilla de fines de la Edad Media, de policromía
desteñida, adquirida ya no sé si en Budapest o en Praga; libros, libracos, manuscritos diversos; botellas de vidrio de finales del siglo XIX en forma de torre Eiffel, de sirena, de bota de pescador, de
caballero templario, de automóvil de los comienzos de la era del
automóvil. Era una abundancia barroca, con elementos populares,
de humor de la calle o tabernario, con guiños en diversas direcciones. ¿Guiños que apuntaban a una revisión del racionalismo estalinista, a una recuperación de las enumeraciones caóticas de *Residencia
en la tierra*, whitmanianas en su origen, a la atmósfera del Oriente
Lejano de poemas como «Entierro en el Este», como «Monzón de
mayo», como «Colección nocturna»? Sería posible elaborar teorías
variadas, para gusto de nerudólogos, o para su disgusto. El intelectualismo de la Francia de los sesenta, el de los estructuralistas en sus
más variadas corrientes, el de los psicoanalistas lacanianos, flotaba
en el aire y provocaba reacciones de amor-odio, de apasionada adhesión y de furibundo rechazo. Enrique Lihn, poeta del rencor, de
la dificultad de vivir, del rechazo, andaba lleno de versiones despa-
peladas, anotadas con una especie de intensidad feroz, de los textos

teóricos en boga, entre Roland Barthes, Michel Foucault, Jacques
Lacan, Martin Heidegger y algunos otros. Yo asistí a una clase de
Roland Barthes en La Sorbona, llevado casi a la rastra por el extravagante, simpático, perdidamente alcohólico poeta rumano Pierre
Zekeli, pero no pude seguir el curso en debida forma. Barthes pasaba un tema de poesía francesa medieval y empleaba el latín durante
más de la mitad de cada clase. Mi ignorancia, producto inevitable
de la mediocre educación chilena, que las autoridades actuales de
todos los sectores políticos se empeñan en mediocrizar todavía más,
me dejaban fuera de ese discurso, en Babia. Me puse a estudiar latín
en forma, en textos forrados, para que mis jefes diplomáticos no me
descubrieran y me denunciaran al Ministerio, pero me dediqué
también a fiestas inútiles, a estudiar maneras diferentes de preparar
el pisco sour: grandes sesiones de champagne francés barato y de
pisco sour fuerte, goteado con whisky, frente al espectro rojizo,
enorme, futurista, de la torre Eiffel; amigas chilenas y francesas que
el poeta de Temuco, bautizador habitual, había bautizado como
«las diabólicas», título del narrador reaccionario Barbey d'Aurevilly,
y que en la culminación de las fiestas de la avenida Bosquet, cuando
los menjunjes de mi bar particular habían hecho su efecto, se arras-
traban por el suelo, sobajeándose, mostrando los muslos, las medias, ligas y calzones negros calados, besuqueándose en actos de
desenfadado lesbianismo. El poeta, disciplinado, partidario de alguna forma de orden, pese a las tonterías de algunos cineastas actuales, tomaba a su Matilde del brazo, se colocaba su pesado abrigo
de pelo de camello y su sombrero de tweed de buena calidad, de
cazador de patos silvestres, y hacía mutis por el foro. Yo me acuerdo
de haber acariciado en uno de los balcones de la avenida Bosquet
la espalda desnuda, y de haber besado la boca juvenil, de gruesos
labios, de maravillosos dientes, de una amiga sueca del rumano Zekeli, quien estaba, para variar, borracho completo, cerca de la más

completa inconsciencia. ¡Cuánto tiempo perdido, me digo ahora, cuánto exceso, y me pregunto si algo de ese tiempo, a pesar de todo, fue tiempo ganado, y dejo el juicio definitivo en suspenso!

En esos días acababa de terminar mi primera novela, *El peso de la noche*, para lo cual me había acostumbrado a trabajar en las madrugadas, en tinta negra y cuadernos de croquis, que hacían menos ruido que una máquina de escribir, en horarios que coincidían con el primer llanto de mi hija Ximena. Era una historia triangular, de relato paralelo, con un personaje unificador, la anciana abuela moribunda, conservadora, católica, de espíritu maternalista o paternalista, y un hijo suyo, borrachín, jugador a las carreras, perdido, y un nieto en etapa de adolescencia en busca de una definición. Todo había sido escrito bajo un epígrafe surrealista, el del narrador de André Breton en *Nadja*, que nos anuncia que hablará sin orden preestablecido, «según el capricho de la hora que deja sobrenadar aquello que sobrenada». Cuando el libro se publicó en la Editorial Seix Barral, que todavía era de Carlos Barral y de Víctor Seix, sentí que me habían faltado dos episodios interesantes: una escena violenta en un prostíbulo, que escribí y añadí hace pocos años, y una carrera de caballos, que me falta por añadir. Después, entre farras, trasnochadas, madrugadas heroicas, escribí algunos cuentos que no estaban mal y que fueron reunidos en 1967, en Seix Barral, con el título de *Las máscaras*. Escribí también algunas páginas de diario interesantes, que le gustaban a mi amigo Jorge Teillier, que se publicaron en su *Árbol de Letras*, pero que en buena parte se han perdido. «¡Oh, tiempos —me vuelvo a decir—, oh, disparatadas costumbres!» Llegué a pensar en París, por efectos de distancia, supongo, y por efectos de cerril ignorancia, que la Revolución cubana podía ser capaz de inaugurar nuevos tiempos de justicia, de libertades, de sabiduría, y me transformé, de algún modo, en compañero de ruta de una izquierda no bien definida. La cercanía de mi amigo Neruda se traducía en una cercanía de comunistas chilenos y latinoamericanos, franceses, españoles, soviéticos. Pero la disidencia, la crítica, la sacrílega revisión de las ideologías pasaban desde los márgenes a tomar posiciones centrales. La visita a Francia de un grupo de poetas soviéticos, que ya he contado, fue reveladora. La poesía y la figura de Vladimir Maiakovski, antecesor directo de los poetas que habíamos encontrado en la Mutualité y en el bar de La Coupole, poeta oficial de la primera época de Stalin y que después se había suicidado, pasó a ocupar el centro de nuestras discusiones y nuestras lecturas. Era, me digo ahora, una forma de disidencia disfrazada, pasada de contrabando. Provocaba las más curiosas complicidades: la exaltación de los lenguajes dobles, del lenguaje de Esopo. Había una libertad intelectual que se liberaba de los sectarismos dominantes, que se renovaba desde adentro. Al final de ese recorrido subterráneo, pero fresco, saludable, vigoroso, de las libertades intelectuales, los muros se derrumbaron en ambos bandos. En una fiesta oficial de la embajada soviética en París, Aragon, el gran poeta comunista, el director de *Lettres Françaises*, la revista literaria del partido, se me acercó. Nos habíamos encontrado muchas veces con él en compañía de Pablo Neruda, sobre todo en una cervecería de la rue de Buci, en Saint-Germain.

—No te puedes imaginar —me dijo—, el grado de decadencia intelectual que he visto en esta embajada.

Como era fácil de imaginar, Louis Aragon la había conocido desde sus comienzos, y encontrarse en esos salones con Romain Rolland, con André Gide, con Diaghilev y Pablo Picasso, no era lo mismo que encontrarse con los pequeños burócratas de la era de Bréjnev. Yo miraba a nuestro lado a popes barbudos que devoraban canapés de salmón, de arenque de los mares del norte: representantes de la Iglesia ortodoxa que habían empezado a ser invitados en los años de la «guerra patria» de Stalin, y no dejaba de reírme para mis adentros. En estas memorias, me adelanto en el tiempo y retrocedo en el tiempo. No me someto a etapas cronológicas rígidas, aun cuando trato de dibujar el ambiente mental, el tono, el espíritu, de épocas determinadas. Aragon estaba casado con Elsa Triolet, gran dama comunista ruso-francesa. Lily Brick, rusa casada con un industrial de apellido Brick, era hermana de Elsa. Lily Brick residía en Moscú y formaba parte de la mitología soviética más alta: amante de Vladimir Maiakovski, cuñada de Louis Aragon, ¡nada menos! Pertenecía a aquello que se llamaría la Nomenklatura, la superestructura. Pues bien, en años muy posteriores, después de la desaparición de Pablo Neruda, de Louis Aragon, de Elsa Triolet, Matilde Neruda viajó a Moscú desde el Chile de Pinochet y visitó a la entonces muy anciana Lily Brick. Lily la recibió en su casa y la invitó a una buena taza de té ruso.

—Lily —le dijo Matilde, con aire afligido—, en Chile detienen a la gente y la hacen desaparecer, muchas veces la torturan de manera atroz, censuran la prensa y los libros, prohíben estrictamente los partidos políticos, suprimieron el Parlamento y las elecciones libres, la policía de Seguridad vigila a todo el mundo, tiene poderes absolutos sobre las personas.

La respuesta de Lily Brick me la contó Matilde a su regreso de la Unión Soviética. No sé si en Barcelona, o si Pilar y yo ya habíamos regresado de Barcelona y me la contó en Chile.

—Matilde —le respondió Lily Brick—. Aquí es exactamente igual.

Los comentarios, sin duda, sobraban y siguen sobrando.

20

En esa situación intelectual y política muy precisa, en esos años ya avanzados de la Guerra Fría, la aparición de la Revolución cubana, con los barbudos que habían bajado desde la Sierra Maestra, con Fidel Castro, el Che Guevara, el ahora olvidado Camilo Cienfuegos, fue un fenómeno difícil de comprender hoy día. Fue una explosión que no carecía de elementos románticos, un descubrimiento, algo así como la esperanza general de un socialismo no burocrático, no dictatorial, no conculcador de las libertades humanas. Después de la Segunda Guerra Mundial, en los tiempos depresivos, opresivos, de la Guerra Fría, de la separación del planeta en bloques contrapuestos, había una necesidad, una sed de utopía, un deseo colectivo de reinventarse. El mundo intelectual se había separado del Vaticano de Moscú, pero era imposible, inconcebible, pasarse a la derecha mundial representada por Richard Nixon, por la guerra de Vietnam, por las dictaduras latinoamericanas más primarias. Cuba, en esas circunstancias, significaba una izquierda juvenil, original, más revolucionaria que las izquierdas oficiales de esos años, pero sin Iglesia, al menos en apariencia, y sin un Tribunal del Santo Oficio. Régis Debray, que había comenzado como neófito del castrismo y del guevarismo, pasó más tarde a descubrir al general De Gaulle como alternativa posible, y a participar después con entusiasmo en una social democracia al estilo de François Mitterrand, pero esto ya es adelantarse en el tiempo. La novedad castrista derivó bastante pronto, y tuve la mala suerte de poder observarlo antes que muchos otros, a una forma disimulada, bien maquillada, de estalinismo tropical. Los analistas lúcidos, bien informados, sobre todo cuando habían acumulado alguna experiencia política personal, captaban el fenómeno con algo que podríamos definir como lucidez desengañada, triste, reacción que llevó a algunos, y me tocaron casos cercanos, al suicidio. Había, sin embargo, una inclinación a creer en este nuevo fenómeno, a dejarse llevar por la aspiración, por algo que podía definirse como necesidad o «hambre» de ilusión política, de utopía.

Ahora, más de medio siglo después, pienso que Julio Cortázar cayó con excesiva facilidad, con ingenuidad política de advenedizo, en estos delirios de la década de los sesenta. Mario Vargas Llosa también, pero durante un período mucho más breve, y tuvo una reacción positiva, digna, cuando personajes oscuros de la Seguridad del Estado cubana trataron de reclutarlo para esos «servicios». Y a mí, en resumidas cuentas, me sucedió algo bastante parecido: tuve un entusiasmo inicial, y lo compruebo ahora, en la mirada retrospectiva, pero con dudas desde el principio, con tempranas reservas. ¿Por qué? ¿Por mis antecedentes familiares conservadores, por mi espíritu demasiado irónico, burlón, porque mis padres eran miembros, por antonomasia, de lo que se llamaba derecha liberal, de un catolicismo más bien frío? Me digo a menudo que mis críticos más tenaces, más implacables, son individuos vertiginosamente atraídos por los lugares comunes. Esclavos de la consigna, como había dicho alguna vez Vicente Huidobro. Cuando piensan un poco mejor, cuando la crítica está un poco mejor estructurada, sus parrafadas me disgustan menos. Sus reservas pasan entonces a ser instructivas. Pero me digo, al final, y me atrevo a confesarlo aquí, que Monsieur

Teste, el personaje de Paul Valéry, tiene algo en común conmigo. Me siento identificado con él, con el perdón de ustedes. Me refiero al señor Teste que confesaba que «la bêtise n'est pas mon fort», que la estupidez no era su lado fuerte.

En su primer viaje a Cuba, Julio Cortázar, como muchos de los franceses de ese tiempo, intelectuales de la ribera izquierda del Sena en su mayoría, parroquianos del Old Navy o de La Coupole, descubrió, en su calidad de argentino afrancesado, bonaerense, altamente cosmopolita, América, y junto con descubrir América, descubrió una revolución con pachanga, con chachachá, es decir, descubrió, o creyó descubrir, a las mulatas caribeñas con su sensualidad, con su gracia, con su alegría. Mucho después de esos días de París en que conocí a Julio Cortázar, después de publicar a fines de 1973 mi novela testimonial *Persona non grata*, Julio, herido en su fuero más íntimo, escandalizado, le dijo a un periodista preguntón: «Sigo siendo amigo de Jorge Edwards, pero después de haber publicado ese libro, prefiero no verlo». ¿Qué dije yo después de escuchar ese curioso, hipócrita comentario? Dije que siempre, sin excepción alguna, tengo el mayor gusto en ver a mis amigos. Que si han cometido algún crimen, paso a visitarlos a la cárcel. Nada más que eso.

Me encontré de nuevo, largos años después de esa imagen de familia en la penumbra de la rue Malar, con Aurora Bernárdez, que ahora era viuda de Julio Cortázar, a pesar de que Julio había dejado viudas más jóvenes y más recientes. Esto ocurría en el París de 2010 o 2011, cuando yo era embajador de Chile designado por Sebastián Piñera, presidente en representación de una coalición de centro-derecha liberal, cosa que algunos amigos de cabeza dura me reprochaban amargamente.

—Tú eres el escritor latinoamericano con cuyo pensamiento político estoy más de acuerdo —me dijo Aurora.

—¿Y Julio —le respondí, sorprendido—, qué habría dicho?

—En sus últimos años —replicó Aurora—, Julio estaba sometido a muy malas influencias.

Como ya lo he adelantado, la primera persona que me habló de Julio Cortázar fue Francisco Ayala, en un balcón neoyorquino, allá por 1958 o 1959, en esos tiempos de Pilar y míos en la Universidad de Princeton. Cerca de cincuenta años después conversaba con Paco Ayala, uno de los hombres más lúcidos, de pensamiento más independiente, de humor más original, más libre, que he conocido, en una recepción del Palacio Real de Madrid, o en algún otro de los palacios que utiliza la monarquía española de estos días, en la Zarzuela o en Aranjuez.

—Tú eres la primera persona —le recordé—, que me hizo el elogio literario, en Nueva York, hacia fines de los años cincuenta, de Julio Cortázar.

—No sé si ahora —me respondió Paco Ayala de inmediato— te haría el mismo elogio.

En la observación de casi cincuenta años después había subentendidos de todo orden: ¿el castrismo sentimental, medio reblandecido, de los años finales de Cortázar, su relectura atenta, cuando la lectura de sus obras se beneficiaba y a la vez sufría de los efectos letales de la moda, la visión revisada de una generación, la del llamado «boom», de sus idolatrías, sus fantasías, sus inevitables delirios y disparates?

Ahora, mientras escribo estas líneas, mirando el mar de siempre, el que prefiero, el de la ladera norte de Zapallar, el del cerro de La Higuera y la Isla Seca, asisto a la vuelta, al «revival», de algunos escritores del siglo pasado que parecían enteramente muertos y enterrados. El ambiente del descubrimiento de la sorprendente novedad cortazariana coincidía entre nosotros, en Santiago, en Buenos Aires, en una Caracas más civilizada y cultivada, más libre que la de hoy, con lecturas de Marcel Schwob y de Jorge Luis Borges, de

Aloysius Bertrand, de la poesía de Jean-Arthur Rimbaud, de Baudelaire y Laforgue, de Guillaume Apollinaire. Dos o tres escritores de América del Sur, ahora enteramente vigentes, de vuelta, por así decirlo, estaban activos entonces, pero solo conocidos y leídos por un grupo ínfimo. Pienso en Luis Oyarzún, en Sebastián Salazar Bondy, autor, como ya señalé, de uno de los mejores ensayos de esos días, *Lima la horrible*, en Felisberto Hernández, en Julio Ramón Ribeyro, en muchos otros. Eran «raros», en el sentido en que Rubén Darío usó la expresión, y aportaban un aire diferente, una frescura de espíritu que se respiraba en su escritura, en su ritmo espiritual, burlón, coloquial, en la forma de su fantasía. Quizá se podría incluir en estos mismos grupos a María Luisa Bombal en su breve producción y en su accidentada vida; a Braulio Arenas, en sus novelas surrealistas; a Juan Emar en *Diez*, en *Miltín*, a Macedonio Fernández de Argentina y Emilio Adolfo Westphalen del Perú. Pero estas listas se repiten y al final no sirven de nada. He tratado de releer en años recientes *Rayuela*, que fue una de las novelas emblemáticas de los años sesenta, y reconozco que me ha costado mucho avanzar. Su lado experimental me parece gastado, cerebral, voluntarista, un tanto beato y un tanto soso. Cortázar, como muchos otros en esos días, trataba de ser «kafkiano», más que faulkneriano, pero la sombra del castillo de Franz Kafka, imponente, enigmático, inalcanzable, ¿infinito?, se lo tragaba. Algunos cuentos de Cortázar, los de galerías cubiertas de París, los de suburbios de Buenos Aires anteriores, mirados desde París en una especie de sueño de la memoria, me gustan mucho todavía. Es decir, los puedo releer y me siguen gustando. Como los cuentos de Borges. Y como dos o tres cuentos de Machado de Assis, de Clarice Lispector, de Juan Carlos Onetti. Escribí un ensayo hace poco sobre las prosas sueltas y libres de Cortázar, las de *Historias de cronopios y de famas*, las de *La vuelta al día en ochenta mundos*, que son de lo que más me interesa de su obra, al menos en mi lectura de hoy. A Cortázar le gustaba el primer cuento de mi colección *Las máscaras*, publicada en Seix Barral en 1967, «Después de la procesión». Me dijo que le había «encantado», e insistió en el sentido literal de las palabras encanto, encantamiento. Después vino su descubrimiento de América en Cuba, interesante, sin duda, pero parcial, unilateral, con toques de evidente ingenuidad, y el curioso amigo que fue Julio prefirió que no nos siguiéramos viendo.

21

Otro de los personajes de ese tiempo en que fui secretario diplomático en París fue Carlos Fuentes. Gran personaje, desde luego. Tuvimos distancias, frialdades, reservas, pero ahora puedo confesar que siempre sentí nostalgia de nuestros momentos mejores, de nuestras conversaciones más animadas, de las fiestas en las que estuvimos y de los chistes y disparates que estallaban por todos lados, como fuegos de artificio. Como ya lo he contado, lo había visto un instante, hacia comienzos de 1960, en la casa de Pablo Neruda del cerro San Cristóbal, cuando partía al congreso de escritores de Concepción de ese año. Poco después, en esa misma década de los sesenta, Carlos, que había adquirido una rápida fama internacional, pasaba por París con mucha frecuencia y nos veíamos a cada rato. En más de una ocasión participamos juntos en mesas redondas literarias, en esas cosas. No sé ahora si éramos verdaderamente amigos, y si se podía de verdad ser amigo suyo. La vanidad de escritores, la suya y la mía, sin duda, era fuerte, excesiva, dominante, y era probable que ninguno de nosotros la reconociera en toda su dimensión. ¿Vale más la vanidad que la amistad? ¡Por supuesto que no, y me parece que perdimos tiempo, y que probablemente nos enojamos y nos irritamos por minucias!

—Nosotros tenemos una fama mucho más modesta —me decía con frecuencia Pepe Donoso, con una especie de resignación estoica, refiriéndose a su viejo amigo mexicano, y yo concordaba, y me reía del dolor de Pepe, y es probable que en mi fuero interno también sufriera, aunque con cierto control mental de la situación. Carlos era un expositor brillante, un lector ávido, curioso, un escritor, sin duda, de primera línea, aun cuando no era exactamente un escritor del gusto mío. Siempre me dio la impresión de ser un tanto pomposo, un tanto amanerado, de escritura un poco solemne, algo inflada. Era el más «nerudiano» de los prosistas de ese tiempo, el más «telúrico», pero no sé si esto que digo aquí tiene mayor sentido. Tenía gran ambición, y esto, en su caso, visible, evidente, era una virtud, una fuente de energía, y a la vez un defecto. A menudo se hinchaba y uno tenía la impresión de que estaba tratando de levantarse por encima de su tamaño real. Sus dos primeras novelas eran frescos amplios, ambiciosos, precisamente, en el mejor sentido del término, de la vida mexicana. El autor de esas novelas era un conocedor talentoso, de poderosa capacidad de escritura, de dos clásicos muy diferentes entre ellos: Honoré de Balzac y John Dos Passos. Ya mencioné antes a Dos Passos. Uno encontraba el detallismo descriptivo, erudito, interesante, sugerente, lleno de ricas referencias históricas, de Balzac, junto a la polifonía urbana, a los relatos en mosaico, del Dos Passos de *USA* y de *Manhattan Transfer*. En sus obras posteriores, daba la impresión de que la inspiración narrativa poderosa de Carlos Fuentes se adelgazaba, se barroquizaba en exceso, se volvía más cerebral y menos natural, menos instintiva. Son impresiones de lectura que recuerdo después de largos años, no son intentos de crítica o de academia. Algunas novelas de la madurez avanzada de Fuentes, que ya no corresponden al período de este relato, me parecieron feroces, indigeribles ladrillos, como *Cristóbal Nonato*, y otras anduvieron cerca. ¿Soy injusto al decirlo, o al no haberles destinado el necesario tiempo de lectura, lo cual implicaba la posibilidad de reivindicarse y recuperarse? Es probable que sí, pero mi sentido lúdico de la lectura, alimentado por Stendhal, por el mejor Marcel Proust, por el Machado de Assis de Laurence Sterne y el Machado de Assis de Cervantes, además de Boswell y el Doctor Johnson, con el aplauso de Hernán Díaz Arrieta, Alone, me llevaba por otros derroteros.

De paso por París, llegando de cualquier lugar del mundo, el personaje de Carlos Fuentes presentaba rasgos francamente divertidos. No había manera de pasarlo mal, de aburrirse con él. Por ejemplo, no podía dejar de bailar dos o tres horas todos los días del año. Si andaba sin pareja, bailaba solo. Ahora, cuando escribo estas líneas, dos o tres años después de su muerte, lo veo bailando solo, en camisa blanca, pantalones tejanos clásicos, botas cortas, adecuadas para los fríos de París y de todo el norte de Europa. A veces me decía a mí mismo que el verdadero diplomático era él, hijo de diplomático y que llegaba a todas partes por los caminos de la diplomacia, y que el escritor era yo. Si él entraba a un cóctel concurrido, de primera línea, detectaba en una fracción de segundo a las cabezas que más le interesaban y partía en dirección a ellas como una flecha, sin la más mínima desviación. A la vez, sin dejar nunca de disparar ese ojo avizor, era ocurrente, divertido, con una vena popular mexicana que le salía de repente. Citaba versos de pueblo y chistes subidos de color durante largo rato, con dotes de actor, con insuperable histrionismo. Con sus bigotes, con la expresión seria que sabía poner, adquiría una extraordinaria cara de prócer de la Revolución mexicana: como si hubiera pasado de las estatuas a las mitologías populares y a las luces del cine, todo junto. No habría desentonado entre Jorge Negrete y María Félix. Cuando lo conocí, me parece que tenía dos ídolos: Luis Buñuel y Octavio Paz, pero supongo ahora que sus ídolos y sus mitologías eran cambiantes.

Había vivido parte de su adolescencia en Santiago de Chile, con su padre ministro consejero de la embajada mexicana, y había estudiado en el Grange School, el colegio de la burguesía adinerada y de gustos anglosajones.

Pues bien, no pretendo ser exhaustivo, ni definitivo, ni nada que se parezca. Dejo de lado a Carlos Fuentes y pongo el foco de mi memoria en una interesante chilena de aquellos años. Paso a ella sin nexo particular, como si introdujera una nota discordante, pero con un vago acorde ambiental. Recuerdo siempre a Adriana Saavedra, a quien conocí de forma más bien indirecta, lateral, circunstancial. La recuerdo siempre activa, chispeante, inquieta. Por ejemplo, en las tribunas del Club Hípico de Santiago, en las gradas de las canchas de tenis del Club de Golf Los Leones, en la playa de Cochoa de Viña del Mar, que al final del verano, en la segunda quincena de marzo, era enteramente devorada por el oleaje, de manera que había que refugiarse en una pequeña terraza de tierra arriba de las rocas, en el café de la Virreina de la calle Valparaíso, en estrenos de teatro o en grandes conciertos del Teatro Municipal de Santiago. Adriana era delgada, espigada, ondulante, de pelo muy negro, que le llegaba hasta la cintura, y que contrastaba con una piel muy blanca, de ojos verdosos siempre encendidos, mirones, provocativos. Creo que el Chile de esos años, el de Santiago, Zapallar, Viña del Mar, Valparaíso, Quinteros, Quilpué, tenía personajes femeninos sorprendentes. Solo la pluma de Stendhal, de Henri Beyle, podría describir a esas mujeres con un mínimo de justicia, pero siempre que tuvieran las ciudades de Milán o de Florencia, de Roma o de Livorno, como telones de fondo. Se decía, se escuchaba decir a cada rato, que las chilenas eran las «mujeres más libres» de América del Sur. Para ser más exacto, para no andar con pudores de lenguaje, se decía que eran las más «putas». En *Valparaíso*, novela de Joaquín Edwards Bello que cambió varias veces de nombre, según su costumbre, el personaje principal, que no es otro que Joaquín, se encuentra en La Paz, Bolivia, un 18 de septiembre, día de la fiesta nacional chilena, y pregunta en la calle por «la legación de Chile». Quiere ir a la representación de su país y participar en los festejos nacionales. Lo curioso es que la gente de la calle le señala un lugar situado cada vez más arriba, a los pies del Alto, que no es el lugar más adecuado para embajadas y legaciones. El personaje llega por fin, en largas horas de búsqueda cerro arriba, a una casa verde, de postigos cerrados. Es la legación de Chile, el prostíbulo más conocido del Alto paceño, regentado, ocupado, trabajado por auténticas chilenas. Como es el día de la fiesta nacional de Chile, las inquilinas no trabajan. Pero acogen al protagonista de la novela, compatriota de ellas, con auténtica simpatía, y organizan una fiestecita privada, con tamboreo, huifa, arpa y guitarra. ¡Y con chicha boliviana!

Ahora recuerdo haber subido a una capilla del cerro San Cristóbal de Santiago para asistir al matrimonio de Adriana Saavedra con Lautaro Murúa, un joven fornido, con facha de *latin lover*, que empezaba a ser una celebridad en el teatro y el cine del Cono Sur de esa época. Poco después supe que Adriana, separada de Lautaro, había aterrizado en París, donde fue guiada, aleccionada, peinada y vestida en sus primeros pasos por el infatigable, inefable, Raimundo Larraín, que se había convertido por arte de birlibirloque en marqués de Larraín y pariente cercano de Simón Bolívar. Raimundo hizo de Adriana una especie de beldad de aire egipcio, una Cleopatra a la última moda y llegada del extremo sur del mundo. Jean-Max Leclerc, presidente director general de la importante editorial Armand Colin, se enamoró perdidamente de Adriana y se casó con ella, o se fue a vivir con ella. En mi visión personal, Jean-Max era un personaje sacado de páginas de Marcel Proust, un Charles Swann un poco más joven, y Adriana era su Odette de Crécy, tan infiel, tan escurridiza, tan elegante, como la verdadera, como si ella, la Adriana de carne y hueso, fuera la imitación de un personaje de ficción pura. Cuando llegué con mi familia al departamento húmedo, oscuro, amueblado con vejestorios, de la rue Cognacq-Jay, supe a los dos o tres días que Adriana, la bella chilena, la Cleopatra andina, acababa de morir en un accidente de automóvil en circunstancias en que salía de París por la puerta de Saint-Cloud, después de haber atravesado el Bois de Bologne, en compañía de su amante de turno, o de uno de sus amantes. Conocimos a Jean-Max poco después de haber enviudado de la inquieta Adriana, su Cleopatra, su Odette de Crécy, en una de las tertulias de los jueves de Bernard Colin y Margot Rivas, en el famoso 13 de la rue Jacob. Eran sitios emblemáticos de los chilenos de París: ese número 13 con pinturas de Bettencourt en cáscaras de huevo, con un Wols y unas plumillas de Michaux; como las ventanas de Matta en el boulevard Saint-Germain, frente a la estatua más bien melancólica, sentado y pensativo, de Danton, cerca del taller de Enrique Zañartu al fondo de un patio de la rue de Seine. Me equivoco en detalles, naturalmente, pero creo que no me equivoco tanto. Jean-Max era delgado, buenmozo, de una cortesía refinada, algo antigua. Pilar decía que su inclinación de la mitad del cuerpo al besar la mano de las señoras era de un refinamiento superior. Se quedaba impresionada por la elegancia de ese gesto, y me lo describía con interesantes detalles. En su condición de gran celoso proustiano, Jean-Max mantenía un culto a Adriana, su difunta mujer, fallecida en el momento de escapar de él en brazos de otro, enteramente anormal. No había permitido que cambiaran nada en la sala de baño de ella: ni su polvera destapada ni sus toallas en desorden ni sus restos dispersos de maquillaje ni su ropa tirada por el suelo y encima de la cama, y vivía solo, como un monje de clausura, sin hacer el menor esfuerzo para reemplazarla, alimentando su melancolía, sus ensueños solitarios, sus extremados celos retrospectivos. Había tapizado los muros de su casa de fotografías ampliadas, impecablemente enmarcadas, de ella. No salía de su agujero, de su vórtice, de su pesadilla no exenta de placeres masoquistas, pero llena de agudos sufrimientos. Maritza Gligo, la chilena de origen croata, con el enorme encanto de su juventud, con su belleza y su gracia, hizo de paciente samaritana y consiguió al fin, no sin astucia, no sin perseverancia, sacar a Jean-Max de su solipsismo. Y Jean-Max se casó más tarde con una italofrancesa atractiva, más bien gruesa, movediza, aficionada a las conversaciones de un intelectualismo sofisticado, Clo, que estaba en la fiesta de los poetas rusos, y cuya voz pastosa, y risa amplia, y taconeo fuerte, me suenan en los oídos del recuerdo.

22

Organizamos un viaje de veraneo a la isla griega de Leros, en el Dodecaneso, donde Sun Axelsson, nuestra amiga sueca, nos consiguió una casa en arriendo. Todos partieron, Pilar, Maritza, Jean-Max y Clo, y los niños de toda la tribu, y yo me quedé unos días para cumplir compromisos de la burocracia. Pero, cuando ya hacía mis maletas para volar a Grecia, recibí instrucciones del Ministerio de Relaciones Exteriores, dirigido entonces por un personaje importante de la Democracia Cristiana, Gabriel Valdés Subercaseaux, seguidas, dichas órdenes ministeriales, de una extensa carta manuscrita de Pablo Neruda. Se trataba de lo siguiente: debía dirigirme a Estocolmo, tomar contacto con la embajada de Chile en Suecia y trabajar a favor de la concesión del Premio Nobel de Literatura al poeta de *Canto general*. No había tiempo que perder. Mi deber principal, a partir de ese minuto, consistía en trabajar con mis dos manos, con la totalidad de mis neuronas, con todas las habilidades y los conocimientos que tuviera disponibles, con este objetivo preciso. No era una misión de rutina, y exigiría, desde luego, inventarlo todo o casi todo. Y había un hecho esencial: el poeta estaba detrás de toda la gestión, tremendamente interesado, comiéndose las uñas. En su carta me pedía que tomara contacto con Artur Lundqvist, poeta, miembro de la Academia de Suecia, traductor del español y amigo suyo. La embajada, entretanto, se ocupaba de organizar una exposición nerudiana en una importante feria anual al aire libre.

Primer detalle importante: el estólido Artur Lundqvist, hombre más bien ancho, corpulento, de piel rojiza, de habla española lenta, un tanto enredada, me recibió en su casa, y tenía la famosa carta de los escritores cubanos en contra de Neruda encima de su mesa de trabajo. Era como el escrito de apertura de un proceso penal. La carta cubana era de 1967, del año de la muerte del Che Guevara en Bolivia, y su motivo, o su pretexto, era el viaje de Neruda a una reunión del Pen Club Internacional en Nueva York, que presidía en esos días el gran dramaturgo Arthur Miller, y su posterior pasada por Lima y encuentro con el presidente peruano Fernando Belaúnde. Belaúnde, en una ceremonia oficial en el palacio de Gobierno, le entregó al poeta la Orden del Sol del Perú, en homenaje a su gran poema de inspiración precolombina peruana, «Alturas de Machu Picchu», y después le ofreció un almuerzo. Eran delitos políticos graves en esos años de sectarismo agudo, sobre todo cuando el ejército del Perú combatía contra guerrillas de inspiración cubana en algún lugar de la selva. Ahora nos olvidamos del aire, del ambiente de permanente guerrilla intelectual, de condena, de sospecha, de eterno reproche, que predominaba en esos días. Algunos se adaptaban con más facilidad que otros. Ariel Dorfman, de zapatillas de tenis, de anteojos de culo de botella, daba la impresión de que se encontraba en su salsa. Hacía de comisario *ad honorem*. Descubrí en ese encuentro en su casa de Estocolmo que Artur Lundqvist, dentro de su estilo nórdico y medio farragoso, también. Detrás de su mesa, con la carta en primer plano, parecía convencido de un curioso axioma político y literario: el escritor partidario de Fidel Castro y del castrismo era necesariamente buen escritor, y viceversa. Si los intelectuales cubanos, seguramente alentados por el comandante en jefe, publicaban una carta abierta contra Pablo Neruda, eso quería decir que Neruda, con todo su historial a cuestas, había entrado en un territorio de sombra sospechoso. Con su lengua enredada, Lundqvist me preguntó mi opinión sobre Miguel Ángel Asturias. Él pensaba que era uno de los grandes novelistas y poetas latinoamericanos.

—¿Asturias?

—Sí, Miguel Ángel Asturias.

El académico, con su voto en la mente, se acariciaba la barbilla y me miraba de soslayo. Yo pensaba en novelones épicos, de escritura barroca, de intensos colores, interesantes, pero de ritmo lento, a veces agobiador. ¿Merecía el Premio Nobel? Yo pensaba que su nombre no se podía descartar. ¿Traicionaba entonces a Neruda, cumplía muy mal la misión que me había encomendado el Ministerio? Es posible que sí, y el poeta, en los días que siguieron, después de conocer mis primeras impresiones oficiales, me mandó una carta lastimera, llorona, en la que decía que comprendía que hubiera abandonado su causa para irme a juntar con los brazos exuberantes de Sun Axelsson.

Lundqvist me presentó después a su mujer, María Vine, que era todavía atractiva, relativamente joven, mucho más sencilla y cercana. Según Sun Axelsson, la poeta y traductora, a Artur le habría gustado mucho que yo tuviera una relación sentimental de alguna especie con María.

—¿Tú crees?

Sun era habladora, provocativa, de bromas pesadas. Decía cosas extravagantes con aparente seriedad, acompañadas de una mirada intensa, que parecía explorarlo a uno en sus recovecos más íntimos. Después, de repente, lanzaba una sonora carcajada. Por mi parte, ya comprendía, y no me equivoqué en nada, que le iban a dar el Nobel a Miguel Ángel Asturias antes que a Pablo Neruda. La desconfianza del castrismo era lapidaria, aunque Arthur Miller y William Styron hubieran recibido al poeta con honores en la reunión del Pen Club en Nueva York, aunque hubiera sido condecorado por un presidente peruano elegido en elecciones democráticas.

Después hablamos con Lundqvist de la exposición bibliográfica de Neruda que organizaba la embajada de Chile, con niveles de inocencia que solo las representaciones diplomáticas chilenas pueden alcanzar, en una feria industrial veraniega de la ciudad de Estocolmo. Al lado del stand dedicado a Neruda había un importante stand de máquinas ordeñadoras de leche.

—Si se hace una exposición así en agosto y Neruda gana después el premio, Estocolmo se convertiría en verano en una feria de aspirantes al Nobel.

Lundqvist prometía organizar después de la concesión del Nobel de ese año, 1966, una gran exposición bibliográfica de Pablo Neruda en la Biblioteca Nacional de Estocolmo. Me pareció más razonable, más convincente, más culto, en definitiva, que el proyecto de la embajada, el de los documentos nerudianos al lado de las máquinas ordeñadoras. Lo comuniqué así a Chile y el Ministerio chileno estuvo de acuerdo, aun cuando el poeta continuaba en su tono de lamentación. En ese aspecto, era otro chileno que hacía carrera a base de un enorme talento, pero también pidiendo favores fiscales y lloriqueando. Se convino, a todo esto, en que el Ministerio mandara en misión a Estocolmo a Jorge Sanhueza, nuestro célebre Keke o Queque Sanhueza, bibliófilo, amigo de todos nosotros, secretario de la Fundación Pablo Neruda para el Estudio de la Poesía. Fui, pues, al aeropuerto y recibí a Jorge Sanhueza, el Queque, el único, en su llegada a la capital de Suecia. Ahora creo que Jorge, pequeño, cegatón, inquisitivo, escritor escaso por definición, nunca había salido de Chile. Desembarcó en ese remoto norte de Europa cansado, más o menos deteriorado, inseguro, con poca plata en los bolsillos. Le expliqué de entrada que tendría que esperar hasta después del verano sueco para montar su exposición. Convinimos entonces en que me acompañaría a Grecia, a la isla de Leros, en el fondo del Dodecaneso, frente a las costas de Turquía, donde Sun Axelsson, que tenía una casa de veraneo en la isla, nos había conseguido un caserón destartalado en arriendo para mi familia y para Jean-Max, Clo y Anahi, hija de Adriana Saavedra adoptada por Jean-Max, y para la infaltable, la bella Maritza Gligo. Éramos, diría yo, vagabundos de un relativo lujo, con sueldo más bien modesto de secretario de embajada, en el caso mío, y con algunos dólares adicionales muy bienvenidos por la publicación ocasional de cuentos en revistas y antologías. En Estocolmo nos acogió con generosidad, con inmediata simpatía, una amiga de Sun, Signe Sandelin, poseedora de un departamento dotado en su sala principal de una enorme estufa de porcelana blanca, digna del filósofo René Descartes, y que era incluso necesaria en pleno verano sueco. Al día siguiente o subsiguiente, nos embarcamos en un avión rumbo a la capital griega, Atenas, Athinae, y en un viejo barco que navegaba desde el Pireo hasta Leros. Me acuerdo de nuestro viaje de dos días, el Queque conmigo, amigos de larga data, en un barquichuelo que se bamboleaba, que avanzaba por el mar Egeo con una especie de voluntad final, echando humo, sonando, crujiendo por todos sus costados. Me acuerdo del Queque sentado en las tablas de la cubierta de popa, contemplando la noche, fatigado, rodeado de mujeres de pueblo, campesinos en alpargatas, marineros con sus bolsas, sus canastos, sus bártulos. Alguien cantaba con voz suave en la oscuridad. Algunos hablaban en sus idiomas imposibles para nosotros. Uno que otro dormitaba, con sacos de papas o costureros de cáñamo como almohadas. Era posible alquilar tres o cuatro camarotes, pero no tenían la menor ventilación y era más fácil dormir al aire libre. Llegamos al fin al muelle de Leros, como a la mitad del día siguiente, y había alguien que hablaba, que discutía, que se besaba y abrazaba a gritos con la parentela que llegaba en barco desde el continente. Pilar y Maritza, que habían estado veraneando en la misma casa, aparecieron de pronto en un cochecito de dos caballos. Estaban tostadas por el sol, peinadas con esmero y maquilladas con motivo del encuentro, en ropas ligeras. Daba la impresión de que lo habían pasado muy bien, de que habían interrumpido alguna fiesta para dirigirse al muelle, y los isleños interpretaron que Pilar era mi mujer y que el pequeño y esmirriado Queque, paliducho, frágil, nervioso, no podía ser otro que el marido de la bella, imponente Maritza, de piel dorada y abundantes cabellos de lino.

La casa que nos había conseguido Sun Axelsson, encima de una playa que se llamaba de Santa María, era una *villa* descascarada de la época de la ocupación italiana, en la etapa final de su decadencia. Como no había ducha, solo un WC mísero, si uno quería ducharse, estaba obligado a treparse, desnudo, en el enorme lavaplatos de piedra de la cocina, y colocarse debajo de un chorro de agua que salía de un caño. Pero la *villa* tenía hermosos balcones en el piso alto, con barandas de hierro forjado, con vistas a un mar extraordinario, legendario, de colores cambiantes. A poca distancia de Leros, hacia el sur, se encontraba la isla de Rodas, centro de operaciones de mercaderes y caballeros de las Cruzadas durante la Edad Media, lugar de antiguas mitologías y de ruinas milenarias, y hacia el norte, Patmos, la isla de San Juan el Evangelista y del Apocalipsis. Ya iríamos a Patmos, ya alquilaríamos un bote con motor fuera borda para llegar a la isla evangélica, mágica, de Patmos.

Los medios de transporte de Leros eran los coches con uno o dos caballos, las bicicletas, y tres o cuatro automóviles de modelos italianos atrasados, y entre ellos uno, o más de uno, que cumplía funciones de taxi. El movimiento de bicicletas, de burros, de vehículos motorizados heterogéneos, ruidosos, era uno de los aspectos esenciales del lugar: ruidos de motores, humaredas, bocinas, rebuznos, gritos en italiano y en griego moderno. A todo esto, nuestro italiano primario, macarrónico, aprendido en dos o tres películas, nos servía de medio de comunicación.

Los personajes de ese primer veraneo en la isla de Leros, en un sofocante septiembre de 1966, no se me han podido olvidar. En primer lugar, como introductores a la vida de la isla, a los extranjeros que iban de visita o que pasaban ahí temporadas largas, y al estamento isleño, Sun Axelsson y su marido inglés, Michael, escultor, hombre fornido, barbudo, más bien silencioso, bebedor fuerte. Tenía una apariencia jupiterina, de Dios de las islas, pero un interior frágil, inseguro, dependiente. Habitaban, Sun y Michael, en una casa blanca, moderna, edificada en la cumbre de una colina, con extraordinarias vistas sobre el mar Egeo, sus velas blancas, sus vapores y *vaporettos* que navegaban desde el Pireo hasta las islas vecinas. Sun, que podía expresarse en un griego moderno fluido, dedicaba su día a escribir poemas, ensayos, artículos, y a conversar con la gente isleña y con las autoridades locales. Se había convertido en un poder de la isla, y ejercía ese poder sin el menor protocolo, con humor, con fuertes carcajadas que se escuchaban a la distancia, con no pocos gin tonics, con amoríos pasajeros que tenía la manía de contar sin demasiado pudor, con lujo de detalles escabrosos. Uno llegaba a preguntarse si la vida tenía que ser así, o si el ambiente isleño, caluroso, matizado con abundantes vinos de *retsina* y con gin tonics, nos alejaba de la vida real, con sus dulzuras, pero también sus sudores y sus dolores. Conocí en esos días a una pareja interesante: Édouard Loeb, galerista de Nueva York y de París, y su amiga anglosajona, joven, simpática, y cuyo nombre se me ha borrado de la memoria. Cuando el Queque tuvo una caída fea en bicicleta y terminó por ser operado en el hospital de la isla, los Loeb, Édouard y su amiga, se portaron con él como espléndidos amigos y hasta como enfermeros. Me acuerdo del Queque con el brazo en cabestrillo, con una bata blanca, más bien sucia, que le quedaba grande (todo le quedaba grande, comenzando por esa bicicleta con la que había sufrido la terrible caída), embadurnado de crema de afeitar, y de Édouard Loeb dedicado a afeitarlo con minucia y cariño. El Queque, entretanto, no paraba de hablar, de canturrear, de contar disparates. Después de su operación del brazo, complicada, según el médico griego, de diagnóstico más bien inquietante, había despertado en un cuarto de hospital en compañía de un pope joven, de larga barba, de cuya cama colgaba un ícono, acompañado por una madre, una *kiria*, que rezaba por él de manos juntas.

—*Are you a priest, or a prost, or a Proust* —gritó el Queque, en una especie de torrente verbal, y después volvió a preguntar—: *Are you a priest or a beatnik?*

El pope montó en santa cólera, mientras su madre lloraba a mares, y tuve que emplear toda mi diplomacia, mi más profesional diplomacia, para explicarle que era un renombrado intelectual chileno, un bibliógrafo de alto nivel, y que a consecuencia de la anestesia estaba con la cabeza perdida. Apaciguar al joven pope, frente a su madre en oración y en llanto desatado, fue una tarea larga, más que ingrata, y el argumento de que el infractor estaba con la cabeza perdida era lo único convincente.

23

Sun Axelsson, a todo esto, con un sentido teatral de anticipación, de suspenso, de misterio, anunciaba la inminente llegada a su casa de Leros de una mujer extraordinaria, que nos iba a trastornar, según ella, a todos, que iba a revolucionar el pequeño cotarro isleño. El personaje llegaría precedido de los datos siguientes: era «una belleza extraordinaria», conectada muy de cerca con los mundos del surrealismo y de la vanguardia estética, veneciana o ferrarense de origen, sobrina carnal de uno de los grandes de la pintura italiana contemporánea. Era pintora interesante ella misma, y había estado casada con un notable escritor francés sucesor del surrealismo de André Breton; había dejado a su marido para unirse con un gran intelectual hispanoamericano y acompañarlo en una misión diplomática en el Extremo Oriente; después se había peleado con ese intelectual polifacético, filósofo, poeta, ensayista, y ahora, en los comienzos de una esplendorosa cuarentena, anunciaba su desembarco inminente en Leros, que no podría ser, como nos anunciaba Sun, con los ojos muy abiertos, algo enrojecidos por su segundo o tercer gin con tónica, un desembarco cualquiera. Ella era una tromba, una fuerza de la naturaleza, y había sido amiga de André Breton, de Ezra Pound, de Salvatore Quasimodo, de Max Ernst, entre muchas otras celebridades. Las dos, Sun y la tromba que llegaba del

Oriente, eran glamurosas, excesivas, exuberantes, libertarias, centros de mesa, hasta el extremo de que no era fácil que estuvieran juntas en una misma reunión, y si estaban juntas, se producían roces inevitables y saltaban chispas por todos lados. Nosotros, los nuevos veraneantes, conscientes de nuestra condición de advenedizos, de recién llegados, esperábamos a la tan anunciada tromba con curiosidad, con espíritus bien dispuestos, impresionables e impresionados de antemano.

Hubo algo así como una fiesta nocturna en la taberna playera de Zunguli, auténtico griego de las isla, tabernero amigo nuestro —pescados a las brasas, vinos blancos de *retsina*, esto es, cortados con resinas de árboles griegos, bailes típicos del país, imitados por occidentales como el fornido Michael, el marido de Sun, por algunos otros, ya no recuerdo si yo mismo, después de la segunda o tercera copa— y de pronto apareció la tromba italiana vestida de negro, de piernas magníficas, de larga cabellera al viento, de ojos que echaban fuego, y que seguía el ritmo de la música de las islas con gracia evidente, con desparpajo perfecto.

Recuerdo conversaciones en los balcones de la casa que habíamos alquilado, de noche avanzada, frente al mar sumido en la sombra, rumoroso, fuertemente perfumado, y encuentros a la mañana siguiente en la terraza de Sun. Y me acuerdo del Queque Sanhueza, loco furioso después de su operación, con su brazo en cabestrillo, con su bata cada día más desarreglada, mirando con ojos trastornados los estupendos muslos de la recién llegada y dándole un repentino, desorbitado mordisco en el trasero, seguido de una sonora palmada propinada por la agredida. ¿Éramos intelectuales, éramos existencialistas, éramos anarquistas a la violeta, qué éramos? El Queque partió al fin a Estocolmo y montó su exposición nerudiana en la Biblioteca Pública de la ciudad. Ese año recayó el Premio Nobel de Literatura en dos escritores de Israel, y al año siguiente, 1967, fue otorgado a Miguel Ángel Asturias, a quien Neruda, viejo amigo suyo, llamaba el «chompipe», el pavo en el lenguaje popular de Guatemala. Yo seguí algunos días en la isla con Pilar y con nuestra hija Ximena. Hubo fiestas en casa de Sun y en la taberna de Zunguli, música griega y de rock norteamericano, gines con tónica y vinos de *retsina*, y episodios eróticos no suficientemente secretos. Regresamos, Pilar, Ximena y yo, además de un gatito recogido por Ximena, en barco, en una noche de tempestad en que el gato chillaba y saltaba desde un extremo del camarote al otro, al Pireo y a la ciudad de Atenas. Como no nos dejaron subir con el gato al avión de Olympia Airways, Ximena se lo regaló a una vieja y simpática empleada de nuestro hotel Orfeo. El día anterior, con Ximena, habíamos contemplado en el Museo de Atenas la máscara de oro del rey Agamenón y un magnífico, inolvidable Poseidón armado de una lanza y en el momento preciso, inmovilizado en el tiempo, de lanzarla contra el blanco. Después nos paseamos con lentitud, con asombro, entre *kouros* y otras figuras contemporáneas de Homero. Parecía que la Grecia moderna no tenía nada que ver con la Grecia clásica, pero la presencia clásica, mítica, nos asaltaba. Aterrizamos en Orly y llegamos a nuestro departamento de París del número 11 de la avenida Bosquet; yo regresé a mi oficina del tercer piso de La Motte-Picquet, a mi ventanuco de entretecho que daba sobre la cúpula de los Inválidos, y parecía que el mundo se había sosegado, que los huracanes femeninos, eróticos, de todo orden, formaban parte de los sueños del verano. Como se vería más adelante, el sosiego sería momentáneo, más bien ficticio. Entrábamos en un período de torbellinos nacionales, y esos torbellinos nacionales se traducían en torbellinos personales. Eran años en que parecía que la Historia, inquieta, intensa, impredecible, lenta por definición, se iba a poner a correr a vertiginosas velocidades. Regresé una noche después de tomar copas con amigos en el barrio de Montparnasse y lo hice por los Campos Elíseos, con la idea de estirar las piernas, de respirar a pleno pulmón. Bajé por Jorge Quinto, George V, y me encontré, frente al famoso hotel, con una multitud de jóvenes apoyados en los árboles, sentados en el suelo o en las carrocerías de algunos automóviles, conversando en voz baja, fumando, esperando.

—¿Qué pasa? —pregunté.

—*C'est Bob Dylan* —me contestaron, con acento a la francesa en la última sílaba.

Yo no sabía todavía quién era este «Bob Dylán», y después comprendí que esta aparición, este fenómeno juvenil, esta voz nasal, medio arrastrada, que miraba el mundo por el revés, en tono de lamentación bíblica, era otro signo de los tiempos que venían. Como lo había sido, en cierto modo, la hermosa tromba veneciana. Parecía que la Historia (con mayúscula) se mordía la cola y nos sacaba la lengua.

24

En esos días del otoño de 1966, nuestra tempestuosa amiga aparecida en Leros había regresado de Grecia por el camino de Italia, me había llamado desde el hotel Inglaterra de Roma a mi oficina de la embajada y me había invitado a almorzar a su llegada a París en su atelier del extremo noroeste del distrito 16, a poca distancia del edificio circular de la ORTF y de la avenida Mozart. Aterrizó, pues, la inimitable, fijamos la hora de nuestra cita para un mediodía normal, un miércoles, un día sin orígenes, jueves, como escribió el poeta, comimos el mejor filete a la plancha acompañado de lechugas principescas, verdes y moradas, condimentadas con el mejor aceite de oliva del mercado, y bebimos una de las botellas de vino que le había mandado su amigo y admirador Philippe de Rothschild. Miembro de la archiconocida familia de financistas, había sido compañero de trinchera durante la Primera Guerra Mundial de Louis Aragon, el gran poeta surrealista y más tarde comunista, a quien yo solía encontrar en reuniones con Pablo Neruda. Todos los años le mandaba una caja de tinto Mouton-Rothschild a Aragon para su cumpleaños. Y nuestra amiga italiana, como supe de inmediato, figuraba en la escogida lista de las personas que recibían botellas suyas. Lo que no estaba previsto, claro está, es que yo contribuyera a beberlas en compañía suya, y que después, animados por esa degustación, nos metiéramos entre las sábanas del taller para celebrarla. Era un vínculo imprevisto con Rothschild, con Neruda, con Aragon, con una de las grandes musas del surrealismo. Y como para consagrarlo todo, encima del diván donde retozábamos había un maravilloso grupo de mujeres de la Toscana pintado por su célebre tío.

Mi amiga tromba me hablaba de Octavio Paz, que había sido amante de ella en años recientes, con escasa simpatía, con un espíritu agresivo, desdeñoso, que ella no explicaba y que yo no alcanzaba a entender; de uno que otro personaje de la historia de Italia, como un Borgia, no recuerdo cuál de ellos, que había pasado su primera noche de casado en un palacete del barrio del Marais de París, víctima de una diarrea incontrolable; de Roberto Fernández Retamar en La Habana, el sargento Fernández Retamar, como le gustaría después nombrarlo a Pablo Neruda, porque era el comisario autoasumido de la ideología del castrismo, si es que esa entelequia existe; de Max Ernst, que había estado enamorado de una chilena legendaria, Teresa Wilms, ¿sabían ustedes?; de Henri Michaux, poeta, dibujante, explorador de los Andes ecuatorianos, en compañía de su amigo y poeta franco-ecuatoriano Alfredo Gangotena, miembro habitual de la tertulia del 13 de la rue Jacob; de su conocido exmarido.

—En tus historias orales —le dije un día, y sus historias, desde el punto de vista narrativo, para decir lo menos, eran siempre extraordinarias—, el único que sale de verdad bien parado es Hubert de Savigny, tu ex.

Uno de esos días, ella me contó que había vuelto a encontrarse con él. Después de algunos circunloquios, me dijo que ella y Hubert estaban estudiando la posibilidad de volver a casarse. «¡No me digas!», me parece que dije, y me quedé pensativo, más bien celoso, pero diciéndome que la reacción de ella, después de todo, era normal, perfectamente razonable. A todo esto, Jorge Luis y Ximena, los hijos de mi matrimonio con Pilar, regresaron a Chile en ese final de 1966. Mis padres y el resto de la familia esperaban que «los niños» llegaran hablando en un perfecto francés, pero Ximena, que era un bello punto rubio, de muslos rosados, para sorpresa de todos, después de casi tres meses en una isla del Dodecaneso, aterrizó en los Cerrillos hablando en un impecable griego moderno.

Pilar y yo nos trasladamos a comienzos de enero a un mínimo lugar en la rue de Lille, mientras preparábamos el regreso definitivo a Chile. Discutimos mucho la posibilidad de quedarnos en París para siempre, *pour de bon*, fuera de la diplomacia chilena. Pilar habría podido trabajar en la agencia de turismo de una amiga, Lula Gutiérrez, y yo habría podido escribir de una manera profesional, publicar en algún lado, hacer conferencias, cursillos, lo que fuera. Al final nos resignamos, Pilar y yo, al regreso a Chile, y todavía no sé si fue una buena decisión. Para integrarse al llamado «boom» de la novela latinoamericana, habría sido mejor, probablemente, continuar en París, aferrarse a la bella Lutecia como lapas. Pero yo sentía que el resorte principal, el más fuerte, el verdaderamente esencial de mi escritura, era mi memoria chilena. París me habría convertido en un *homme de lettres* interesante, invitado a dictar conferencias, a publicar ensayos, a participar en todos los congresos habidos y por haber. El regreso a Chile, en cambio, coincidía con un propósito mío secreto: podía convertirme en narrador, en autor de textos limítrofes entre la ficción y la autobiografía, en novelista o en autor de casi novelas (como dijo uno). No, probablemente, en continuador de la gran novela del siglo XIX, en Honoré de Balzac más Michel Butor, como había declarado Carlos Fuentes, el más «declarativo» de los escritores de nuestra lengua, pero sí en narrador de una obra más abierta y no tan fácil de clasificar. Una escritura que estaría más cerca de Stendhal que de Balzac, más cerca de *Choses vues* de Victor Hugo, o de la correspondencia de Gustave Flaubert, que de sus respectivas ficciones, con la excepción, para mí, de *Bouvard y Pécuchet*, maravillosa excepción, precisamente, maravillosa crítica de la ficción y crítica de toda escritura.

Uno de esos días de comienzos de 1967 en la rue de Lille, Pablo Neruda y Matilde llegaron de uno de sus viajes, de alguna parte, y me puse de acuerdo con Carlos Fuentes para recibirlos en un *bistrot* que estaba cerca de mi nuevo domicilio, la Enoteca. Comimos y bebimos, Pablo Neruda, Carlos Fuentes y yo, hasta horas avanzadas de la noche, y terminamos en la salita de mi departamento de la rue de Lille: Pablo sentado en una poltrona, en plena y segura expansión de su personalidad, contando fantásticas historias, historias que se repetían y se renovaban, como en *Las mil y una noches*, y tengo la impresión de que nosotros, es decir, Fuentes y yo, en el suelo, desplomados de cansancio. No es improbable que estuviéramos con la cabeza apoyada en un cojín, roncando a intervalos. En todo caso, puedo asegurar que el poeta sesentón, y que llegaba de un pesado viaje, continuaba, a las dos o tres de la madrugada, eufórico, entusiasmado por el aire de París, la famosa «respireta parisiense», y nos daba cancha, tiro y lado.

En esta etapa de la escritura, tropiezo casi en todo momento con el tema endiablado de la autocensura. ¿Debo contar todo, o no contar todo, y tiene sentido, en este último caso, escribir memorias solo parciales, en alguna medida engañosas, autocensuradas, mentirosas? ¿Escribir memorias de diplomático, de libertino, de escritor extraviado en la diplomacia, en la vida bohemia, en el desorden personal, relacionado con la era nueva del hipismo, que avanzaba en esa dirección, con la voz ronca de Bob Dylan y de tantos otros, con el mal del siglo a cuestas? El caso es que la maravillosa tromba que había conocido en la isla de Leros me llamó un día por teléfono a la rue de Lille y me dijo que tenía urgencia de hablar conmigo.

Me pasó a buscar como a las ocho de la noche al departamento, elegante y seria, de sombrero, creo, y hasta de velo en la cara, sin que la presencia de Pilar en la casa influyera en ella en ningún sentido. Pilar, por su lado, actuó con indiferencia al menos aparente, con impecable serenidad, sin el menor gusto, desde luego, pero sin el menor gesto de rechazo. ¿Era la época, era el ambiente, o éramos, simplemente, personas modernas, con nuestras extravagancias y hasta nuestros disparates bien asimilados? Me pregunto si yo era otro, y si Pilar era otra, y la tromba, ¿quién era?, ¿existía, o era un personaje puramente mitológico?, y no tengo ninguna respuesta segura. Fuimos, ella y yo, a cenar a un restaurante chino, después de caminar por algunas calles de los alrededores del palacio de la Asamblea, de atravesar la explanada de los Inválidos y de llegar por la avenida Bosquet a las cercanías de la Escuela Militar. Mi amiga, de entrada, después de ponerse la servilleta en la falda, me explicó que después de conocerme un poco, había dejado de tomar precauciones conmigo, a diferencia de lo que hacía con sus demás amantes. Siempre había un escenario de fondo de tres o cuatro amantes, por lo muy menos, y ella contaba que a veces colocaba el fanal rojo en la puerta de su departamento. ¡Tromba provocadora, increíble! Al mismo tiempo, había vuelto a verse con su exmarido, y había reanudado sus relaciones con él. Ahora estaba embarazada de tres o cuatro meses y pensaba que el hijo que iba a tener era de su marido. Y estaba decidida a casarse de nuevo con él, en una fecha muy cercana. ¡No había mucho más que hablar! Nos despedimos, en mi recuerdo, con cariño, con ternura, con algo de tristeza, ¿con celos inevitables? Yo la había querido, pero no había estado locamente enamorado de ella: tenía miedo de su ritmo de vida medio desaforado, de la rapidez de ametralladora con que hablaba, de su risa ronca, histérica, de su brujería. No se me había pasado por la cabeza cambiar de vida para ponerme a vivir con ella. Ahora caminé con ella hasta cerca de su casa y después la vi alejarse por las calles del Marais, frente al palacio donde un Borgia había pasado su primera noche de casado sentado en una bacinica, y me dije que pertenecíamos a mundos diferentes, a planetas que se habían acercado, que se habían tocado y besado, sacando fuego, y se habían vuelto a alejar. El surrealismo en acción, en alta fiebre, en el chisporroteo de París, y de Florencia, y de Roma, me atraía locamente, pero no terminaba de convencerme. Si había algo que pudiera llamarse lo mío, lo personal, lo intransferible, no era eso. Era cualquier otra cosa, y a lo mejor ni siquiera sabía lo que era.

25

Viajamos Pilar y yo a Madrid, a fines de abril o en los primeros días de mayo de 1967, y nos hospedamos en un hotel barato, el hostal de no sé cuánto, en el barrio de la plaza de Santa Ana. Mario Vargas Llosa contaba que había visto burros en esa plaza en los primeros años cincuenta, pero la ciudad, a fines de los sesenta, se había modernizado en forma más o menos acelerada. Había serenos que cantaban las horas en las noches, con sus bastones y sus boinas, y guardias civiles de tricornios negros, pero los signos de una economía moderna se multiplicaban, y un joven franquista me había dicho en la salida de un almacén, a propósito de cualquier cosa, que ahora «todos comemos pollo». Tuve la impresión rápida de que ser franquista, joven o viejo, consistía en comer pollo todos los días. Carlos Morla Lynch, que después de salir de la embajada en París se había retirado en Madrid, nos invitó a almorzar en su casa. Carlos Morla, que había dado asilo diplomático durante la Guerra Civil a centenares de españoles perseguidos, era querido y respetado por media España. Hace poco, en el Madrid del 2015 o el 2016, asistí a una obra de teatro interesante: los salvados durante la guerra en la legación de Chile formaban parte de un coro, y Morla era un personaje que dialogaba con ese coro y con personas que se diferenciaban de ese conjunto, que adquirían identidad propia. En el almuerzo de 1967, servido por la impecable Lola que habíamos conocido en La Motte-Picquet, Morla nos contó que le había hecho una visita de protocolo al general Francisco Franco, en su condición, él, de exembajador de Chile, y que lo había encontrado «muy viejito». Me reí un poco para mis adentros. La vejez de Morla lo había puesto muy pálido, de cutis reseco, y daba la impresión de haber disminuido un poco de estatura. ¡Eran dos los viejitos! Pilar y yo seguimos por tierra a Portugal, en un coche alquilado, y nos embarcamos en un barco francés, el *Pasteur*, en unos muelles caóticos, donde los cargadores dejaron una de nuestras maletas en un barco equivocado y donde pudimos rescatarla en el último minuto, después de carreras enloquecidas y agotadoras. Recuerdo que llegamos al puerto de Río de Janeiro, el de la «cidade maravilhosa», entre islas, islotes, montañas que llegaban hasta el mar, y que pasamos un largo mediodía en casa de Rubem Braga, en la terraza de su «cobertura», su ático, en la calle del Barón de la Torre, mirando cañaverales plantados por Rubem y *pasarinhos* en libertad de diversas clases. Seguimos viaje, y al parar nuestro barco en el puerto de Santos, contemplé un espectáculo de sacos acumulados en los muelles, de obreros negros dormidos, despaturrados, de ratas que aparecían y desaparecían, de perros vagos, y una viajera francesa, apoyada en la barandilla, me dijo:

—*Ce sont des pays sauvages, quand même!*

Era la soberbia francesa, unida con la mirada realista, desengañada, que tienen los franceses cuando miran cosas que no son de ellos. En Buenos Aires, antes de tomar el avión que nos dejaría de regreso, después de cinco años y medio de ausencia, en Santiago de Chile, supimos que había estallado una guerra entre Israel y los países árabes vecinos, guerra que después se llamó «de los Seis Días» y que fue ganada por el ejército israelí de manera fulminante. Esa guerra tuvo consecuencias internacionales prolongadas y dejó una impresión, que al final resultó engañosa, de superioridad invencible del lado israelí, pero no sé, a decir verdad, si el tema nos interesó demasiado. Yo era diplomático a medias, más metido en la literatura que en la diplomacia, y creo ahora que mi visión internacional, insuficiente, demasiado rápida, se basaba en conocimientos mediocres. Pilar, por su parte, callaba: vivía en su mundo particular, y ese mundo, para mí, en definitiva, era un misterio, y sospecho que también, en buena medida, lo era para ella. Nos reunimos en la tarde de nuestra llegada o del día siguiente en la casa de Margarita Aguirre y de su marido, Rodolfo Araos Alfaro. Margarita, escritora interesante de mi generación, seguidora en su estilo, en la vertiente poética de su escritura, de María Luisa Bombal, amiga y secretaria de Pablo Neruda, se había enamorado por teléfono de Rodolfo, que era hacendado y a la vez abogado del Partido Comunista argentino, y que hablaba con frecuencia con Neruda en llamadas de larga distancia. Habían contraído matrimonio, ella y Rodolfo, y habíamos estado con ellos en una celebración en Chile. Llegaron a casa de Margarita en Buenos Aires, convocados para encontrarse con nosotros, diversos amigos suyos, entre ellos, Pepe Bianco, que había sido secretario de redacción de la revista *Sur*, y la joven poeta Alejandra Pizarnik, que ahora es uno de los mitos más sólidos, más admirados y amados, de la poesía en lengua castellana de esos años. Lo que yo recuerdo es una noche confusa, de muchas copas en diferentes lugares de Buenos Aires, y a Pepe Bianco diciéndonos, mientras se bajaba de un taxi con dificultad, con la respiración medio cortada, que su aspiración era llegar a ser pobre, puesto que ahora era menos que pobre, era miserable: su patrimonio se reducía a un cuarto de veinte metros cuadrados, un camastro y un abrigo raído. Alejandra era simpática, de bonitos ojos oscuros, silenciosa. No pretendo conocer a fondo su poesía, pero la he leído y me ha parecido siempre interesante, digna de leerse y releerse, verdaderamente inspirada, de perfecto manejo verbal. Creo que perteneció a la familia dramática, agónica, de una Sylvia Plath, y que tenía un lejano parentesco con el joven poeta suicida del romanticismo inglés, Chatterton, aparte de un aire de Jean-Arthur Rimbaud, que no se suicidó, pero que practicó, al dejar de escribir en su primera juventud, una forma de suicidio literario.

En una de esas tardes de Buenos Aires, me visitó en el hotel uno de los editores más conocidos de la Editorial Sudamericana. Traía un libro que acababa de salir de la imprenta y que todavía no había empezado a distribuirse. Se llamaba *Cien años de soledad*, y su autor, a quien conocía de nombre y de quien había leído una novela corta, era Gabriel García Márquez.

—Va a tener un éxito seguro —me dijo el editor, y yo, después de leer las primeras páginas, estuve seguro de que lo tendría. Era un lenguaje diferente de todo lo que se leía entonces, derivado, para mi gusto, de William Faulkner y de Truman Capote, con algo de la ornamentación barroca de la prosa de un Gabriel Miró, con algo de *Las mil y una noches*: un cóctel literario extraordinario. Le escribí a Rubem Braga a Río, agradeciendo de paso su hospitalidad, y le dije que le pidiera los derechos del libro a Carmen Balcells para su pequeña editorial Sabiá (nombre de los *pasarinhos* que le gustaban tanto). Rubem compró los derechos a través de Carmen y se cansó de vender el libro en Brasil. Compró una oficina para su mínima editorial (tan mínima como el zorzal que le daba nombre), pasó una larga temporada en hoteles europeos de lujo, y después vendió Sabiá en una millonada. Así contaba él, por lo menos, y ahora compruebo que era una de las personas menos quejumbrosas de este mundo. A mí, desde el primer momento, me aburrió un poco la fantasía excesiva de esos *Cien años*, las mujeres que levitaban, las mariposas amarillas que se multiplicaban, las lluvias que duraban cuarenta años. Lo dije en diversos lugares, e incluso en una conversación en la televisión chilena con Vargas Llosa, que en cambio defendía el libro con su pasión literaria habitual, y mucha gente se escandalizaba al escucharme, mientras otros me paraban en la calle, con actitudes casi conspirativas, y me decían:

—Has dicho exactamente algo que yo no me atrevía a decir.

Desde Santiago, entretanto, en esos meses finales de 1967, y en frecuentes fines de semana en Isla Negra, recibía noticias de la tromba veneciana recién casada de nuevo con su primer marido, cuya celebridad como novelista y ensayista epigonal del surrealismo francés iba en aumento. Fogosa, iconoclasta, libertaria, acababa de tener una hija. Me contaba por carta que había recorrido medio París en una ambulancia, mirando los techos de los edificios y las copas de los árboles, porque había sido necesario llevarla de urgencia a otro hospital para practicarle una cesárea. Después me mandó una bella fotografía de su hija sentada en un taburete y vestida con una túnica blanca llena de encajes, regalo de Max Ernst, el propio, el maestro de la pintura surrealista, padrino de su bautizo. También me contaba que había participado Henri Michaux, el gran poeta y dibujante curioso, en las ceremonias y festejos bautismales. ¡La mitad de los grandes talentos de la Europa de esos días, en resumidas cuentas! Yo diría, por mi lado, que después del verano europeo de 1967, la tromba, la todavía joven rebelde, hermosa, en estado de rebelión permanente, más que de revolución, experimentó una transformación humana, social, estética, interesante. Se fue convirtiendo lentamente, en forma discreta, pero visible para un buen observador, en señora de orden, que cuidaba con esmero de las propiedades inmobiliarias suyas y de su marido en el barrio del Marais, cuyos valores subían día a día. A pesar de eso, conservaba a sus amantes ocasionales, y ponía de vez en cuando el «farol rojo» en la parte suya del amplio departamento con dos espacios separados y dos puertas de entrada que compartía con su marido. Así era y así sería, pero la rebelde tranquilizada de esos días rendía homenaje en su vestimenta, elegante y sobria, en sus maneras, en su refinada cortesía, al *establishment*, a la gente de orden de su vecindario, propietaria de bienes inmuebles de sólida piedra de cantería. Hacia finales de la década de los sesenta, uno tenía la impresión de que el surrealismo había sido asimilado por la gran burguesía, y ella, formidable musa y creadora de talento, había aceptado bien, en plenitud, con una especie de olfato histórico, todo este proceso.

Nosotros, Pilar, yo, nuestros dos hijos, íbamos con frecuencia en los fines de semana, en una modesta citroneta (Citroën de dos caballos de fuerza), a esa casita que alquilábamos en Isla Negra, cerca de los terrenos de Luis Fernández Solar, el hermano de Santa Teresita de los Andes, o nos alojábamos en la casa de Pablo y Matilde Neruda. Recuerdo mucho las conversaciones y encuentros de ese tiempo, pero no estoy seguro de recordarlos con la debida exactitud. Ulf Hyertonsson y Karen, su esposa, jóvenes diplomáticos suecos, ya se encontraban en la embajada de Suecia en Santiago y habían forjado una cálida, inseparable amistad con Neruda y Matilde y con nosotros. Neruda, atacado desde su izquierda en 1966 en la famosa carta abierta de los artistas e intelectuales cubanos, reaccionaba con discreción, con largos silencios, pero con irritación, con malestar profundo, con inextinguible rabia. Él conocía los méritos revolucionarios de muchos de los firmantes, los Carpentier, los Nicolás Guillén, los Fernández Retamar, y sabía que esos supuestos méritos simplemente no existían. Casi todos se encontraban en el extranjero en los años de lucha y habían corrido a Cuba a recoger los frutos de una revolución en la que ellos no habían participado para nada. El poeta, aunque obligado a callar, no callaba del todo. Y yo seguía ese proceso desde un ángulo íntimo, con ojos bien abiertos, con mirada tranquila. El compromiso político del poeta, apasionado, total, desde los primeros días de la Guerra Civil española, desde «España en el corazón», desde el poema de su conversión ideológica, «Reunión bajo las nuevas banderas», no cambiaba en forma esencial, pero sufría remezones tremebundos. Por mi parte, había recibido una invitación de la Casa de las Américas de Cuba para visitar La Habana en los primeros días del año 1968, participar en el congreso cultural que se iba a realizar en esos días y ser miembro del jurado que decidiría sobre el premio anual de la Casa en el género del cuento. La invitación había sido gestionada por mi amigo Juan David, notable caricaturista cubano, agregado cultural de su país en los días de mi trabajo en Francia. Le había comentado el tema a Gabriel Valdés Subercaseaux, el ministro de Relaciones Exteriores, puesto que yo era funcionario del Servicio Exterior y Chile y Cuba no tenían relaciones diplomáticas. Gabriel me había dicho textualmente: «No podemos suprimir a Cuba del mapa, de manera que me parece bien que vayas, observes y después me cuentes tus impresiones».

La reacción de Neruda fue, aunque parece una paradoja, menos favorable que la de Gabriel Valdés. El poeta, en el bar de su casa de Isla Negra, miraba el horizonte marino, donde se divisaba en la distancia algún humo de barco de carga que navegaba en dirección al puerto de San Antonio.

—Temo que ya no sea tiempo —decía, pensativo— de viajar a La Habana.

En otras palabras, insinuaba, sin decirlo con claridad, que el tiempo de la Revolución cubana había pasado. Neruda fue designado precandidato presidencial por su partido, el Partido Comunista de Chile, en esos mismos tiempos, cuando todavía no se producía la unión entre los diversos sectores de la Unidad Popular, y cuando sonaba de nuevo la candidatura socialista eterna de Salvador Allende. Eran días de disputa desbocada, furiosa, y a la vez, por razones tácticas, disimulada, silenciada, entre sectores centristas, moderados, entre ellos el de un precandidato del Partido Radical, el profesor Alberto Baltra Cortés, y sectores revolucionarios duros, representados, más que por el Partido Comunista ortodoxo, por la izquierda del Partido Socialista y por los fragmentos de izquierda que se desgajaban de la Democracia Cristiana, cuyo candidato oficial, destinado a suceder al gobierno de Eduardo Frei Montalva, era Radomiro Tomic. Resultaba curioso observar que los «cristianos de izquierda», al desprenderse del tronco demócrata cristiano, pasaban con facilidad, atraídos por una especie de imán vertiginoso, a la izquierda extrema, mientras el candidato del freísmo, Radomiro Tomic, hacía esfuerzos, aquello que los peruanos llaman «disfuerzos», para izquierdizarse. A todo esto, crecía el movimiento de izquierda extraparlamentaria, el MIR, izquierda revolucionaria, que se había formado en sectores universitarios de Concepción, en centros de reunión y bares de Valparaíso, y que prodigaba en su crecimiento abundantes gestos de admiración hacia Fidel Castro y hacia Ernesto Che Guevara. Creo que la escena de Salvador Allende paseándose frente a mi casita de Isla Negra, sin querer entrar a otra casa a la que había sido invitado, pero donde había divisado en el salón al «señor Altamirano», era muy propia de esos días, de esas confusiones y esas tensiones. Era un reflejo exacto de esos tiempos, una clave, pero había que saber interpretarla. El futuro estaba lleno de nubarrones, y la meteorología era confusa.

Partí en mi viaje a La Habana vía Amsterdam y el aeropuerto canadiense de Gander en el último día de diciembre de 1967. Viajé en compañía de Nicanor Parra, que sufría en esos días el dolor de la muerte violenta, de un pistoletazo, de Violeta, su hermana, y del compositor musical Gustavo Becerra, y ahora no sé si en Buenos Aires o en algún otro lado se nos unió el pintor peruano Fernando de Szyszlo, que acaba de morir en forma trágica en los días en que escribo estas líneas. ¡A Cuba, a la isla heroica, a conocer la revolución que el Che había tratado de difundir en toda América Latina, creando dos o tres Vietnam, de primera mano! Ahora no sé si Nicanor Parra ya había tomado su taza de té con Pat Nixon en la Casa Blanca, y si esto podía influir en la recepción que nos esperaba en Cuba. Lo que sí sé es que celebramos el Año Nuevo de 1968 durante el vuelo, bebiendo copas de champagne ofrecidas por Lufthansa, y que no pudimos aterrizar en Amsterdam y alcanzar nuestra combinación a Gander y a La Habana a causa de una fuerte tormenta de nieve. En consecuencia, seguimos viaje a París, y de ahí, en otro avión, a Madrid, donde teníamos que esperar durante dos días el viaje de Cubana de Aviación, que nos conduciría hasta nuestro destino. Así, de aeropuerto en aeropuerto, cambiando de aviones, se tomaba el primer gusto de la revolución latinoamericana. La adrenalina subía, y la emoción revolucionaria iba en aumento.

Recuerdo que salimos de nuestro hotel de la Gran Vía, en Madrid, y paseamos por los alrededores de San Antonio de la Florida, en las orillas del río Manzanares, y que Nicanor observaba a unos ancianos de boinas y alpargatas, que hablaban a gritos, y le parecía que representaban la esencia del mundo hispánico. Le encantaba su manera de hacer gestos, de mover las manos, de tratar de darse a entender de cualquier modo. Como lo he observado con mayor claridad en estos primeros meses de 2018, después de la muerte de Nicanor a sus ciento tres años de edad, siempre hubo en su vida y en su obra una tendencia medievalista, que se fijaba con atención en los cancioneros a lo humano y a lo divino, que se inspiraba en la obra de François Rabelais, en la del Arcipreste de Hita, en el Romancero viejo que atravesó el océano con los conquistadores y se transformó entre nosotros en algo diferente. En ese comienzo de 1968, ¡hace medio siglo!, regresamos de San Antonio de la Florida y le compramos en una tienda de jamones, en un Palacio del Jamón, un salchichón de proporciones descomunales a nuestro amigo Enrique Lihn, que hacía en La Habana un trabajo sobre Vicente Huidobro, bajo el alero de la Casa de las Américas, y que estaba sujeto a las restricciones alimentarias de la isla. Nicanor, conmovido todavía por el suicidio de Violeta, nos recitó en la calle, con su voz medio ronca, su elegía paródica, «Dulce vecina de la verde selva», y me parece ahora, a la distancia de tantos años, que eso, con su emoción y con su brevedad, fue todo, y fue más que suficiente. El avión cubano en el que por fin nos embarcamos, de la época prerrevolucionaria, tenía estrellas pintadas en un cielo azul oscuro, como escenario de Hollywood, y nosotros dormitábamos a ratos y después hablábamos de esto y aquello. Gustavo Becerra, con pasión monocorde, delirante casi, sostenía que no se podía componer música, ni escribir novelas y poemas, sin tener una sólida preparación en lógica simbólica. ¡Sí, señores, o compañeros!, y si un artista había estudiado estas materias a fondo, si las dominaba, podía crear en forma rápida. La rapidez no era más que la demostración de su justeza intelectual y de su talento de artista. Lo contrario de los hábitos intelectuales de un Vargas Llosa o de un José Donoso, pensaba yo, eminentemente perfeccionistas, morosos, y el contraste me resultaba divertido, de alguna manera estimulante.

En La Habana hubo fiestas diversas en casas de amigos y largas deliberaciones en las terrazas del hotel Habana Libre. Conocí a personajes que después conocería mucho más, como José Lezama Lima, Pepe Rodríguez Feo, Heberto Padilla, Miguel Barnett, César López, Pablo Armando Fernández, y a juzgar por un libro dedicado que encontré hace no muchos años en mi biblioteca personal, estuve en alguna mesa de café con Reinaldo Arenas, el novelista que publicó muchos años más tarde el dramático *Antes que anochezca*. Hablé con Haydée Santamaría, que era presidenta o directora de la Casa de las Américas y estaba casada con Armando Hart, uno de los ministros importantes del gobierno revolucionario. Recuerdo un detalle interesante de esa conversación: Haydée me dijo que ella defendería de todas maneras, dijeran lo que dijeran, a Nicanor Parra. Después conocí algo más a Haydée, que había participado en el asalto al Cuartel Moncada, uno de los hitos iniciales de la gesta revolucionaria, donde había muerto después de sufrir horribles torturas uno de sus hermanos, y tuve una impresión contradictoria. Haydée, revolucionaria de la primera hora, estaba en vía de convertirse en una disidente disimulada, silenciosa. No tuve elementos de juicio suficientes durante mi primer viaje, pero esa primera impresión mía quedó plenamente confirmada en los días de mi viaje como encargado de negocios chileno, tal como lo conté más tarde en mi *Persona non grata*. Haydée tenía un evidente espíritu crítico y una libertad de juicio que la llevaron más tarde a caminos sin salida que explican su suicidio. En cualquier caso, en ese primer viaje, tuve indicaciones claras de que Cuba, a comienzos del año 1968, ya había avanzado un trecho largo, probablemente sin retorno, en el camino de convertirse en un socialismo real autoritario, vale decir, hablando con claridad, en un Estado policial. Ese primer viaje mío fue más importante, más decisivo en la formación de mi punto de vista sobre la Revolución castrista, de lo que pensé entonces. En una fiesta en su casa, por ejemplo, Enrique Lihn, que además de poeta era un notable crítico de temas culturales, me hizo un comentario político en voz baja, con la boca medio tapada, como si hubiera cerca soplones y agentes de seguridad.

—¿Cómo invitas —le pregunté— a agentes de la Seguridad del Estado a tu casa?

—Es que no hay manera —me dijo Enrique— de evitar que se cuelen. Entran y vigilan todo, sin perder un solo detalle.

Yo ya había recibido información sobre la existencia de las UMAP, las unidades militares de ayuda a la producción, donde se encerraba a homosexuales, a santeros, a vagabundos, a otras «lacras sociales». Uno de los poetas amigos de Heberto Padilla y de

Pablo Armando Fernández había salido de las UMAP hacía poco y contaba historias siniestras, de humillación, de encierro, de degradación humana.

El Congreso Cultural de La Habana estuvo presidido por un ministro de Pesquería o de algo parecido. Era ese tipo de provocación a la gente de la cultura que las burocracias gobernantes, sean de donde sean, de izquierda, de derecha, de centro, suelen practicar con frecuencia, con gusto disimulado. El ministro era estólido y desubicado. Presentó a la consideración del congreso, en la jornada de clausura, un documento sectario, lleno de lugares comunes estalinistas, y pretendió que los congresistas internacionales, gente como Michel Leiris, como Jorge Semprún, como Carlos Barral y Jaime Gil de Biedma, para citar solo unos pocos nombres, lo aprobaran a mano alzada. Hubo una rebelión interna fuerte, que no salió a la superficie, pero que se notó en movimientos, en expresiones, en conciliábulos sofocados. Todavía me acuerdo de la cara de sorpresa, de perplejidad, del «compañero» que ejercía las funciones de ministro de Pesquería. Él no sabía que los intelectuales y los artistas, a veces, no todas las veces, son capaces de pensar por cuenta propia y hasta de exigir que sus ideas sean respetadas. Es el origen de todas las disidencias del mundo contemporáneo, y me tocó observar el fenómeno debajo de mis narices, en acción discreta, pero imparable. El ministro no tuvo más remedio que recoger cañuela esa misma tarde. Ya Roberto Matta y algunas amigas y amigos suyos de la vanguardia estética, del neosurrealismo, de cierto trotskismo, le habían dado patadas en el culo, en público, a David Alfaro Siqueiros, gritando ¡por Trotski! a cada patada. Nicolás Guillén, el poeta, militante disciplinado, que en Santiago de Chile era un hombre de la noche, del café Bosco y de la calle Bandera, y en Cuba un hombre del nuevo orden, le organizó un acto de desagravio en un teatro de La Habana. En buenas cuentas, el congreso cultural había servido para revelar diferencias insalvables, y el comandante en jefe, como quedó demostrado en los meses que siguieron, sacó las consecuencias en forma clara. Como había dicho en los comienzos del proceso y seguiría diciendo después: «Dentro de la Revolución, todo. Nada fuera de la Revolución». Parecía muy simple, pero nunca sería tan simple como parecía.

A todo esto, los encargados de los concursos literarios de la Casa de las Américas nos mandaron a leer y deliberar, a los que éramos miembros del jurado, a una isla tranquila, la Isla de Pinos, si no me falla la memoria, en un buen hotel de turismo. Me acuerdo de José María Arguedas, autor de un gran clásico peruano y de la lengua, *Los ríos profundos*, protegido del sol por un sombrero panameño de alas anchas, leyendo gruesos manuscritos, sentado en una silla de lona. Más allá leía Claude Couffon, que era el traductor al francés de mi novela *El peso de la noche* para la editorial Albin Michel. La lectura de manuscritos era una penitencia menor, más o menos bien compensada por los halagos del turismo, y me parece que tomábamos el asunto con calma, entre conversaciones altamente literarias, heterogéneas, con ocasionales tragos de ron extraseco en las rocas. A pesar del ambiente amable, me metí en problemas en forma imprevista, sin darme cuenta cabal, demostrando, sin querer, que no estaba destinado a ser persona grata en esos mundos. Entre mis tareas de lectura encontré un libro de cuentos que se llamaba *Condenados de Condado* y que era una trasposición directa, imposible de disimular, de *Caballería roja*, de Isaac Babel, uno de los escritores rusos de la primera generación revolucionaria, que había descrito la guerra contra polacos y rusos blancos con sospechosa neutralidad, que había caído en desgracia por este motivo y había desaparecido en el gulag en los comienzos de 1940. El autor de *Condenados de Condado*, que resultó ser el entonces muy joven José Norberto Fuentes, describía la lucha contra los guerrilleros anticastristas de la Sierra del Escambray con parecida, equivalente, inaceptable neutralidad, como si un guerrillero anticastrista pudiera ser descrito como un ser humano normal, y como si un soldado castrista, héroe revolucionario, pudiera tener debilidades humanas. Sin entender mucho en un comienzo, con perfecta ingenuidad, encontré en el jurado del género de cuento, y sobre todo en los miembros cubanos y en el delegado español, Federico Álvarez, una resistencia terca, extraordinaria, que no se daba el trabajo de utilizar argumentos literarios, contra la opinión mía. Convencí a mi traductor Claude Couffon, amigo de los años de París, y se otorgó el premio a los cuentos de José Norberto, pero sin el menor gusto del lado de la organización, con notoria molestia. Nunca pude saber si esto influyó de algún modo en la desconfianza de las autoridades cubanas durante la misión diplomática que me tocaría desempeñar alrededor de tres años más tarde. Y si nunca pude saber, fue quizá por mi inexperiencia en estas complicadas materias, por mi desconocimiento de estos mecanismos. Si los hubiera conocido mejor, esa desconfianza me habría parecido perfectamente lógica. Habría actuado como persona que «sabía», no como recién llegado a esas cuestiones.

26

Estoy seguro de que el aprendizaje mío comenzó en la infancia, antes de entrar a los patios soleados del Colegio de La Maisonette, que ahora es femenino, pero que en esos años era mixto; cuando leía, tendido boca abajo en una alfombra, en la casa de mi abuelo Valdés en un cerro de Quilpué, las entradas biográficas del Diccionario Enciclopédico Hispano-Americano, la biografía del emperador Nerón, la de Calígula, las de Cristóbal Colón y Napoleón Bonaparte: biografías que me permitían soñar, y aspirar a destinos heroicos. Pero creo que mi conocimiento más serio del mundo moderno comenzó en la Universidad de Princeton, en el año de posgrado que hice desde septiembre de 1958, recién casado, a mayo de 1959. Mi estudio de *La educación de Henry Adams*, por Henry Adams, uno de los mejores libros norteamericanos, ensayo apasionado, fervoroso, que arrancó aplausos poco habituales cuando me tocó leerlo en la clase de Instituciones Americanas, American Institutions, fue el probable comienzo de esa educación mía, más vasta, más compleja, de algún modo más ambiciosa. Después vino el viaje de 1968 a La Habana que acabo de relatar, aprendizaje imprevisto, y que tuvo, después de los treinta o más días en Cuba, días de conocimiento acelerado, de pérdida radical, dramática por momentos, de la inocencia, dos tramos interesantes: un par de días de fines de febrero de 1968 en Praga, en plena, ilusionada, germinal primavera política, y tres meses que desembocaron en el inesperado, sorprendente, instructivo, mayo del París de ese año. La Historia te buscaba, me dijo alguien, y yo respondí que no, que era yo el que la buscaba, aunque sin tener plena conciencia del fenómeno.

Me bajé del avión cubano que me había llevado desde La Habana a Praga, capital de la antigua Checoslovaquia, y fui en taxi a un hotel grande, feo, que en años anteriores había llevado el nombre, concordante con su fealdad, de hotel Iósif Stalin. El chico que me subió la maleta, vestido con el uniforme y la gorra azul de los ujieres occidentales de lujo, pero uniforme y gorra en relativo mal estado, bastante sucios, cerró la puerta de mi habitación en forma brusca y solo atinó a decir repetidas veces una misma palabra: «¡Dólar!, ¡dólar!». En mi primera noche, recorriendo las calles de la ciudad, hermosa, deslumbrante para mi mirada chilena, me encontré con una praguense joven, más bien robusta, bonita, que parecía seducida de antemano con todo lo que llegaba desde el mundo exterior, que subió conmigo a mi habitación del ex Iósif Stalin sin mayor problema, y que también resultó, a su amable manera, adoradora de la moneda del enemigo norteamericano.

Al día siguiente de mi llegada, en un día de finales de febrero de ese año 1968, me pasó a buscar un hispanista y traductor que conocía por correspondencia, Joseph Cermak. Caminamos hasta una plaza del centro de la ciudad y bebimos en el camino, en pequeñas tabernas de esquinas, una o dos copas de vino blanco fresco, proveniente de la última cosecha. Toda la población parecía celebrar a coro la apertura política, el momento que ya se empezaba a conocer en el mundo como «Primavera de Praga», y la gente salía de los bares para probar el vino nuevo en las calles, hablando con alegría, haciendo chocar las copas. Llegamos a la plaza y había un balcón embanderado en un antiguo edificio público. La plaza se había llenado de gente, de bullicio, de gritos y aclamaciones. Parecía que la vida verdadera iba a comenzar de un minuto a otro. De repente vimos que el balcón embanderado se había llenado de personajes y comprendí que la gente los reconocía. Cermak, mi acompañante, me explicó que uno de ellos era Novotný, el antiguo jefe de gobierno comunista, y que otro era Alexander Dubček, el hombre que encabezaba el movimiento de apertura. Fuimos a mirar una habitación estrecha, situada al pie de un alto muro de cemento, y era uno de los lugares donde había vivido Franz Kafka. El muro, ciego, de cemento puro, proyectaba una sombra que Cermak consideraba «kafkiana». Después observamos las ventanas de la oficina comercial que había pertenecido al padre del escritor, Hermann Kafka, el destinatario de la famosa, dolorosa, *Carta al padre*. Desde ahí caminamos hasta el muy cercano cementerio judío de la ciudad. Estaba lleno de lápidas medio hundidas en la tierra húmeda, invadidas por hojas invernales, con nombres escritos en caracteres hebreos. Mientras buscábamos la tumba del autor de *El proceso*, de *El castillo*, de *La metamorfosis*, escuchábamos salvas de ovaciones y de aplausos cerrados, seguidas por conciertos de silbidos de furiosa desaprobación. Los aplausos, por supuesto, eran para Dubček, el héroe de la apertura, y la rechifla para Novotný, el representante del pasado estalinista. Recuerdo un detalle interesante: Cermak me contó que el expediente de Franz Kafka en los antiguos archivos de la Seguridad del Estado, anteriores al golpe de Estado comunista, desde luego, pero plenamente coincidentes en su censura del gran escritor, pasaba de las setenta páginas. El hombre era visto con ojos de sospecha en el antiguo Imperio austro-húngaro, y su memoria tampoco podía ser grata para el nuevo Imperio comunista, que había censurado sus libros. La memoria nos precedía, nos presentaba y nos condenaba. Después me contaron que Joseph Cermak, nuestro simpático guía literario, en los años oscuros que siguieron en su

país, no tuvo más remedio que adaptarse a las condiciones draco-
nianas impuestas por los dirigentes de la llamada «normalización».
Es un término profundamente kafkiano, sin duda, pero yo prefiero
no adelantarme. Dejo constancia de una atmósfera de alegría, de
fiesta, de ilusiones pronto aplastadas, pero solo durante unos pocos
años negros, felizmente.

Llegué a París, me instalé en el hotel du Mont Blanc, en la rue
de la Huchette, en el corazón del Barrio Latino, donde antes había
instalado a Pablo Neruda y a Matilde. Desde mi ventana miré los
techos de un día gris, frío, nuboso y neblinoso. Tenía una sensación
fuerte, difícil de soportar, de angustia, de incertidumbre, de no ser
bien acogido por la maravillosa y enorme ciudad. El mozo del hotel, flaco y amanerado, de voz chillona, se sentaba de un salto en la
cama, después de haberme subido la maleta, y me hacía notar a
gritos que el colchón, con su magnífica flexibilidad, me permitiría
hacer el amor con el mejor de los ritmos, algo que yo podría aprove-
char en gran forma. *Oui, monsieur!* Me ubiqué un poco mejor, me
conecté con los amigos y las amigas, me reencontré con la ciudad,
por decirlo de algún modo, y conseguí instalarme en un departamento ínfimo, bien situado en el barrio estratégico de Montparnasse, en la rue Boissonade, callejuela ocupada por talleres de pintores
y que se extendía, en línea curva, entre el boulevard de Montparnasse y el Raspail. Mi covacha estaba en una planta baja que daba
sobre un patio sombrío, más bien triste, y tenía una cama suficiente, de colchones, me parece, bastante inferiores a los del hotel du
Mont Blanc; una mesa de trabajo mal iluminada, pero mesa, al fin,
y un curioso cuarto de baño que era al mismo tiempo cocina, que
funcionaba con un extraño sistema de tablones, y una ducha ínfi-
ma. Es decir, tenía todo, dentro de una perfecta nada, y en las primeras semanas me dediqué a corregir la traducción al francés de mi
primera novela, *El peso de la noche*, con Claude Bourguignon, que

era, en teoría, la ayudante de traducción de Claude Couffon, pero que de hecho hacía todo o casi todo el trabajo. Pensaba escribir mi segunda novela, pero avanzaba poco, y había una bonita chilena que me hacía el aseo por horas, de vez en cuando, y que solía terminar en mi cama hacia las tres o las cuatro de la tarde, cuando su sesión de trabajo doméstico había finalizado. Era un consuelo, después de todo, pero me parece que no era un consuelo suficiente. Yo no terminaba de sentirme a gusto con este regreso a París. Tenía una enorme sensación de existencia errante, de inseguridad, de pérdida de tiempo y pérdida de rumbo. De alguna manera, la primera visita a Cuba y el paso por una Praga en rebeldía habían socavado buena parte de mis ideas políticas, pero no habían alcanzado a reemplazarlas por otras. Pilar, que agregaba buen sentido y una especie de serenidad a cualquiera de nuestras discusiones, se había quedado en Chile, y anunciaba viaje a París a fines de abril o comienzos de mayo. Yo me había vuelto a encontrar con mi amiga italiana, que vivía con su marido y su hija en un departamento del París más antiguo, y me reunía con frecuencia con amigos chilenos, latinoamericanos, franceses. Uno de esos amigos, según mi recuerdo de hoy, era Alfredo Bryce Echenique. Otro, Julio Ramón Ribeyro. Y Maritza Gligo, a quien ya conocemos, y Martine Barat, que en aquellos años era amiga de Alejandro Jodorowsky y de Eduardo Arroyo. Era una vida más o menos divertida, con momentos de inspiración, con lecturas desordenadas y escritura inconstante, con un balance general que a mí me parecía insatisfactorio. Amaba la ciudad de París, pero ese amor no me bastaba, y se traducía en ocasionales episodios en el Centro Pompidou, en una que otra presentación de libros, en visitas a museos lejanos, en lecturas de Stendhal, la más constante de mis lecturas francesas, de Proust, casi igual de constante, de *Las diabólicas* de Barbey d'Aurevilly, de *Vida de Rancé*, de René de Chateaubriand, de poetas franceses e ingleses, de prosas hispanoamericanas de autores como Octavio Paz, Juan Carlos Onetti, Felisberto Hernández, con algún intento de conocer mejor a Mauricio Wacquez, a Severo Sarduy, a Salvador Elizondo, a no sé qué otro.

Un día cualquiera, a fines de abril o a comienzos de mayo, me encontraba en La Coupole, en el boulevard de Montparnasse, que quedaba tan cerca de mi nicho más bien oscuro, tristón, de la rue Boissonade. Era un día en que el aire, la brisa, el sol prolongado, dorado, de la tarde, anunciaban ya la llegada en forma de la primavera. Estaba sentado a una mesa del lado de la calle con Carlos Fuentes y Maritza Gligo, y la conversación era excepcionalmente divertida, chispeante, a lo mejor optimista. Maritza, bella como siempre, apasionada, discutidora, tenía una tendencia exagerada a repetir lugares comunes políticos, seudofilosóficos, a lanzarlos contra uno como armas arrojadizas, y un gusto estético, en cambio, más seguro, casi siempre interesante. Me parece que había comenzado en esos días a trabajar en el diseño de vestuarios de teatro: su diseño era imaginativo, anticonvencional, de hallazgos valiosos. Si se lo hubiera propuesto, habría llegado a ser una diseñadora de moda de éxito, pero, de algún modo, con un instinto que iba en contra de ella misma, desdeñaba el éxito, el lujo, todo lo que fuera distintivo de triunfos burgueses o pequeño-burgueses. Tenía en esos días, o había tenido, una relación sentimental con Carlos Fuentes, pero el triunfalismo de Fuentes, su obvio narcisismo intelectual y hasta físico, la exasperaba, la ponía de un humor de perros. Fuentes, dígase lo que se diga, era un amigo de conversación siempre provocativa, estimulante, variada, a menudo sorprendente. El México de Carlos Fuentes, con su historia moderna, colonial, precolombina, con sus mares, sus valles, sus volcanes, con sus poetas, sus cineastas, sus pintores, era un capítulo siempre apasionante: quizá un invento, pero un invento con raíces en la realidad más sólida.

Hablábamos en la terraza de La Coupole de personajes actuales, de celebridades políticas, de escritores, de artistas. Salían a relucir los nombres de Octavio Paz y Pablo Neruda, de Salvador Allende, de Lázaro Cárdenas y Ernesto Che Guevara, del general De Gaulle, hasta, digamos, Albert Camus, Rufino Tamayo y Julio Cortázar, y salían a relucir en voz muy alta, con la euforia de las grandes disquisiciones de esa época. Pues bien, un señor de la mesa de al lado, un hombre grueso, de pelo blanquecino, de vestimenta de un gris oscuro uniforme y de piel igualmente gris, después de mirar con relativa insistencia hacia la mesa nuestra, con miradas que no pasaban por alto a la bella Maritza, preguntó en francés:

—¿Quiénes son ustedes?

Le dijimos nuestros nombres, y él contó que acababa de estar en México y que había escuchado hablar de Carlos Fuentes. Él era Lucien Goldmann («Je suis Lucien Goldmann»), y no necesitó agregar nada más. Todos conocíamos sus frecuentes artículos en *Le Nouvel Observateur*, y habíamos escuchado hablar o habíamos leído su *Sociología de la novela*, uno de los grandes textos filosóficos y críticos de esos días. Goldmann nos habló de su correspondencia con Herbert Marcuse, filósofo amigo suyo que trabajaba en las universidades de la costa californiana. Marcuse, que empezaba a ser conocido por su crítica de la sociedad industrial, por sus ideas neomarxistas, por sus estudios sobre Georg Lukács, le había informado de que en Berkeley, California, se desarrollaba un fuerte movimiento de rebeldía estudiantil. Este movimiento ya se había propagado al mundo de las universidades, donde se manifestaba en un espíritu de contestación general, una puesta en duda de las supuestas verdades que se transmitían desde la discutible autoridad de la cátedra. Ya se conocían brotes de este movimiento en Alemania y en Italia, donde era llamado la «contestazione», y la onda expansiva estaba a punto de llegar a Francia. Yo sentía en estos anuncios de Goldmann, con sus gruesos mechones entrecanos caídos sobre la frente, un lado teatral y hasta un soterrado humorismo, como si el apocalipsis estuviera al lado de nosotros, ingenuos, golpeando a nuestras puertas, pero, a la vez, no hubiera motivos para alarmarse demasiado. Si él, Lucien Goldmann, admiraba el movimiento estudiantil que ponía en jaque a la autoridad, él encarnaba al mismo tiempo, sin la más mínima duda, esa autoridad. Nos invitó a almorzar a su casa al día siguiente o subsiguiente y nos recibió junto a un profesor delgado, de vestimenta oscura, de corbata de mariposa, pálido, nervioso, que hablaba también, por supuesto, de Karl Marx, de Georg Lukács, de Martin Heidegger, Jacques Lacan y Michel Foucault. Antes de pasar a la mesa, con esa gestualidad teatral que ya habíamos notado en él, Goldmann abrió un libro de poemas de Saint-John Perse y nos dio una lección rápida de análisis estructural. Las imágenes del poema eran, explicó, decididamente circulares, estáticas, desprovistas de movimiento progresivo en el espacio y en el tiempo —nubes estancadas, pájaros detenidos en el aire—, lo cual revelaba en forma inequívoca el carácter conservador y hasta reaccionario del pensamiento del autor. El profesor pálido, menudo, de corbata de mariposa, lanzaba pequeños chillidos de admiración, y nosotros comimos nuestras carnes a la cacerola sin comentarios excesivos. Como el ascensor solo tenía cabida para dos personas, el grueso Goldmann bajó después del almuerzo con Maritza, con visible satisfacción, y nosotros, desconfiados, descontentos, bajamos corriendo por las escaleras, tratando de llegar a la planta baja antes que ellos. Dos o tres días después viajé con Pilar, que acababa de llegar de Santiago, a una cena en el barrio del Marais, y cuando el metro nuestro se detuvo en la estación Saint-Michel, del *Boul' Mich* universitario, entraron jóvenes y chicas que se reían a carcajadas y tenían los ojos llenos de lágrimas, y detrás de ellos entró un airecillo picante, que parecía irse a los ojos. Era una expresión de los prime-

ros alborotos estudiantiles y de las primeras bombas de gas lacrimó-
geno de ese mayo ahora legendario. Al día siguiente en la tarde, los
estudiantes empezaban a ocupar el boulevard de Montparnasse,
sobre todo en el cruce del boulevard Raspail, frente a las mesas de
la terraza de La Coupole. Recuerdo los gritos en el atardecer, el aire
todavía fresco, el revoloteo de la brisa, y a un gimnasta de largos
bigotes, de uniforme a rayas blancas y negras, salido de una pintura
del aduanero Rousseau, que hacía flexiones y levantaba pesas en el
medio del bulevar, mientras el profesor Lucien Goldmann, en su
tenida de estricto gris mayor, corría de un lado para otro y compro-
baba en el terreno, *sur place*, el cumplimiento de las profecías suyas
y de su compinche Marcuse.

Al día siguiente o subsiguiente se produjo el gran desfile de esas
jornadas, el que dio por inauguradas las calendas de mayo, que
muchos comparaban con las grandes jornadas revolucionarias de la
historia francesa: las de 1830, las de 1848, las de los tiempos de
la Comuna. La pintura célebre de Delacroix, *la Francia libertaria
levantada en armas*, con un fusil en la mano, con sus arreos trico-
lores, con su gorro frigio, conduciendo al pueblo, parecía planear
por el cielo de París. En tres o cuatro días se había hecho famosa la
figura del joven Daniel Cohn-Bendit, con su grito de guerra de que
todos éramos judíos alemanes. Junto a los jóvenes universitarios
en rebeldía, desfilaban también representantes de los sindicatos
y de los partidos políticos de izquierda, con militantes socialistas y
comunistas, y encima de las cabezas se divisaban fotos y estandartes del Che Guevara, de Rosa Luxemburgo, de Karl Marx y Mao
Tse-tung. No recuerdo imágenes de Iósif Stalin ni de Fidel Castro,
y creo que esa ausencia era significativa. Por ahí había un eco, o alguna imagen, de Jean-Arthur Rimbaud, y a mí me habría gustado
que también figuraran Stendhal y Marcel Proust, *pourquoi pas?*,
pero era, por lo visto, demasiado pedir. Cohn-Bendit y sus amigos

dijeron después que la juventud y los obreros habían desfilado con enorme alegría solidaria, a pesar de que habían llevado a la rastra a la «crápula estalinista». No estaba mal, y surgían los grandes lemas, las nuevas consignas: «¡Prohibido prohibir!», y la idea de que debajo de los adoquines de la enorme ciudad se encontraba la playa. Fuimos a caminar con Pilar una de esas tardes por los alrededores de La Sorbona y vimos a Daniel Cohn-Bendit encaramado encima de la estatua de Augusto Comte, a horcajadas sobre sus hombros de mármol, conversando desde la altura con jóvenes que pasaban por la vereda. Esos jóvenes luchaban a diario contra una policía enmascarada, con sólidos cascos de acero, escudos que parecían de material plástico, pesadas botas, y ellos empezaban a sacar los adoquines de las calles para utilizarlos como armas arrojadizas. Al poco tiempo, las principales calles del sector de Montparnasse y de Saint-Michel se veían privadas de buena proporción de sus adoquines, y se habían formado filas de jóvenes que los trasladaban hasta los techos de los edificios. ¡La playa empezaba a descubrirse debajo del cemento! ¡Todo estaba permitido, se prohibía prohibir!

Fallaron pronto los transportes públicos, dejaron de funcionar las comunicaciones aéreas y terrestres, se acabó la gasolina en las gasolineras, y empezaron a escasear algunos suministros esenciales, cosa que provocó la inevitable reacción del acaparamiento. ¿Era una revolución, o era una chiquillada, una caricatura de revolución que ya llegaba demasiado lejos? Yo, en lo personal, en mi sucucho de la rue Boissonade, donde Pilar había llegado a acompañarme, sentía que ya estaba viejo, a mis treinta y tantos años, para entusiasmarme con fenómenos de esa naturaleza. Me costaba mucho creer en esa caricatura medio anarquista, medio libertaria, y observaba con algo de frialdad a personas conocidas que parecían frenéticas de entusiasmo. Mirar la calle era divertido, pero cuando la ciudad entera se paralizaba, empezaba a dejar de ser divertido. Había episodios curiosos, que solo podían ocurrir en esa atmósfera de ciudad sitiada. Al lado de nuestro sucucho de la rue Boissonade se encontraba el taller del pintor Jacques Monory, que conocíamos de los Salones de Mayo de los últimos años y que era pareja de la hermana de nuestra amiga Martine Barat. De repente se supo que había una reunión de gente amiga en el taller vecino de Monory y muchos de nosotros fuimos sin la menor necesidad de invitación. Así era el París de entonces, y supongo que el de ahora conserva restos de esa forma de vida. La figura principal del encuentro en el taller del pintor era una anciana princesa turca, que había desembarcado en París después del derrumbe del Imperio otomano, y que se ganaba la vida haciendo masajes. Hacía sus masajes bailando con sus pies desnudos y cantando encima de las espaldas de sus masajeadas. Nos explicó con la mayor seriedad que era una conocedora profunda de sabidurías tibetanas milenarias y que había hecho sus estudios iniciáticos en el Tíbet. Por ejemplo, nos dijo que poseía una técnica infalible para resucitar a los muertos, a condición de que la muerte fuera más bien reciente. No era una condición tan difícil de cumplir: se moría la persona y se llamaba de inmediato a un especialista, a un iniciado, para que la resucitara. Según nos informó la princesa, había que hacer masajes sobre lugares precisos del cuerpo y mediante lienzos bien seleccionados y humedecidos en baldes de agua caliente. Esto, durante largas horas y con infinita paciencia.

—Y usted, señora princesa —preguntamos—, ¿ha resucitado a muertos?

—Sí —contestó ella, con aire casi científico—. He resucitado a dos o tres.

—¿Y no a más?

—No —respondió la princesa turca, que había sido una de las últimas habitantes del palacio del sultán—. Es un esfuerzo demasiado cansador. ¡Son horas de masaje!

No pretendo dar demasiadas precisiones históricas sobre aquellos días. Escribí algunas crónicas para el diario chileno *La Tercera*, pero no guardé notas y borradores. Hubo un día de enorme suspenso: el día en que el general De Gaulle, el jefe del Estado francés, abandonó su despacho en el palacio del Eliseo y partió en helicóptero a una base de artillería blindada francesa instalada en Alemania. Los rumores corrían, y se suponía que De Gaulle había ido a reunirse con algunos de sus generales para discutir sobre la situación y tomar medidas drásticas, pero nunca se conocieron mayores detalles. Los estudiantes gritaban que diez años, los diez años que llevaba De Gaulle en el poder, bastaban (*dix ans, ça suffit!*), y el general, con su uso acerado de la lengua francesa, había hablado en cadena de televisión de la *chie-en-lit*, de los niños que se cagaban en la cama.

Mi teléfono de la rue Boissonade sonaba todas las mañanas y era Carlos Fuentes, desde Londres, que no podía volar a un París bloqueado y que estaba ansioso de recibir noticias frescas. Me hacía pregunta tras pregunta y no me dejaba colgar el teléfono. Yo pensaba, con reacción de provinciano, en quién pagaría esa cuenta de larga distancia. La llamada se repetía todos los días, y la insistencia de las preguntas iba en aumento. Meses después se publicó un libro de Carlos sobre los sucesos del mayo de París. Le pregunté a Pilar, con una sonrisa, si él me pagaría una parte de los derechos de autor. Pero ahora veo que esa pregunta revelaba una debilidad mía. Carlos era un verdadero profesional de la escritura, y habrá interrogado a todas las personas, todas las instituciones, todos los medios que se encontraran a su alcance. Yo, en cambio, era un amateur, un turista, en la manera en que Stendhal había usado la expresión en sus magníficas memorias de un turista. ¡Ni más ni menos que un turista!

27

A mi regreso a Chile, hacia junio o julio de ese año 1968, Gabriel Valdés Subercaseaux, el ministro que había autorizado mi viaje a Cuba, me pidió que le contara en detalle cómo me había ido. Era como si hubiera viajado a la Luna o al planeta Marte y tuviera que describir el paisaje muy particular, diferente de todas mis previsiones, que había encontrado. Hice un esfuerzo narrativo y el ministro me escuchó con gran atención, sin hacer mayores comentarios. Después me dijo, textualmente, que como yo era «medio rojo», que asumiera el cargo de jefe del departamento de Europa Oriental, oficina que estaba en formación en la cancillería chilena. Se trataba de seguir de cerca el movimiento de apertura de relaciones diplomáticas con los países socialistas, y sobre todo con la Unión Soviética y los países de Europa del Este.

Me hice cargo del tema con enorme interés, leyendo todos los expedientes, estudiando todo lo que se podía estudiar, y creo ahora que en el trato con las embajadas del bloque soviético aprendí más de algo. Fue el comienzo de un proceso largo, complejo, profundo, de aprendizaje mayor. Creo que aprendí antes que nada a distinguir entre las apariencias, los gestos exteriores, los discursos protocolares, y las realidades. Me hice experto en analizar textos, declaraciones, fórmulas, consignas políticas, con cautela, con distancia.

Aprendí a no confiar en aquello en lo que no había que confiar, y a leer entre líneas. La amistad y la frecuentación de Pablo Neruda y sus amigos formó parte, desde luego, de todo ese proceso, pero yo diría que todo aquello solo fue una preparación, una introducción llena de silencios, de omisiones, de desconfianzas. Al poeta le gustaba mucho ser amigo de los escritores de las generaciones nuevas. Sabía lo que era el relevo generacional y los peligros que planteaba para las generaciones mayores. Cuando yo me alejaba de él durante algún tiempo, me llamaba por teléfono con insistencia, me mandaba recados con amigos comunes. «Jorge me abandona», le dijo una vez en Montevideo a Rubem Braga, y Rubem contó más tarde que el poeta había dicho eso en un tono de quejumbre irónica. Yo no era hombre de círculos incondicionales, de clubes de amigos o de amiguetes, y nunca lo he sido. En todo caso, si el poeta sentía que las relaciones personales se enfriaban, mandaba señales de humo por todos lados. Pienso ahora que en los años cincuenta y sesenta, el ambiente social, cultural, y hasta político, chileno, era, en el fondo, de convivencia, de encuentros transversales, de una especie de coexistencia pacífica. Uno podía encontrar a Volodia Teitelboim, senador comunista, escritor militante, novelista de la pampa calichera, ensayista, conversando en el comedor del Senado, a la hora del *five o'clock tea*, de las muy chilenas «onces», con el senador de la derecha tradicional, Francisco Bulnes Sanfuentes, a quien la prensa más ligera conocía como «el marqués Bulnes». Conversando, agregaría yo, y comiendo pastelillos.

La aparición en el ambiente chileno de una diplomacia de la Unión Soviética y de Europa del Este coincidía, se ajustaba bien, con esta atmósfera esencialmente pacífica. Había grupos de extrema derecha, recalcitrantes, más agresivos, enclaustrados en parte en el Congreso por la Libertad de la Cultura, en la revista *PEC* (Política, Economía, Cultura), en otros bastiones, que practicaban una crítica anticomunista rigurosa, sin fisuras, pero no se podía pensar que representaran a la derecha política en su conjunto. Y había también una extrema izquierda dura, en el MIR y en sectores del Partido Socialista, bien conectada con la Revolución cubana desde sus primeros años, pero tampoco representaba a la izquierda en forma exclusiva. Salvador Allende, candidato eterno de la izquierda, y yo diría que de cualquier izquierda, parlamentario activo, participante en todos los congresos mundiales de la izquierda ortodoxa, pero también en los encuentros del APRA peruano, de la social democracia europea y latinoamericana, navegaba entre todas estas aguas, y sabía perfectamente que su posibilidad de llegar a la presidencia del país exigía, precisamente, saber navegar entre todas estas aguas. Si él conseguía el apoyo del MIR, el Movimiento de Izquierda Revolucionaria, junto al de la Cuba castrista, y a la vez el de sectores de centro-izquierda —socialistas, radicales, grupos juveniles, contestatarios, desprendidos de la Democracia Cristiana—, tenía un porvenir político seguro. Era la cuadratura del círculo, pero en esos años se pensaba que la cuadratura del círculo no era tan difícil de alcanzar. Y me acuerdo como si fuera hoy de un comentario de Pablo Neruda: «Una sola frase en un discurso de Fidel Castro puede liquidar las expectativas de Salvador Allende». El detalle revelaba muchas cosas y ocultaba muchas otras.

Los diplomáticos de la Rusia soviética, de Hungría, de Polonia, de Rumania, de la Yugoslavia de entonces, bajaban de otro planeta, de experiencias históricas y a menudo personales enteramente diferentes, difíciles de entender para nosotros. Eran enormemente activos, visitaban mi oficina del Ministerio a cada rato, invitaban a sus casas con gran frecuencia, con insistencia de acero. Mi pequeño departamento de un tercer piso de la calle Rosal, donde había libros, en general en ediciones baratas, y uno que otro cuadro de pintores amigos, empezó a llenarse de botellones de Slivovitz, de licores dulces diversos, de vodkas polacos con hierbas y sin hierbas, de vinos húngaros de Tokay, aparte de medallas, objetos conmemorativos, muñecas rusas, tejidos de Macedonia y de Croacia. Pronto llegué a la conclusión de que la tendencia de los diplomáticos del Este a respetar los poderes establecidos formaba parte de sus genes más íntimos. Pensaban que Radomiro Tomic, como delfín del presidente Frei Montalva, sería su seguro sucesor en la presidencia de la República, y el hecho de que tuviera un apellido de origen europeo central era un punto destacado a favor suyo. Sabían poco de la política chilena auténtica, en sus raíces, en sus estilos, y ahora pienso que nosotros tampoco sabíamos mucho. Nosotros tuvimos que aprender después a golpes, y no sé si ellos terminaron por aprender algo.

Creo que la muerte del Queque Sanhueza se produjo algo después de mi regreso de Cuba y de Francia, a fines de 1968 o a comienzos de 1969. El Queque era amigo de todos, conocido de todos, símbolo de algunas cosas. Hacer un retrato suyo más o menos completo sería escribir un ensayo largo, salpicado de elementos narrativos, exigente de tiempo y de esfuerzo. El Queque era muy bajo de estatura y muy miope, dos cosas que lo definían, que no se pueden omitir en un retrato suyo. Era picado de la araña, como escribió el criado Isidro que era su amo, don Francisco de Goya y Lucientes —esto es, era enamoradizo, y en algunos casos enamorado a muerte, víctima del amor loco, y solía enamorarse, como para ir en contra de su tamaño, de mujeres gigantes—. Marta Montt, que fue una de las mujeres más interesantes de esa época, que hizo algo así como una carrera internacional, me dijo una vez que el Queque era «un Lord Byron en miniatura». Bonita definición, pero hay que tener en cuenta que Byron, de por sí, era bastante bajo de estatura, además de cojo, de modo que no quedaba mucho para su miniatura. El Queque, Jorge Sanhueza, era vástago de una familia de humoristas, muy conocida en su tiempo, dueña de una famosa revista satírica, *Topaze*. Uno de sus tíos se hizo militante comunista en los años de la guerra española, en la emoción que proyectó la guerra en todo el mundo de la lengua, y el sobrino siguió sus aguas. Pertenecía un poco después a un grupo de gente de izquierda de la escuela de Derecho de la Universidad de Chile: gente como José Tohá, que fue ministro de Allende y murió después del golpe de Estado encarcelado en un hospital, no se sabe si directamente asesinado; el Negro Jorquera, que logró escapar de Chile; Augusto Olivares, el Perro Olivares, que optó por pegarse un tiro durante el bombardeo de La Moneda; algunos otros. El Queque era lector, bromista, amante de la poesía, aparte de las mujeres gigantes o casi gigantes, y terminó de secretario de la Fundación Pablo Neruda para el Estudio de la Poesía. Era un secretario mediocre, distraído, a quien se le perdían algunos libros valiosos y aparecían, quizá, en los veladores de sus mujeres amadas, pero un lector y comentarista literario de calidad superior. Habíamos viajado juntos a la isla de Leros, en el Dodecaneso griego, como ya lo he contado, y el Queque, subido a una bicicleta enorme, había sufrido una caída grave. Los médicos que lo operaron en el hospital de la isla dieron un diagnóstico malo; el accidentado padecía, según ellos, de una enfermedad renal muy seria. Esa enfermedad, algo así como una tuberculosis que había devenido en cáncer a los riñones, lo llevó a la tumba en esos días de Santiago de Chile. Aunque no conociéramos nuestro porvenir cercano, se podía sospechar que eran días de vísperas, de espera de algo, de cambio que se anunciaba, que se respiraba en el aire. De hecho, el Chile de esos días, visto con ojos de ahora, es un Chile de la prehistoria, de un pasado enterrado.

Armando Uribe Arce y yo estábamos invitados una de esas noches a una fiesta frívola, de nueva elegancia, en un lugar donde habría jóvenes de pieles blancas, de grandes escotes, de largas cabelleras prerrafaelistas sobre espaldas desnudas. Mientras yo manejaba, Armando me decía que teníamos que desnudar a una de esas jóvenes prerrafaelistas y azotarla, y yo, atento al tráfico, me reía, pero el proyecto no dejaba de parecerme atractivo: una espalda femenina hermosa y desnuda, nalgas blancas, azotes no excesivos, y unos gemidos irresistibles. Armando decía esto mientras íbamos, vestidos para la fiesta, encorbatados, perfumados, a visitar al Queque, que acababa de ser hospitalizado de urgencia en un gran hospital del barrio de Recoleta, en el norponiente de la ciudad, no muy lejos del Cementerio General y del Cementerio Católico. Después de recorrer galerías sórdidas, malolientes, de techos altos, trajinadas por enfermos en bata, por camillas y sus camilleros, por aparatos para respiración asistida, llegamos a una sala de altos ventanales, en penumbra, y distinguimos al Queque, pequeño, pálido, perdido en una cama del fondo, en la sala donde habría diez o doce enfermos. Nos saludamos de una manera más bien forzada y el Queque miró nuestros atuendos con atención ácida, sin la menor amenidad. Creo que tenía un brazo descubierto y que le estaban inyectando algún suero. Nosotros, con nuestras tenidas de fiesta, desentonábamos en esa penumbra, en ese silencio, interrumpido por ruidos distantes, por toses, por crujidos de maderas y metales, en esa tristeza y esa fealdad general. El Queque, después de habernos mirado un rato largo, con cara descompuesta, de odio a nosotros, a la buena vida que se suponía que llevábamos, y a su propia miseria, a su muerte inminente, nos gritó:

—¡Maricones!

Ahora creo que repitió su grito dos o tres veces. No tuvimos más remedio que despedirnos de torpe manera y retirarnos, achunchados, incómodos con nosotros mismos. A la mañana siguiente, supimos que había muerto. Nos preparamos para ir a su entierro, que fue discreto, modesto, dentro de la línea del personaje. Pablo Neruda escribió un poema que también se podría definir como discreto, de perfil bajo:

De distraído murió Jorge Sanhueza...

28

Hacia mediados de 1968, poco después de mi regreso a Chile, empezamos a recibir noticias cada vez más frecuentes de los pasos que daba la Primavera de Praga. Ya había tenido un anticipo en mi paseo por la ciudad, en compañía de Joseph Cermak, cicerone único, de fines de febrero de ese año. Ahora, en mi cargo de jefe del departamento de Europa Oriental, el embajador checoslovaco me informaba con alegría, con notorio optimismo, de la situación interna de su país, y más de una vez pidió audiencia con el subsecretario y con el ministro para conversar de estos avances de la libertad en su país. Por lo visto el embajador creía, y pretendía convencernos a nosotros, que se podía pasar de uno de los bloques de la Guerra Fría al otro sin consecuencias mayores. Nosotros, por supuesto, no nos imaginábamos que Chile se encontraría colocado dentro de poco en una situación comparable, aunque de signo ideológico contrario. Cuando los tanques del Pacto de Varsovia se movilizaron, en los últimos días de octubre de ese año, las autoridades soviéticas declararon que los gobernantes de Praga les habían pedido ayuda para combatir a los traidores y agentes de la CIA que trataban de llevar a su país a salirse del bloque socialista y a «pasarse» al bando occidental. El embajador checo, con quien nos encontrábamos a cada rato, llegó en esas primeras horas al Ministerio y nos aseguró, primero a mí, en mi condición de jefe del departamento competente, y después al ministro Valdés en persona, que ningún miembro del gobierno de Checoslovaquia, absolutamente ninguno, había pedido la intervención en su país de los tanques del Pacto de Varsovia. En ese momento, los tanques, todos de fabricación y manejo ruso, ya habían cruzado la frontera y entraban a la ciudad de Praga. Si hubo algún conato de resistencia popular, fue mínimo: habría sido una lucha desigual de tanques contra pedradas, de tanques contra insultos y contra escupos. El ministro Valdés Subercaseaux, que recibió al embajador al final del día, contó después que el checoslovaco había llorado en su despacho y había negado la versión soviética de los sucesos en forma apasionada.

Nos podemos preguntar hoy si esos sucesos fueron precursores, si fueron un antecedente directo de la caída del Muro de Berlín a fines de 1989 y del derrumbe definitivo del bloque soviético. Vinieron los años duros, extremos, de la así llamada «normalización». Ya he comentado el carácter kafkiano, de franco humor negro, que suelen adquirir las denominaciones comunistas. Después conocimos la división de Checoslovaquia y la formación de una República Checa democrática, bajo la presidencia humanista, prooccidental, de Václav Havel, que había sido uno de los grandes disidentes y víctimas de la época comunista. Fueron veinte años; tuvieron que pasar alrededor de veinte años. Más tarde supe, con no poca tristeza, pero con visión realista, como parte de mi formación personal, que ese embajador checoslovaco del año 1968 en Chile, el que había llorado en el despacho del ministro Valdés, así como Joseph Cermak, el amigo hispanista que me había introducido en la atmósfera de la Primavera de Praga en febrero de 1968, habían sido debidamente «normalizados» y recuperados por el régimen prosoviético. Habían aceptado, al final, los porfiados hechos, y habían colaborado.

En la noche misma del día de la invasión, en Santiago de Chile, Armando Uribe y yo, entonces funcionarios activos del Servicio Exterior, fuimos invitados a una cena en casa de Joaquín Gutiérrez, escritor y editor, militante riguroso del Partido Comunista chileno, de origen costarricense, en compañía de Volodia Teitelboim, entonces senador del partido, y de Pablo Neruda y Matilde, que preparaban viaje a Europa. ¡Pura Nomenklatura! Ya he contado el episodio en parte, con detalles excesivos y a la vez con algo de autocensura. Lo importante es que en todo Chile se hablaba de la invasión de Checoslovaquia, pero en esa mesa de claro predominio comunista, en la noche misma de la invasión, no se tocó el tema ni por asomo: solo se habló de la lluvia y del buen tiempo, de publicaciones recientes de poesía o de literatura amena. En la hora de las despedidas, esas interminables despedidas chilenas en tres o cuatro etapas, en la última de las etapas, cuando las puertas del automóvil de Pablo y de Matilde ya los esperaban en la calle, abiertas, le preguntamos a Pablo, Armando y yo, que cuándo pensaba viajar a Europa.

—No sé —contestó Pablo, con su voz nasal, sureña, indirecta, como ya lo he contado, pero sin haber descrito con suficiente claridad el silencio absoluto que precedió a esta respuesta—. Ya no estoy tan seguro. ¡La situación está demasiado checoslovaca!

¡Maravillosa, nerudiana respuesta! Fue la única alusión a Checoslovaquia que se escuchó en esa cena memorable, cargada de silencio, de tácito compromiso. Meses después, Neruda fue designado precandidato de su partido, en espera de convenir en una candidatura única de la coalición de izquierda para las elecciones presidenciales de fines de 1970. Parecía que Salvador Allende, con su candidatura eterna, no convencía del todo al Partido Comunista chileno, y la precandidatura de Neruda, en esa circunstancia, pasaba a ser una carta de negociación de grueso calibre. ¿Qué podemos concluir de todo esto? He examinado el tema en otros lugares, en otras situaciones, y no he sabido desprender las conclusiones necesarias. Pero una persona amiga, ilustrada, me ha llamado la atención en años recientes sobre una frase de Gustave Flaubert. Gustave Flaubert, el novelista de Emma Bovary, de *Un corazón sencillo*, de tantas otras cosas, escribió en una carta de alrededor de 1850 que «la inepcia consiste en querer concluir». Es mejor, entonces, que no saquemos conclusiones de ninguna clase. O que desconfiemos de las conclusiones: al menos por ahora.

29

Hacia fines de 1969 se realizó un Congreso Internacional de Escritores en Viña del Mar, en la costa central del país. Invitaba la Sociedad de Escritores de Chile, la SECH, de la cual era miembro hacía años, pero los fondos eran puestos a disposición de los organizadores por órdenes del gobierno demócrata cristiano, el de Eduardo Frei Montalva, y el presidente de la SECH, el escritor, ensayista, crítico Luis Sánchez Latorre, era un simpatizante decidido de la DC y del gobierno. He narrado el episodio en parte, y he omitido detalles interesantes. Participé de la organización en mi calidad de escritor y de miembro antiguo de la Sociedad de Escritores. Pero, de hecho, como funcionario del Ministerio de Relaciones Exteriores, debo agregar que pasé, sin habérmelo propuesto, a representar al gobierno en las deliberaciones del comité organizador. Al comienzo no se notaba demasiado, y no era un hecho admitido, pero al final, y desde el día mismo de la inauguración en el Teatro Municipal de Santiago, pasó a ser un hecho evidente, oficializado, y además de eso, claramente incómodo. Porque la ambigüedad se mantuvo hasta el fin. No era un congreso político de la Democracia Cristiana: era un congreso de escritores, organizado por escritores que representaban todo el abanico político, y que el gobierno, con declarada neutralidad, ayudaba a financiar con fondos públicos.

Nosotros, los participantes, pudimos invitar a quien nos dio la gana, y se podría sostener que los poetas y escritores de izquierda, desde comunistas hasta social demócratas y demócrata cristianos, tuvieron la voz cantante. Doy ahora, de memoria, una lista incompleta de participantes: Juan Rulfo, Mario Vargas Llosa, Ángel Rama y Marta Traba, el venezolano Salvador Garmendia, personaje simpático y distraído, que se extraviaba en las noches de Valparaíso, los chilenos Gonzalo Rojas, Enrique Lihn, Cristián Huneeus, entre otros, con una presencia a la distancia de Isla Negra de Pablo Neruda. En otras palabras, un congreso de tiempos muy diferentes, más amigables, menos crispados y polarizados. También recuerdo a observadores que no pertenecían al mundo de la lengua española: el novelista francés Claude Simon, que pocos años después obtuvo el Premio Nobel de Literatura; Roger Caillois, hispanista francés, autor de ensayos notables sobre Borges, sobre Pablo Neruda y Gabriela Mistral, coleccionista de piedras, especialista en piedras, si es que existe esa especialidad; un poeta rumano, representante de la Rumania dictatorial de Ceaucesco, que guardaba un prudente silencio en todo y a quien llamábamos «el Observatore Rumano», personaje que después de la caída de la dictadura comunista fue embajador de su país en Madrid.

En los dos o tres primeros días, las discusiones de Viña del Mar, en los salones del hotel O'Higgins y en salas universitarias, fueron obviamente libres, abiertas, yo diría que diversas y hasta amables, tolerantes de la diversidad, con asomos de teoría literaria avanzada y con uno que otro guiño simpático a la Revolución cubana, a pesar de que no recuerdo a escritores de la isla en ese encuentro en Chile. Pero al segundo o tercer día recibí un llamado por teléfono del presidente Frei Montalva. Se encontraba en la residencia presidencial del Cerro Castillo, en Viña del Mar, y deseaba recibir a los escritores y tomar una copa con ellos, con todos ellos, aun cuando me parece recordar ahora que hizo especial mención de Vargas Llosa.

Como era previsible en esos años de apasionado castrismo, de existencialismo, de simpatías de extrema izquierda, de posrebeliones estudiantiles del 68, la invitación del presidente Frei cayó decididamente mal entre la mayoría de los congresistas. Nadie quería reunirse con él, y yo añadiría un detalle bastante concreto: nadie quería sacarse una fotografía con él y que esa fotografía se publicara más tarde en *El Mercurio* de Santiago, en *La Nación* de Buenos Aires, en *El Comercio* de Lima, en un largo etcétera de papel impreso. Así eran las cosas en aquellos días, y siguen siendo así, hasta cierto punto, en contextos diferentes, en los días actuales. Una fotografía podía ser delatora de las más graves incorrecciones políticas. A mí, en mi condición de entonces de escritor funcionario, me tocó la desagradable tarea de hacerle conocer al presidente Frei el rechazo general a su invitación. No sé si fui precipitado y si debí hacer una labor discreta de convencimiento de algunos de los participantes. Pero estoy seguro, incluso ahora, de que el resultado de una gestión así habría sido inevitablemente mediocre. Mario Vargas Llosa, por ejemplo, en esos años, no estaba dispuesto a ir a abrazarse y fotografiarse con Eduardo Frei Montalva por ningún motivo. Tenía que pasar bastante agua bajo los puentes todavía para que esa fotografía le gustara. Y muchos preferían ni oír hablar del asunto y miraban para otro lado. Eran años de censuras y de autocensuras, de prisiones mentales, y nosotros todavía no sabíamos admitirlo. Gabriel Valdés me contó después que el presidente había quedado furioso conmigo. Se suponía que yo, como funcionario, estaba donde estaba no para pensar por mi cuenta, sino para recibir órdenes. No sé, sin embargo, si la furia le duró mucho tiempo. Ahora debo reconocer, en honor a la verdad, que no recibí sanciones de ninguna clase, ni del Ministerio ni de la presidencia ni de ningún lado. Ni siquiera amenazas o advertencias, fenómeno que contrasta en forma notoria con la reacción del allendismo y de Salvador Allende en persona, después de mi paso por Cuba como diplomático de Chile. Y tuve en 1969 en Viña del Mar un interesante premio personal, que nunca he olvidado, pero que mantuve en relativo silencio, por discreción, por elegancia, por lo que sea. Uno de esos días me encontraba con un par de amigos en la terraza del O'Higgins, y Juan Carlos Onetti, el autor de *El astillero*, de *Juntacadáveres*, uno de los más grandes, para mi gusto, de América Latina, que tomaba el desayuno en su habitación a alrededor de las dos de la tarde, bajó a la terraza. Llevaba en las manos un ejemplar de *Temas y variaciones*, antología de cuentos míos, con prólogo de Enrique Lihn, que acababa de publicar la Editorial Universitaria de Santiago. Me dijo que esos cuentos eran de lo que más le gustaba de la nueva escritura de América Latina. ¿Sí? Sí, me dijo.

—Y no te preocupes —agregó—, porque los últimos serán los primeros.

Cierro el capítulo del Congreso de Escritores de Viña del Mar con esta cita del Evangelio según San Marcos, y me alejo: viajo con Pilar, invitado ya no sé por qué institución peruana, a Lima, Perú. Nunca habíamos estado en Lima, y fue un viaje de conocimiento y de descubrimiento. Creo ahora que respiramos ese aire entre húmedo y perfumado de Lima, y que vimos maravillosas telas precolombinas, y monumentos coloniales, y colecciones de huacos y de collares y medallones de oro. Para habitantes chilenos de una ciudad gris, amistosa y chismosa, con más de un detalle desagradable, llena de laberintos y trampas políticas, como era Santiago del Nuevo Extremo, descubrir el Perú era descubrir un mundo más antiguo que el nuestro, con un lado ceremonial, de antigua corte virreinal, y un lado querendón, como si abrazarse con un antiguo enemigo militar tuviera un lado bueno, sentimental, casi de lloro arequipeño, de reconciliación llorada o lloriqueada. Fuimos a Arequipa, la ciudad blanca, comimos camarones picantes en un boliche de la plaza principal, y visitamos el convento de Santa Catalina, que era una ciudad entera del siglo XVI español abierta por primera vez al público, donde uno podría haberse encontrado a la vuelta de la esquina con el Lazarillo de Tormes o con el Buscón, o quizá con el Caballero del Verde Gabán, y la experiencia fue inolvidable. Hablamos en un teatro Mario Vargas Llosa y yo, y al final de nuestros discursos o nuestras divagaciones, como prefieran ustedes, nos preguntaron por enésima vez las preguntas obligadas de la época: ¿Cuál es la función social de la literatura, cuál es el compromiso social del escritor? Pilar y Patricia Llosa nos tiraban de la manga para contestar ellas, puesto que ya conocían nuestras respuestas de memoria. Seguimos viaje y bajamos hasta Tacna, donde también hablamos en un teatro y nos hicieron las mismas preguntas. Benjamín Subercaseaux, que había heredado la función de Gabriela Mistral de cónsul vitalicio por ley en el lugar del mundo que escogiera, y que había terminado por querer estar lo más cerca de Chile que se pudiera, fachoso, pomposo, con grandes capas negras de interior de seda roja, nos concedió algunos minutos de su precioso tiempo. Solía presentarse con esas enormes capas, maestramente cortadas, y con su figura majestuosa, en todos los eventos tacneños oficiales, entre funcionarios modestos, provincianos, aindiados, no demasiado bien trajeados, y provocaba reacciones de estupor y de profunda molestia. Alguna vez había tenido que pedir protección policial porque le apedreaban su casa, donde había tenido el desatino de izar una ostentosa bandera de Chile.

30

A todo esto, a mediados del año 1968, el presidente Eduardo Frei Montalva había nombrado embajador en Perú a Sergio Larraín García Moreno, arquitecto de talento, profesor de arquitectura, coleccionista de arte y de libros, hombre de mundo. Los sectores más reaccionarios de la sociedad chilena lo consideraban un esnob sin remedio, amigo de artistas de izquierda y hasta de extrema izquierda, a pesar de sus orígenes conservadores, de pertenecer a una familia de la oligarquía más rancia. Yo conocía a Sergio y a toda su familia desde hacía muchos años. Cuando Frei lo nombró embajador en Perú, me propuso que fuera a trabajar con él en su embajada, pero yo estaba recién llegado de mi destinación en París, nombrado jefe del departamento de Europa Oriental, y tenía que esperar un tiempo antes de obtener un nuevo nombramiento.

Pues bien, Sergio Larraín, designado en virtud de su amistad con el arquitecto Fernando Belaúnde Terry, presidente del Perú, en un momento en que los nacionalismos peruanos antichilenos arreciaban, desembarcó en el puerto del Callao en la noche misma en que los militares peruanos sacaban al presidente Belaúnde en piyama de su residencia presidencial y lo mandaban al exilio. En otras palabras, Sergio, que había viajado desde Valparaíso con credenciales listas para presentarlas a un presidente amigo, tuvo que guardar silencio, tascar el freno, y presentarlas al general golpista, jefe del Comando Militar Conjunto y presidente autoproclamado, Juan Velasco Alvarado. Fue una situación comprometida, particular, no contemplada en los libros, muchas veces comentada, y el nuevo embajador chileno, con diplomacia, con astucia, con buen sentido y, además, con sentido del humor, con algo parecido a la pachorra, supo sortearla y adaptarse.

A fines del año siguiente, después del Congreso de Escritores de Viña del Mar y de nuestra gira cultural por el Perú, y a pesar de la molestia del presidente Frei conmigo, Gabriel Valdés Subercaseaux consiguió que se aceptara mi nombramiento como consejero de la embajada de Chile en Lima. Ya se sabe, ya lo he contado, pero encuentro ahora detalles que podrían darle a las cosas un matiz, aires diferentes. Partí de Valparaíso en uno de los «Santas» de la Compañía Sudamericana de Vapores, despedido por Pilar y nuestros hijos, que se reunirían después conmigo, y por mis padres. Mi padre, Sergio Edwards, miraba las instalaciones de la primera clase del buque con notoria satisfacción, tocando las manillas de las puertas, asomándose a las terrazas, echándole una mirada al comedor, con la idea, de gran optimismo paternal, de que su hijo, después de comienzos accidentados, bohemios, peligrosos, que habían encendido todas las alarmas familiares, había terminado por triunfar en la vida. ¡Ni más ni menos!

Al cabo de una o dos horas, con mi equipaje instalado en un buen camarote, el barco se alejaba de las luces de Valparaíso y emprendía su navegación regular, subrayada por el ritmo de las máquinas y por los vaivenes suaves del oleaje, a la vista de la costa chilena desierta, rumbo al norte.

Hubo una cena de esmoquin, llena de juegos y bailes idiotas, de serpentinas y banderines, de gringas más bien ancianas, recargadas de joyas, que me invitaban a bailar, y de gringos jubilados, semiborrachos, que trataban de dar saltos y se caían al suelo. Bailé un rato, desaparecí de la fiesta, dormí toda la noche, mecido por el ruido de las máquinas y por un sueño de burbujas, y desperté cuando el barco atracaba en los muelles del viejo puerto del Callao. Tuve la sensación casi inmediata de que entrar en la vida social del Perú era como entrar en el pasado, en tiempos que en Chile ya habían desaparecido. Había un olor general a maderas finas, a brisa del mar cercano, a enredaderas de buganvillas de magníficos colores, y a una subjetiva, imaginaria, sensación de indefinida podredumbre. La respiración era más bien difícil, como si el aire tuviera una condición submarina, y la gente bien instalada usaba máquinas que echaban un vientecillo con partículas de ozono: inyectaban aire de montaña en esa atmósfera semisubmarina. Encontré una casa moderna, japonesa de aspecto, en una bonita zona del barrio de San Isidro, al lado de una tienda artesanal donde siempre había una llama viva pastando en la calle, y me instalé con muebles ínfimos, con unos cuantos libros, y con una empleada de servicio, Margarita Chávez, que había trabajado con mi antecesor en el cargo. Margarita era trujillana, grande, morena, y tenía una sonrisa luminosa, un humor a toda prueba, una mano casi milagrosa para las cocinas de su tierra, unas de las mejores de este mundo. Llegaban amigos sin avisar y en cuestión de minutos aparecían conchitas a la parmesana, cebiches en recipientes de greda minúsculos, aceitunas de diferentes consistencias y colores, y si los amigos decidían quedarse a cenar, Margarita Chávez sacaba del fondo de las ollas maravillosos secos de cabrito y causas limeñas con paltas y colas de camarones. Cuando llegó mi familia, compré en un mercado una jaula con canarios amarillos, rojizos, verdosos, y en la amplia cocina los canarios trinaban que era un gusto, gorjeaban y cantaban a todo lo que daban, dejando a los niños con la boca abierta. Yo había empezado a escribir la novela que mucho después, siete u ocho años más tarde, se publicaría en Seix Barral de Barcelona con el título de *Los convidados de piedra*, pero que todavía, en mi pequeño escritorio de la calle Las Palmeras, frente a un muro blanco desbordante de buganvillas de un lila intenso, no sabía por qué vericuetos me llevaría. Mi manuscrito seguía líneas divergentes, a veces demasiado digresivas, en un tono coral, marcadamente polifónico. Tres o cuatro años después, la Historia intervino en mi escritura, y la novela, que hasta entonces era un texto narrativo abierto, obtuvo un final claro, abrupto, que reordenaba y en algunos casos cancelaba los destinos de los personajes.

Sergio Larraín, el embajador, me hizo conocer diversos personajes, matices, historias, y hasta historias secretas, de la sociedad limeña. Lo acompañé en muchas de sus excursiones en busca de huacos, de tejidos, de quipus precolombinos. Fuimos hasta la ciudad de Trujillo, en el norte, el «sólido norte», y presenciamos desde un balcón de la plaza principal una manifestación pública con motivo del cumpleaños del anciano líder del APRA, movimiento considerado como enemigo número uno por los militares del Perú, Víctor Raúl Haya de la Torre. «¡Haya o no Haya, Haya será!», gritaban las bases apristas encaramadas en los árboles o colgadas de los faroles de la plaza. Conocí a otros personajes y otros lados de la vida peruana, como Blanca Varela, poeta y encantadora amiga; Fernando de Szyszlo, Godi, hoy día un clásico de la pintura de ese tiempo, entonces casado con Blanca; como el crítico y profesor José Miguel Oviedo y su esposa Marta; como Emilio Adolfo Westphalen, filósofo y erudito, poeta del conocimiento mayor; como Abelardo Oquendo, como muchos otros. Diría, en líneas generales, que era un mundo acogedor, amistoso, cariñoso, casi siempre más refinado, de mejor gusto, que todo aquello que podríamos definir como su equivalente chileno. José María Arguedas, el autor de *Los ríos profundos* y de otras novelas, para mí, uno de los escritores más grandes de la lengua española de ese tiempo, a quien había conocido en Chile en la casa de Nicanor Parra, me invitó un día a un festival de danzas y de músicas de su país. Todo ocurría en una gran carpa, en uno de los barrios populares de Lima, y el espectáculo era intenso, de fantásticos ritmos y colores, de fuerzas que penetraban por todos los intersticios de la mente. Arguedas y yo mirábamos todo con la boca abierta los bailes de tijeras, los grupos de flautistas y violinistas serranos, y recuerdo que Arguedas, José María, exclamó de repente:

—¡El Perú es un país fascinante!

Lo dijo con todo el corazón, emocionado hasta la médula, y comprendí a la perfección, sin necesidad de explicaciones mayores, lo que había querido decirme.

Un día domingo del mes de abril de ese año de 1970 me encontraba en mi cama de la calle Las Palmeras, tratando de dormir una siesta, leyendo a Gabriel García Márquez, o a Julio Ramón Ribeyro, o a Stendhal en sus *Recuerdos de egotismo*, y se produjo un terremoto impresionante, que remeció la sólida, compacta casa de estilo japonés hasta sus cimientos. El sismo fue seguido de carreras locas y frenazos de automóviles, de ladridos de perros, de rebuznos, de nubes de polvo que se levantaban del suelo, de mujeres que rezaban en la calle a gritos, hincadas en el pavimento, y que invocaban la misericordia divina. Al día siguiente, a hora temprana, me comuniqué desde la embajada con el Ministerio chileno y supe que el presidente Frei Montalva había dado órdenes inmediatas para enviar ayuda a las víctimas. Eran momentos difíciles en las relaciones del Perú con Chile, perturbadas por violentos y frecuentes ataques contra un supuesto militarismo chileno antiperuano, mientras se coreaba en las esquinas de Lima un libro de un periodista afín al régimen de Velasco Alvarado y cuyo título era *Chile prepara otra guerra*. Las noticias del terremoto, a todo esto, eran terribles. La ciudad de Yungay, escenario de la última batalla de la guerra de Chile contra la Confederación Perú-Boliviana, a comienzos del siglo XIX, había desaparecido debajo de un *huaico*, un aluvión de tierra y de barro que había bajado de las montañas andinas.

El gobierno chileno, a todo esto, mandaba ayuda a las víctimas del terremoto del Perú en una escala importante, y mi trabajo de largas horas en la embajada consistía en coordinar todo ese esfuerzo y mantener la comunicación con el gobierno peruano. Un hospital militar completo, de la más moderna tecnología, fue enviado por Chile a Casma, ciudad de la costa del norte que estaba a la misma altura que el Callejón de Huaylas, la zona del interior donde había sido el epicentro del terremoto.

Fui en un automóvil de la embajada, en un viaje de cuatro o más horas, con uno de los agregados militares y alguien más, hasta la ciudad donde se había instalado el hospital chileno. Vi los helicópteros que aterrizaban al lado del hospital, en un sitio eriazo, y descargaban a seis o siete heridos por cada viaje. Eran indígenas golpeados por el terremoto, llenos de sangre, que se quejaban a gritos, pero que solo se podían expresar en lengua quechua. Y a ninguno de nosotros se le había ocurrido que contar con intérpretes de la lengua quechua al español sería absolutamente necesario. Al poco tiempo, el hospital militar chileno era el centro hospitalario más concurrido de toda la zona. Había colas de mujeres embarazadas que deseaban parir a sus hijos bajo cuidados chilenos; de personas que trataban de atenderse de enfermedades crónicas enteramente ajenas al terremoto; de peruanos y peruanas que acudían al hospital chileno para operarse de una apendicitis o curarse de un dolor de muelas agudo. El desenlace de todo fue sorprendente y a la vez enteramente previsible: el gobierno peruano comunicó a los pocos días a nuestra embajada que estaban muy agradecidos del hospital militar, pero que sus servicios habían dejado de ser necesarios.

31

Aparte de la breve y no bien vista llegada a Casma del hospital de campaña, el terremoto del Callejón de Huaylas provocó otra visita chilena también difícil, no exenta de peligros, aunque de naturaleza enteramente diferente. Recibí una carta —en ese tiempo todavía se escribían cartas y se las colocaba en el correo—, en la que Pablo Neruda, desde París, me anunciaba que viajaría con Matilde en barco hasta el Perú, y que deseaba quedarse algunos días en Lima y en mi casa. Conocía mucho al embajador Larraín, pero deseaba evitar compromisos protocolares de cualquier especie. El propósito del viaje, según explicaba en su carta, era doble: dar un recital de su poesía en beneficio de las víctimas del terremoto y comer magníficos camarones peruanos en forma estrictamente privada.

He contado esta historia en otra parte y no pretendo repetirla aquí. Creo que omití detalles interesantes y que conté algunos episodios con prudencia, sobre todo prudencia política, excesiva. El poeta dio un recital en las aulas repletas del Colegio de Santa Teresita y cuando comenzó la lectura de su «Poema 20», «Puedo escribir los versos más tristes esta noche...», se produjo el más grande de los suspiros colectivos que me ha tocado presenciar en mi vida. Conseguimos escapar en mi Austin Mini, que los estudiantes levantaron a dos metros del suelo, de las masas juveniles, comimos extraordinarios camarones en un lugar que ya no recuerdo, y al llegar a mi casa de la calle Las Palmeras, vimos con asombro que María Maluenda, actriz chilena talentosa y diputada comunista, se paseaba sola frente a la puerta de calle. Resultó que se había presentado como periodista, y que la gente de mi casa tenía estrictas instrucciones, pedidas por Neruda, de no admitir a periodistas. Nos saludamos, nos abrazamos, ella y el poeta se encerraron a conversar en el comedor del primer piso, y los demás, después de una larga jornada, subimos a acostarnos.

A la mañana siguiente, más o menos temprano, tomamos desayuno en la habitación del poeta, en bata y en pantuflas, Matilde, el poeta y yo. También he contado este episodio en algún otro lado, pero mi relato de esa conversación tuvo algún elemento de autocensura, dado el clima político y mental de esos tiempos, y fue, sin embargo, una de las conversaciones más interesantes y más reveladoras de toda esa época, no solo por sus palabras, sino también por sus silencios, y más que nada, quizá, por esos silencios. Cuando entré a esa habitación, que era la mejor de la casa y que nosotros le habíamos dejado a Neruda y Matilde, me encontré con que nuestros huéspedes tenían expresiones preocupadas. Supe que María Maluenda, enviada por los comunistas, había viajado especialmente para decirle a Pablo que Salvador Allende, esta vez, en su cuarta candidatura a la presidencia de la República, tenía, según la opinión del partido, una seria posibilidad de ganar. Pablo Neruda, antes de tomar el barco de su regreso definitivo a Chile, tenía que saberlo y estar preparado. El barco tocaría en diferentes puertos chilenos y en todas partes habría manifestaciones para recibirlo, marcadas, todas, por un fuerte clima de campaña electoral.

El poeta en pantuflas no tenía la menor expresión de entusiasmo, de optimismo, de alegría, y Matilde tampoco. Debo consignar esto del modo más claro posible, sin reticencias, sin bemoles. El éxito del recital había superado todas las previsiones, los camarones de la noche habían sido soberbios, pero la conversación con María Maluenda había dejado en el poeta una preocupación honda, un ceño, una expresión poco amena. Yo me acordaba de un detalle revelador: cuando Neruda, en el bar de su casa de Isla Negra, rodeado de tres o cuatro amigos, había recibido por una radio la noticia de que su partido retiraba su precandidatura y adhería a la de Salvador Allende, había tenido una reacción de nula alegría, de cara larga. No por ambición personal, sino por alarma, por miedo del porvenir. Se podría sostener que su actitud de ahora, después de recibir noticias frescas de Chile, era exactamente la misma.

—Tú comprendes —dijo—: Aquí hay tres candidatos, y la principal ambición de dos de ellos, por encima de cualquier otra consideración, es llegar a toda costa a la presidencia de la República. El tercero es un viejo conservador, un hombre tranquilo, que ya fue presidente, y...

No decía más, pero transmitía la impresión de que la llegada del otro, del hombre tranquilo, a la presidencia, a pesar de que sus amigos eran los otros dos candidatos, le producía más tranquilidad a él mismo. Él había sostenido muchas veces, en los meses anteriores, que el mejor de los candidatos sería Gabriel Valdés, capaz de unir a la izquierda con el centro demócrata cristiano, pero sus palabras no habían tenido el menor seguimiento. Y ahora, después de ese desayuno informal de Lima y después de haber escuchado en la noche los informes de María Maluenda, se mostraba seriamente preocupado.

—Y tú —le dije, medio en broma y medio en serio—, ¿piensas votar, entonces, por Jorge Alessandri?

—¡No puedo! —exclamó Neruda, levantando los brazos, y yo pensé en cuántas cosas había detrás de ese «no puedo», de esa paralizada, autocensurada, inextricable contradicción.

Matilde, entonces, desde el fondo del dormitorio, donde se dedicaba a ordenar ropa, con mirada concentrada en su tarea, pero con un oído bien atento, exclamó:

—¡Yo voy a votar por Radomiro Tomic!

Era una exclamación profundamente comprometida, opuesta a la línea de partido que debía seguir Pablo, pero que ella, a pesar de provenir de una familia comunista, mantuvo y sostuvo de diferentes maneras hasta el final de su vida. En otras palabras, Neruda, gran personaje del comunismo nacional e internacional, votaría por Salvador Allende sin el menor entusiasmo, con escasa o nula convicción, con seria inquietud por el futuro, y Matilde anunciaba su voto por el candidato del presidente Frei y de la Democracia Cristiana, y si lo anunciaba, yo estaba seguro, conociéndola, de que colocaría ese voto después en la urna. La tensión de esos días era enorme. Las vísperas revolucionarias de un Chile gobernado por Salvador Allende y por la Unidad Popular, donde el Partido Socialista manifestaba simpatías por las posiciones de extrema izquierda del Che Guevara, por el voto, sí, pero más el fusil, eran inciertas, oscuras, asustadoras para cualquier persona dotada de sentido crítico, de algún conocimiento de la historia contemporánea. ¿Cuántos exilios provocaría la «idolatrada» revolución chilena, qué cifras vertiginosas de inflación alcanzaría, qué pérdidas en las empresas, en los campos, en las grandes industrias? Yo había trabajado en 1964 a favor de la candidatura de Allende, con las limitaciones que me imponía mi condición de funcionario de la diplomacia chilena, sin haber hecho demasiado caso de estas limitaciones y sin consecuencias mayores para mi carrera. Ahora, en el Perú de una dictadura militar socializante, en medio de los notorios desastres que eso implicaba, de una restricción de las libertades, de una abrumadora mediocridad cultural, reflexionaba y vislumbraba un porvenir nuboso, lleno de sombras. La invasión de Checoslovaquia de agosto del año anterior había terminado de una vez por todas con la ilusión de un socialismo marxista con libertades. Y el apoyo de Fidel Castro a esa invasión había sido rotundo, revelador de lo que pasaba en el interior de Cuba y que muchos de mis amigos, supuestos «intelectuales de izquierda», no querían saber por ningún motivo. Hablamos con Pilar varias veces sobre el asunto, sopesándolo por varios lados, recordando la aprobación inmediata, beata, sumisa, de los comunistas chilenos de la misma invasión, recordando muchas otras cosas, y al final convinimos en lo siguiente: yo haría turno en la embajada chilena en Lima durante las elecciones, lo cual significaba que no podría votar, y Pilar viajaría a Chile y votaría por Jorge Alessandri. No por entusiasmo alessandrista o derechista, sino como mal menor. Pilar, después, me contó que había tenido deseos de contarle este voto a mis padres, a quienes les habría dado un gusto grande, y en días de enorme disgusto, y yo preferí, no sé si por cautela, por orgullo, por ensimismamiento natural, guardar el asunto en silencio.

32

Los indicios de que Salvador Allende podría ganar la elección presidencial chilena se captaban en Lima con algo de confusión, sin definiciones demasiado claras. Había sectores del gobierno del general Velasco Alvarado que simpatizaban con el allendismo, pero también había reservas, dudas, antipatías nacionalistas de toda especie. Pablo Neruda, antes de tomar su barco a Chile, había ido invitado por el general Velasco a conversar con él en palacio, y yo, que lo aguardaba en una antesala, me había aburrido de esperar. Velasco, el general presidente, se encontró al día siguiente con el embajador chileno, Sergio Larraín, y le dijo con insistencia, con asombro ingenuo: «¡Qué poeta más sensato!, ¡qué poeta más sensato!». ¿Qué reflexiones, qué comentarios de cualquier naturaleza habrán provocado la exclamación, el curioso asombro del general? Neruda seguía en esos días, sin demasiada autocensura, sin mayores controles ideológicos, su línea reflexiva de la hora del desayuno en mi casa. No tuve la menor idea de lo que le había dicho al presidente del Perú, pero me lo pude imaginar bastante bien. Pilar partió en avión a Santiago, con su proyecto de voto secreto, que marcaba un cambio radical de la orientación de ambos, en la mano, y yo me quedé en Lima. El día de las elecciones estuve en las oficinas de la avenida Javier Prado hasta las cinco o seis de la tarde, a una hora en la que todavía no se empezaban a conocer los primeros resultados. Se habían reunido algunos funcionarios y alguna gente amiga, chilena, allegada a la embajada. Unos simpatizaban abiertamente con la candidatura de Radomiro Tomic; otros, de una forma un poco más discreta, con la de Jorge Alessandri, y había dos o tres seguidores más bien disimulados, pero que no disimulaban del todo, de Salvador Allende. Uno siempre sentía en las elecciones de aquellos años que los simpatizantes de una u otra candidatura tenían una manera particular, diferente según el candidato, de vestirse, de pronunciar el español de Chile, de ponerse o de no ponerse corbata. El que no disimulaba absolutamente nada, con algo que parecía ingenuidad provinciana, era el cónsul general, Jorge Burr, hombre de un alessandrismo furioso y de un antiallendismo desesperado, casi apocalíptico. En todo caso, había una emoción, una expectación, una ansiedad general, que no eran propias de elecciones normales. En esos años de Guerra Fría, parecía que Chile se jugaba en pocas horas su posición en el tablero internacional: ¿íbamos a quedar cerca de la Unión Soviética y de Cuba, de Bulgaria y Rumania, o nos íbamos a salvar jabonados?

Yo salí de la embajada cerca de las siete de la tarde, poco antes de conocer los primeros cómputos de Chile, con la impresión de que Allende podía ganar por una mayoría relativa. Hacia las ocho de la noche, en compañía de dos o tres amigos, supimos que Allende ganaba con alrededor del 37 por ciento de los votos y que Alessandri lo seguía con alrededor del 32 por ciento. Era un terremoto político, una crisis nacional segura. En el curioso país llamado Chile, el más alejado de los centros mundiales, el país donde se suponía que nunca pasaba nada, un candidato socialista, autodeclarado marxista, había triunfado en elecciones presidenciales perfectamente legales y libres. De acuerdo con la constitución política, el Congreso Pleno tendría que elegir entre las dos mayorías relativas, pero nunca en Chile se había roto la tradición de elegir al candidato que había alcanzado la primera mayoría. Hacia las nueve de la noche, las radios transmitían desde la Alameda Bernardo O'Higgins, frente al edificio gris, polvoriento, altamente simbólico, de la Federación de Estudiantes de Chile. La multitud llenaba la Alameda, celebraba, cantaba, rugía. Parecía que había esperado ese triunfo, ese desquite monumental, durante toda su historia. Las transmisiones de radio chirriaban. Nadie se habría atrevido a pensar, salvo un fascista furibundo, que se podía impedir la subida al poder de Salvador Allende en condiciones normales. Esa multitud concentrada en la Alameda, que cantaba y saltaba —¡el que no salta es momio!—, no se iba a dejar despojar así nomás de su victoria. Era una situación extrema, un cambio brusco, dramático: en el país donde nunca pasaba nada, todo había empezado a pasar, y bajo la mirada de todo el mundo, de Occidente y Oriente. Entre los amigos que habían ido a visitarme, había un chileno más bien callado, obcecado, momio hasta la pared del frente, medio pariente mío, y me parece recordar que todos los que estaban en el recibo de mi casa de Las Palmeras tenían caras largas, de funeral: estaban pálidos, ojerosos, y consumían whisky, en un salón que se había puesto más oscuro y donde nadie encendía las luces, con actitudes serias, consternadas, difíciles de describir, en medio de periódicos y revistas tirados por el suelo, de objetos caídos, de copas con restos de hielo, de cenicero repletos, de platos donde quedaba algún resto de algo, entre migas. Después supe que un alto funcionario de la misión chilena en Lima, dueño de propiedades agrícolas, amenazado, según él, si les aplicaban la reforma agraria, de quedar en la más puta miseria, borracho como cuba, pesado, panzudo, había intentado ahogarse en el mar de una de las playas del norte de la ciudad, y que sus acompañantes lo habían sacado del agua a tirones, arrastrando su cuerpo voluminoso por arenas mojadas, entre rocas, mientras vomitaba hasta el alma. Eran imágenes personales, limitadas, pero duras, intensas, dramáticas. Había que entender, y entender había empezado a ser arriesgado, endiabladamente difícil.

33

Después de la elección y antes de la decisión del Congreso Pleno, recibí instrucciones del Ministerio, y supe que habían sido directamente inspiradas por el ministro Gabriel Valdés, de viajar a Asunción, Paraguay, con la misión de presentar una exposición del libro chileno. Ese Paraguay era el de la antigua dictadura del general Stroessner, aliado tradicional de Chile, a pesar de las diferencias de política interna, en un Cono Sur que siempre presentaba dificultades de una o de otra especie para los intereses chilenos. Viajé, pues, desde Lima a un Santiago convulsionado por el resultado de las elecciones, dividido en forma aguda y profunda, plagado de rumores divergentes, lleno de familias burguesas, como la de mi hermano mayor Germán, que hacían maletas para salir al exilio. ¡Antes de que la revolución allendista instalara sus guillotinas! Partí a visitar, creo que en la segunda mañana de mi llegada a Santiago, poco antes de tomar el avión a Paraguay, a mi ya viejo amigo Pablo Neruda. La casa de los faldeos del cerro San Cristóbal, como todas las casas suyas, había crecido por todos lados. Subí hasta la planta baja, donde se encontraba el comedor a la mano derecha del que subía, seguí por la escalera estrecha, ondulante, al aire libre, de colores azulinos, que conducía a la planta segunda, a su sala de estar relativamente pequeña, llena de cachivaches, con un par de muñecos autómatas que había adquirido en Italia, con el retrato rojizo de Matilde por Diego Rivera, donde el perfil del poeta se esbozaba entre los grandes mechones pelirrojos de la cabellera, y seguí subiendo hasta la biblioteca que se levantaba, o que se escondía, mejor dicho, entre árboles frondosos, en la parte más alta del terreno. Era como estar en la cumbre de Santiago y como no estar, como encontrarse en un lugar protegido y escondido, que flotara en una nube propia. Neruda salió de adentro, con su cara de siempre, de patata recién sacada de la tierra, como escribió alguien en España, con su voz arrastrada, y me dijo de entrada, después de algún saludo:

—Lo veo todo negro.

Era una frase enteramente coherente con la conversación de la hora del desayuno en Las Palmeras, ocurrida alrededor de cuatro meses antes, pero agregaba, claro está, después del resultado electoral de hacía pocos días, un matiz serio, una comprobación desengañada y preocupada. Era como decir: después de lo que hemos visto, con todos sus excesos, sus disparates, su verborrea, y dada la situación interna del país, no tengo más remedio que ver nubarrones negros en el horizonte. Porque agregó algo para indicarme que el país, de acuerdo con su visión actual, no solo estaba peligrosamente dividido, cargado de rencor, de odio, sino que pensaba, *hélas*, por desgracia, en el espectro de la Guerra Civil española, y sostenía con energía, como se transformaría después en una costumbre suya, que la guerra civil era lo peor que podía ocurrir, la peor alternativa de todas. Yo me decía que el marxismo-leninismo, con el eufemismo de la lucha de clases, preconizaba a su modo el enfrentamiento interno en la sociedad, pero con una ventaja evidente en la teoría: el proletariado crecía y terminaba por absorber los restos de las clases burguesas, de manera que se llegaba sin excesivo dolor a la sociedad sin clases. Era un parto de la Historia, acompañado de todos los dolores de un parto, pero era a la vez un nacimiento, y un nacimiento natural. Ahora bien, Neruda siempre sostuvo que él no había llegado al comunismo por la lectura de Marx y Engels, sino por sentimientos de compromiso y de solidaridad humana, por emociones personales. Y en vísperas de la elección de 1970, aparte de lo que me había dicho en Lima, le había dicho a mucha gente que el candidato ideal de toda la centro izquierda sería Gabriel Valdés Subercaseaux, lo cual habría exigido una coalición más amplia, comparable a la Concertación de años más recientes. Nadie le hizo caso en esas vísperas dramáticas, y parecía que la crisis interna de la sociedad chilena, muy cercana a una guerra civil no declarada, le daba la razón, pero se la daba cuando ya era demasiado tarde.

No sé si nos tomamos un whisky de final de mañana o una copa de vino, pero sé que fui de la casa del San Cristóbal a la de mis padres, que ya habían abandonado el caserón de la vieja Alameda de las Delicias, frente al cerro Santa Lucía, y vivían en una casa de construcción nueva, bastante fea, para mi gusto personal, de Pedro de Valdivia Norte. Mi madre estaba gravemente enferma, cansada, pálida, envejecida, y después supe que los médicos le habían diagnosticado un cáncer pulmonar avanzado. Me contaron que le había costado mucho dejar su casa de la Alameda: había seguido en cama, en un dormitorio donde ya se habían llevado los muebles, donde solo quedaba una ampolleta colgada de un cordón en el centro del techo. Al abandonar ese lugar abandonaba su vida entera, y tenía que mudarse a una antesala fría, deslavada, desangelada, fea, de la muerte. Yo escuchaba este relato que hacía gente de la familia, y pensaba que la enfermedad se juntaba con los resultados electorales, y que ambas cosas la traicionaban y la condenaban: eran desgracias concomitantes, coincidentes. Ella solo divisaba esa ampolleta colgada del techo, con su foco de luz desprovisto de matices, y la grisalla de la calle a través de postigos entreabiertos, subrayada por frecuentes y amenazantes gritos callejeros: «Momio, escucha, ¡ándate a la chucha!».

Viajé a Asunción del Paraguay en un avión donde escapaban numerosos chilenos de la derecha más pura y dura, y me encontré en una ciudad pequeña, mal iluminada, con muchas calles de tierra rojiza, sin pavimentar, con hermosos jardines donde había maravillosos arbustos perfumados y sapos gordos, inmóviles, que nos contemplaban con ojos redondos, y que al comienzo no se sabía si eran de bronce o si estaban vivos. Caminé después al lado de un río por cuya orilla transitaban campesinos en vestimentas blancas, albas, protegidos del sol por amplios sombreros.

A la segunda o tercera mañana en Asunción me encontraba en la librería principal de la ciudad, ordenando las muestras de la producción editorial chilena, minutos antes de su inauguración. Escuché entonces un ruido de motores, de órdenes policiales, de pitazos, y encontré, de repente, que se había formado una doble fila en el interior de la librería: en un extremo estaba el general Alfredo Stroessner, el eterno dictador, vestido de civil, inconfundible, y yo estaba en el otro. No me gustaba mucho, en mi probable inexperiencia de esos días, darle la mano al dictador casi vitalicio, pero entendí que tenía que caminar por ese pasillo y saludarlo con un mínimo de respeto. El hombre tenía un cutis rojizo, en no muy buen estado, lleno de granos, y ojos azules, casi ocultos por párpados gruesos, que me hicieron pensar, curiosamente, en los sapos de los jardines.

—¿Qué piensa hacer en el Paraguay? —me preguntó Stroessner.

—Voy a dar un par de conferencias literarias —le dije.

El general se volvió entonces a un hombre de baja estatura, calvo, vestido sin gusto, pero con esmero, que estaba a su lado, y le dijo que fuera a mis conferencias.

—Y si necesita algo —agregó, dirigiéndose a mí de nuevo—, llámeme por teléfono.

Era un momento de relativa apertura del régimen paraguayo, y Augusto Roa Bastos, el escritor más conocido fuera del país, había podido viajar a Asunción y pasaba ahí una temporada. Andaba por todas partes acompañado de un grupo de jóvenes cineastas y poetas, todos desgarbados, melenudos, amistosos, conocedores de temas diversos. Di la primera de las conferencias y el acompañante del general Stroessner, el hombre bajo, de esmerada vestimenta, que resultó ser el ministro de Justicia, me esperaba desde hacía rato en el lugar central de la primera fila. Entraba yo a la sala y los jóvenes melenudos, de zapatillas, de bluyines rotos, se desplegaban rodeando al ministro y haciendo una especie de coro junto a Roa Bastos. En la segunda de las conferencias, llegaron todos los mismos jóvenes, pero ahora con las cabezas peladas al rape. La policía había considerado que llegar a la sala de conferencias en esa facha era una falta de respeto con el delegado chileno; los había detenido en la calle y rapado a viva fuerza.

En vísperas de mi partida, Roa Bastos me llevó a visitar los restos de las misiones de los jesuitas de la época colonial. Eran grandes construcciones de madera junto a un río, con símbolos jesuitas que perduraban, que yo había conocido en el Colegio de San Ignacio de Santiago. Regresamos a la ciudad mientras Roa Bastos me contaba historias de la dictadura decimonónica del Doctor Francia, cuya antigua semblanza en un ensayo inglés de Thomas Carlyle había leído yo hacía años. Cuando el Doctor Francia salía a dar un paseo por las tardes, toda la población estaba obligada a encerrarse en sus casas y a cerrar los postigos a machote. Nadie tenía derecho a mirar la cara del Supremo.

Años más tarde me encontré con algunas de las historias que me había contado Roa Bastos en su novela *Yo, el Supremo*, un clásico de la literatura hispanoamericana del siglo XX. Y me acordé de una conversación que había tenido en la embajada del Brasil en Para-

guay con el notable poeta brasileño João Cabral de Melo Neto.
João Cabral era un hombre enjuto, extremadamente discreto, que
había sido buen amigo de Rubem Braga, que hablaba en voz muy
baja. Paraguay, para él, era la calma, el silencio, la poesía, la fuerza y
la belleza de una naturaleza casi virgen. Él era el ministro consejero
de la embajada brasileña, y confesaba que si hubiera sido por él, se
habría quedado a vivir allí por el resto de su vida. Llegué a pensar,
por contagio, por imaginación mía, que yo habría hecho lo mismo,
pero era, desde luego, un perfecto disparate. Salí del Paraguay,
y ahora, después de años y décadas, recuerdo sus calles de tierra
rojiza, sus jardines perfumados y plagados de gordos sapos mirones,
sus campesinos vestidos de blanco junto al río, sus jóvenes y simpáticos melenudos, que cuando estaban rapados parecía que portaban
aureolas de melena, con no poca nostalgia.

34

Regresé a mi casa limeña de la calle Las Palmeras, donde me esperaban Pilar y mis dos hijos, y la magnífica Margarita Chávez, y los canarios cantores en su jaula colgante, y me transmitieron una invitación del gobierno alemán, de una entidad que se llamaba Internationes o algo parecido, a incorporarme a una gira por Alemania de escritores latinoamericanos. Tuve la impresión de que yo, que no figuraba entre los autores del famoso «boom», reemplazaba a alguien que había fallado en el último minuto, pero no me importó demasiado. De pronto parecía que todo se aceleraba, que un mundo se terminaba con el triunfo electoral de Salvador Allende y que otro se ponía en marcha, marcha que ni yo ni nadie podía alterar en ningún sentido. Llegué a Frankfurt, porque me incorporé un poco tarde al grupo, y encontré en un restaurante, en un estrecho segundo piso, a Gabriel García Márquez, de quien se había publicado hacía poco la traducción alemana de *Cien años de soledad* (el libro que me había dado su editor argentino en Buenos Aires en 1967), y que adquiría fama internacional a pasos agigantados. García Márquez contó después por ahí, con su humor habitual, que yo era el único escritor que él conocía que hacía su elección de comida basado en partituras musicales. Lo que pasaba es que leí las listas del menú en ese restaurante de un segundo piso, entre escritores que no sabían una palabra de alemán, y les expliqué a todos que la palabra *forelle* significaba «trucha», porque era el nombre original del célebre cuarteto de Franz Schubert conocido como la *forelle* o «la trucha». Creo que comimos trucha en exceso, pero por falta de buenos traductores, no por otro motivo. De hecho, descubrimos, García Márquez y yo, que teníamos una fuerte afinidad musical, y nos dedicamos a escuchar música y a beber algo de whisky en los diferentes cuartos de hotel que nos tocaron en esa gira: cuartetos de Gabriel Fauré, si no recuerdo mal, y de César Franck, y el maravilloso cuarteto de Claude-Achille Debussy, además de una sonatina de Richard Strauss. Y fuimos un día desde Bonn a cenar en un restaurante de Colonia invitados por su editor, el señor Kippenheuer, y en compañía de Heinrich Böll, que había recibido el Premio Nobel hacía poco. Durante el viaje en el Mercedes Benz que nos había enviado Kippenheuer, pasamos por una curva donde llovía a cántaros. Gabo me dijo que en ese lugar llovía hacía cuarenta años. Era una imagen muy del estilo de *Cien años de soledad* y me pareció divertida. Por lo menos, han pasado más de cuarenta años y todavía la recuerdo.

A mi regreso de Alemania a Santiago, antes de seguir viaje para ocupar mi cargo en Lima, hacia mediados de octubre de 1970, Tencha Allende me invitó a almorzar en su casa junto a un grupo de escritores de esos años. Me acuerdo como si fuera hoy de haber conversado un rato después de ese almuerzo, junto a una ventana, en un salón en penumbra, iluminado a medias por la luz de afuera, con Salvador Allende, quien ya había ganado la mayoría relativa en la elección presidencial, pero no había sido elegido todavía por el Congreso Pleno, de acuerdo con las normas constitucionales de ese tiempo. Era una sobremesa de escritores, pero noté que el dueño de casa estaba con ánimo de hablar, y aproveché el momento. Allende me dijo de entrada, sin mayores preámbulos, que había una conspiración poderosa, muy bien organizada, ayudada por la CIA, que no renunciaría a nada, ni siquiera a su eventual asesinato, para impedir su llegada al poder. No me dijo que Agustín Edwards Eastman, dueño del diario *El Mercurio*, lejano pariente mío, era una de las cabezas de la conspiración, pero no necesitaba decirlo. Allende me contó que al día siguiente o subsiguiente iría a una manifestación en la plaza Victoria de Valparaíso. Le habían advertido que iban a tratar de asesinarlo en esa manifestación, «pero —dijo— después de la elección, no puedo pasar todo el tiempo escondido». Yo pensaba en esos días que Salvador Allende tenía una dependencia excesiva de la extrema izquierda mirista y castrista, y que sus nociones de una economía moderna eran primarias, pero que era, a la vez, perfectamente capaz de jugarse la vida por su causa. Supongo que en esos días, en una coyuntura tan dramática como esa, surgió la idea de formar un grupo armado para su defensa personal, aquello que después, ante una pregunta de la oposición en el Parlamento, él definiría como grupo de amigos personales, el famoso GAP. Yo comprendía algo claro: el Estado de derecho de Chile, que había existido desde la etapa de consolidación de la República, con serias limitaciones, sin duda, con una que otra dramática interrupción, estaba en uno de sus momentos más bajos, en un quiebre casi completo. La antigua derecha liberal, amenazada, desquiciada, se había vuelto golpista en su gran mayoría. Apelaba a la violencia, o preparaba planes de violencia armada, como si se tratara para ella de una cuestión de vida o muerte. Y eso era, en cierto modo. Intentar en serio una revolución socialista a partir de una mayoría relativa del 37 por ciento de los votos era entrar, en esa época, en un camino sin retorno. La experiencia del castrismo en Cuba era una demostración de una fuerza impresionante. Mi idea de votar por un candidato conservador democrático, del estilo de Jorge Alessandri Rodríguez, había sido quizá una ilusión, una probable utopía. Habría sido muy difícil, demasiado difícil, que Alessandri, a su edad avanzada, y con una votación escasa del 31 por ciento del electorado, pudiera gobernar sin recurrir a las fuerzas armadas.

Salvador Allende pensaba en esta coyuntura, en los personajes peligrosos que se reunían para conspirar en su contra, cuando declaró que él no iba a ser presidente de todos los chilenos. Era una declaración completamente ajena a las tradiciones republicanas del país. O un presidente gobierna para todos los ciudadanos, aunque no todos estén de acuerdo con sus ideas, o admite que el Estado de derecho se ha derrumbado, que existe una guerra civil no declarada. La creación del GAP era una consecuencia directa de esta visión política suicida. El GAP podía impedir un atentado político puntual, pero era un grupo armado que no dependía de las fuerzas armadas y de seguridad legales y que recibía ayudas extranjeras. En otras palabras, era un ente irregular, desquiciador y provocador. Tres o cuatro meses después, el comandante del buque escuela *Esmeralda*, en su visita oficial a La Habana, me contó que el presidente Allende había subido al barco para despedirse, antes de que zarpara de Valparaíso. El comandante le había ofrecido un whisky, y el presidente, ¡para evitar que lo envenenaran!, se había servido de una botella que le llevaba su edecán. ¿Para qué subir a despedirse en esa forma, con esa obvia desconfianza? ¿Para demostrar que era hombre de izquierda, para jugar a los bandidos? El comandante y sus oficiales habían observado el detalle con rabia callada. Y lo habían anotado.

Supe del intento de secuestrar al general René Schneider, comandante en jefe del ejército, y de su consiguiente asesinato en una esquina del barrio alto de Santiago, cuando ya me encontraba de regreso en Lima. El general, adentro de su automóvil, había hecho el gesto de sacar su pistola de servicio, y los jóvenes ultraderechistas, inexpertos, nerviosos, que habían tratado de secuestrarlo, habían disparado y lo habían matado. Lo que había sido un plan para impedir la llegada de Salvador Allende al poder, manteniendo al general secuestrado y obligando al ejército a intervenir, provocó el efecto exactamente contrario. Los parlamentarios del centro político, conscientes de la emoción popular que había provocado el suceso, le dieron la mayoría en el Congreso Pleno a Salvador Allende. No hubo fuerza humana capaz de impedir su ascenso. Al mismo tiempo, se aprobó un Estatuto de Garantías Constitucionales y se le dio poder al ejército para hacerlo cumplir en caso de que el nuevo gobierno se saliera de la Constitución. En toda la primera etapa de la Unidad Popular, el tema de las garantías constitucionales fue olvidado, quedó en letra muerta, pero en los últimos meses tuvo efectos letales.

En Lima, como ya había alcanzado a verlo antes de salir al Paraguay y después a Alemania, había chilenos de derecha, momios recalcitrantes, demolidos, aturdidos por las noticias. Con militares izquierdizantes en el gobierno del Perú, y con Salvador Allende y la Unidad Popular en Chile, no sabían para dónde mirar. Parecía que el mundo se les estaba cerrando por todos lados. Como ya he contado, uno intentó suicidarse en los mares del norte de Lima, borracho como cuba. Al mismo tiempo, supe de otros que se habían vuelto allendistas de la noche a la mañana. Al fin y al cabo, comentaban, entre copa y copa, Allende, el Chicho, era un hombre razonable, amigo de sus amigos, en el fondo nada de socialista, aficionado a la buena ropa, al buen whisky, a las mujeres bonitas. ¡Qué más se podía pedir! Era mejor estar en la buena con él, que en la mala. Era el Chile de siempre, que volvía, con su idea muy arraigada, metida en el fondo del ADN nacional: en Chile, en Chilito, nunca podía pasar nada.

A mí me llamaron del Ministerio chileno para que viajara en misión a Chile y actuara como edecán de la delegación peruana en las ceremonias de la transmisión del mando presidencial. El jefe de la delegación sería el ministro de Relaciones Exteriores del Perú, el general Edgardo Mercado Jarrín, hombre prudente en política, moderado, afín, me pareció, a la Democracia Cristiana, en nada castrista ni guevarista.

Me tocó estar presente en la ceremonia central, en el salón plenario del Congreso, sentado en una de las primeras filas, y mi vecino de asiento fue Raúl Elgueta, funcionario antiguo del Servicio exterior, creo que de militancia en el Partido Radical, partido de centro laico, y que había cumplido funciones en Lima en años recientes. Vimos desde nuestro asiento privilegiado entrar al Congreso y subir a la testera a un Eduardo Frei Montalva pálido, de rasgos desencajados, de expresión grave, que se sacaba su banda presidencial y se la entregaba a Salvador Allende. En diversas etapas, en el Senado de la República, Allende había sido una persona cercana a su colega Eduardo Frei. Tenían casas vecinas en el balneario de Algarrobo, en el paseo marítimo, y yo podría agregar un detalle curioso: había conocido a Frei en la casa de Allende y de Tencha, una mañana en que había llegado desde Isla Negra a visitarlos, ya no recuerdo con qué motivo. Pero el Frei de la tarima del Congreso Nacional, bajo grandes emblemas y pinturas republicanas, en ese 4 o 5 de noviembre de 1970, era otra persona. Tenía una conciencia aguda de su lugar en ese momento decisivo y de los peligros de la situación. Entregaba la banda presidencial a su sucesor y se podría decir que a su examigo sin la menor alegría, con preocupación profunda que no intentaba disimular.

Raúl Elgueta, mi vecino de asiento, me dijo algo así como lo siguiente: las formalidades de la ceremonia, los símbolos del Estado de derecho, la presencia de parlamentarios de todos los partidos, además de dignatarios de la Iglesia, del poder judicial, de las fuerzas armadas, del cuerpo diplomático, le provocaban una reacción personal, íntima, de tranquilidad, de hondo alivio. Era una voz conservadora, de centro, de probable miembro de alto grado de la masonería, de la cual se decía que Salvador Allende también formaba parte, y todo hacía pensar que las predicciones fatalistas, los anuncios de las Casandras oligárquicas, carecían de sentido. Cumplida la ceremonia, terminados los discursos de rigor, Allende y Frei se retiraron: Allende en su carroza de presidente, con escolta de lanceros de a caballo, a La Moneda, y Frei, con una escolta parecida, a su casa. Pero hubo un detalle que conmovió a mi vecino, y que a mí no dejó de impresionarme, aunque no sé si habría querido reconocerlo entonces: en su camino hacia el poniente del edificio del Congreso, para doblar más abajo y tomar el rumbo de su residencia más al oriente, el ahora expresidente, Eduardo Frei Montalva, era aplaudido a rabiar desde los balcones y desde las veredas, como si los ciudadanos de a pie, como si las comadres que chillaban desde los balcones, y los estudiantes de liceo que trotaban por las veredas, hubieran comprendido en forma súbita, instintiva, que el país, de alguna manera, al provocar con su voto ese cambio brusco de rumbo, se había metido en camisa de once varas, y que ya pagaríamos las consecuencias.

Esa noche, en la fiesta de La Moneda, yo estaba callado, pensativo, con los ojos muy abiertos. Dos o tres señoras politiqueras, copuchentas, «de izquierda», según ellas, definición que desde hacía años ya no definía con claridad casi nada, me comentaron que siempre era así: llegaba un nuevo presidente a «la casa donde tanto se sufre», como le gustaba decir a don Arturo Alessandri Palma, y lo hacía seguido por sus acólitos, sus parientes, sus aliados y variopintos chupamedias, y debido al acento de izquierda, hasta de probable revolución, que adquiría la llegada de este nuevo inquilino, el término de «chupamedias», sometido al ingenio criollo, se transformaba en «chupamaros».

Al día siguiente en la noche, en casa del infatigable e inefable Enrique Bello, que era un tigre de salón a su manera, en el

mundillo de la progresía intelectual, y un gastrónomo impeniten-
te, nos reunimos a cenar con Pablo Neruda y Matilde y con una
pareja polaca que había llegado en el segundo lugar de protocolo,
después del vicepresidente de Polonia comunista, a esta transmisión del mando. Eran Yanek y Yolanda Osmancic: Yanek, diputado
independiente de la Dieta de su país y jurista internacional del más
alto nivel; Yolanda, periodista, bastante joven todavía, buenamoza,
muy conocida en su profesión dentro y fuera de Polonia. Eran viejos amigos de los Neruda, y me pareció que se habían encontrado
en diversos lugares con Enrique Bello y con Rebequita Yáñez, fotógrafa, mujer de mundo, que era su pareja de entonces. Fue, como
siempre, una noche animada, regada, de conversaciones intensas,
sugerentes, aun cuando no se llegó demasiado lejos en el tema de
actualidad, el del paso de Chile al socialismo a través de elecciones presidenciales normales. Ahora me imagino que hubo algo de
autocensura, y muchas frases entre líneas. En la fiesta de La Moneda de la noche anterior, además de las delegaciones extranjeras y del
mundo político nacional, con todas sus extravagancias, sus izquierdistas fogueados y sus recién llegados a una supuesta izquierda, me
había llamado la atención el embajador del Brasil de la dictadura
militar, la primera en orden cronológico de las dictaduras militares
latinoamericanas de ese tiempo, un general de ejército en retiro que
miraba todo sin la menor amenidad, sin pretender caerle bien a nadie, con ideas y quizá con planes concretos que uno habría podido
imaginarse. No hablamos de ese embajador obviamente peligroso
con los dos polacos, pero la imagen del personaje, calvo, hostil, maci-
zo, silencioso, sentado junto a una ventana, se me quedó grabada.
Había guitarreo, pero también había un fondo oscuro, amenazan-
te. Había una ola gigante que se formaba al final del horizonte marino. El paso de Chile de un bloque de la Guerra Fría al otro, si es
que se producía, no iba a ser así de sencillo. Regresé al Perú algunos

días más tarde, después de asistir una mañana, en uno de los salones de La Moneda, a una breve ceremonia en la que Salvador Allende, el presidente recién asumido, anunciaba por cadena de televisión la reanudación de las relaciones diplomáticas entre Chile y Cuba, que habían estado interrumpidas durante siete años. Hubo mucho arreglo de cables, mucho movimiento de tarimas, un presidente que esperaba con un par de papeles en la mano, consciente de que los arreglos previos, las pruebas de sonido, eran casi más importantes que todo el resto, y un breve, lacónico, anuncio, de pocas palabras y de consecuencias evidentemente largas.

35

Dos o tres días después de mi regreso al Perú, llegaron los dos amigos polacos, Yanek y Yolanda Osmancic, que pasaban por Lima en viaje oficial a los Estados Unidos de América. Se me ocurrió sugerirle a Sergio Larraín, el embajador de Frei, que todavía no había sido reemplazado por el nuevo gobierno, que organizara una cena en su residencia en honor de ellos. Me acuerdo ahora de una mesa de unas dieciséis o dieciocho personas, pero no me acuerdo exactamente de la concurrencia: quizá Fernando de Szyszlo, Godi, y Blanca Varela; quizá un amigo cultivado, inteligente, Carlos Rodríguez; quizá José Miguel Oviedo y Marta. Lo que sí recuerdo muy bien, como si fuera hoy, es que al final de la cena, hacia la hora de los postres, Yolanda Osmancic, la periodista, la mujer del profesor y diputado polaco, la delegada que había asistido en representación de Polonia comunista a la transmisión del mando de Frei a Salvador Allende, hizo la siguiente pregunta en voz alta, dirigida a toda la mesa:

—¿Y ustedes saben en lo que se están metiendo?

La extraordinaria pregunta iba dirigida a los chilenos presentes, pero con la evidente intención de que los peruanos también la escucharan. Si la menciono ahora, a la distancia de tantos años, es porque entonces creo que nos reímos y no contestamos nada. Ahora, en cambio, podría contestar que no sabíamos mucho, o que no sabíamos absolutamente nada. Y que los polacos, que habían viajado desde el interior del sistema comunista, sí sabían, por mucho que anduvieran en misiones oficiales, y optaban por quedarse callados, hablando con su silencio, o hacían preguntas insinuantes, como la pregunta de Yolanda. Y me pregunto también otra cosa: si Pablo Neruda, al decirme hacía pocas semanas en su casa del cerro San Cristóbal que lo veía todo negro, me lo había dicho porque él, a través de su militancia, de sus viajes al mundo socialista, de sus amigos del interior de ese mundo —como Ilya Ehrenburg, como Konstantín Símonov, como Yevgueni Yevtushenko—, también sabía. ¿Ven ustedes? Y después retrocedía, y vacilaba, y tenía miedo de que lo utilizaran desde el otro lado, desde *El Mercurio*, por decirlo de algún modo, o, peor, desde la CIA, y le venía un ataque de afonía aguda. Pero, a pesar de todo eso, ¡sí sabía!

Termino con un detalle que recuerdo ahora, y que no quiero dejar pasar. Muchos años después, invitado por el Instituto Cervantes y por la embajada chilena, visité Varsovia. Ya se había producido el derrumbe del bloque soviético y había en Polonia un gobierno marcadamente anticomunista. Hay que haber vivido en el comunismo para entender lo que es un apasionado y marcado anticomunista. Yanek había muerto hacía algunos años, y Yolanda, después del cambio de régimen, había sido agregada cultural de su país en Chile. Cuando era agregada cultural, me dijo una vez en mi casa de Santiago: «Tú no sabes lo que puede ser la tortura cotidiana de vivir en el comunismo. Ocupar diez horas de cada día de tu vida para conseguir un poco de pan, una barra de mantequilla, papel higiénico, pasta dentífrica». Pues bien, me mostraban la ciudad antigua de Varsovia, durante ese viaje mío, y me encontré en una saliente de una calle con una placa de homenaje a Yanek Osmancic. Era una placa de la época del comunismo en Polonia. Le comenté el detalle a Adam Michnik, que había sido uno de los intelectuales importantes de Solidarnosc, el movimiento sindical que se había iniciado en los astilleros de Danzig y que terminó con la derrota del régimen. ¿No era raro que Yanek, que había desarrollado un pensamiento crítico, antiestalinista, antitotalitario, hubiera recibido un homenaje oficial en esos años?

—Es que había gente que colaboraba —me dijo Michnik, con su voz tartamuda, con cara de inteligencia y de picardía.

¡Gente que colaboraba!, me dije, pensando en tanta gente: tontos útiles, e inteligentes que se pasaban de inteligentes, y las figuras, como en un teatro de sombras, desfilaban por mi cabeza.

Pues bien, estaba en mi cama de la calle Las Palmeras, en San Isidro, Lima, durante una siesta calurosa de domingo en la tarde, pocos días después de la transmisión del mando en Santiago y de esa cena en la embajada chilena, de esa interesante pregunta de Yolanda Osmancic, y recibí un llamado por teléfono del Ministerio de Relaciones Exteriores de Chile. Era un alto funcionario más o menos amigo, mayor que yo, palaciego, conocedor de la política interna criolla, de la vida diplomática, y me decía, en síntesis, que por instrucciones del presidente de la República tenía que hacer mis maletas, viajar a Santiago a recibir instrucciones, y volar enseguida a La Habana con la misión de abrir la embajada chilena y esperar la llegada del embajador. No era una orden que yo, en mi condición de funcionario, pudiera discutir, por mucho que mi punto de vista personal en estas materias hubiera cambiado. Y fue, de todos modos, una sorpresa interesante, y un desafío, y era el comienzo de una previsible, aunque no demasiado definible, aventura diplomática, política, probablemente literaria. Hice, pues, mis maletas, y compré un cuaderno de bocetos de formato mediano, porque me gusta escribir con tinta negra y en papel sin rayas, y en esos mismos dos o tres días el embajador, Sergio Larraín García Moreno, conoció situaciones delicadas, peligrosas, relacionadas con los agregados militares (mi conocimiento del tema no pasó de ahí, pero las conjeturas posibles no eran pocas), y me encargó de llevar una carta estrictamente confidencial de él al presidente de la República, a Salvador Allende, con la instrucción expresa de entregarla en sus manos. La embajada se comunicaría con el Ministerio y con la presidencia, en los niveles más altos, para organizar la rápida y expedita entrega de la misiva secreta.

36

Tomé un avión de LAN Chile en el aeropuerto de Lima, llegué
al aeropuerto de Santiago en la tarde, ya no recuerdo si todavía al
antiguo de Los Cerrillos o al nuevo de Pudahuel, y el comandante
Araya, edecán naval del presidente, me esperaba, uniformado, al pie
de la escalinata. En los dos años y tanto que siguieron, el comandante Araya, que desempeñaba su tarea de edecán con lealtad, que
quizá había llegado a sentir cariño por la persona del presidente,
fue muerto por una bala loca o directamente asesinado por pandi-
lleros de ultraderecha. Conviene saberlo, y es un drama humano,
además de un drama político, pero sigo ahora con el relato original. El comandante Araya me llevó en un automóvil oficial hacia
la residencia presidencial de la calle Tomás Moro, y le pedí que
pasáramos un momento por la casa de mis padres, en Pedro de
Valdivia Norte, esto es, en el camino a Tomás Moro, para saludar-
los y dejar mis maletas. Saludé a mi madre con emoción, con
ternura, porque sabía que estaba gravemente enferma, y porque
sabía, además, que lo que sucedía en el país, con su camino particular al socialismo, era equivalente para ella a otra enfermedad,
y una enfermedad quizá terminal. Mi padre estaba de pie en el salón, al lado del sillón donde yacía mi madre, mucho más delgada
que la última vez que la había visto, de brazos escuálidos, de pési-

mo color, y alrededor de ellos había tres o cuatro señoras encope-
tadas, que desde la distancia se veía que eran damas de *L'Ancien
régime.* Una de ellas era Marta Alessandri Rodríguez, hija del expresidente Alessandri Palma, hermana del expresidente Jorge
Alessandri, derrotado por Allende, precisamente, en la elección de
septiembre de ese año. Alessandri el viejo, el padre de ambos, el
León de Tarapacá, a pesar de las distancias ideológicas, había sido
amigo personal de Pablo Neruda y de Salvador Allende, en un
Chile que era otro, y Marta me pidió que saludara «a Salvador», lo
cual, en esos días de drama soterrado, era como un saludo dirigido
desde un planeta a otro planeta más o menos distante, y en circunstancias de que yo, el mensajero, me trasladaba desde la casa de
mis padres, militantes del antiguo Partido Liberal, a la de Salvador
Allende, en Tomás Moro, para viajar después, desde el convulsionado Chile, a la Cuba revolucionaria. ¡Qué viajes, pensaba yo, qué
desplazamientos geográficos, políticos, sociales, de todo orden!

En la casa de Tomás Moro me recibió primero Tati Allende, una
de las hijas del presidente, viajera reincidente a Cuba, y enamorada, según supe más tarde, de un revolucionario cubano que sería
el que cumpliría en Santiago una función equivalente a la mía, la
de encargado de negocios de Cuba en Chile en espera de la llegada
del embajador cubano. Después llegó a la casa de Tomás Moro un
periodista de extrema izquierda, director, o redactor importante,
por lo menos, de la revista *Punto Final*, apasionadamente castrista
y cercano al movimiento chileno de izquierda revolucionaria, el
MIR. El periodista me miró con una especie de indiferencia estó-
lida, como si yo fuera un insecto clavado en un insectario, y me
imagino que al poco rato, en ausencia mía, le habrá manifestado
extrañeza por mi nombramiento a Salvador Allende, y que quizá se
haya apresurado a informar y a prevenir en mi contra a sus amigos
y conmilitones de Cuba.

—Tráeme cigarrillos cubanos —me pidió, por su lado, Tati, y se trataba concretamente de cigarrillos, no de tabacos puros, lo cual, claro, confirmaba su amor a todo lo cubano, aun cuando los cigarrillos, verdaderos petardos de tabaco negro, no fueran necesariamente productos de la Revolución castrista.

El presidente llegó un poco tarde, con prisa, bajo presión de su muy recargada agenda, y me dijo de entrada, ya no sé si en el salón de su casa, o en el comedor, pero con palabras que recuerdo en su forma casi textual:

—Yo no creo que usted sea la persona más adecuada para cumplir esta misión en Cuba. Usted está cumpliendo una función interesante en el Perú, que es una relación diplomática que tenemos que cuidar mucho. En cambio, si tuviéramos algún problema en la relación con Cuba, discutiríamos el asunto directamente con Fidel Castro y lo arreglaríamos. Usted, en buenas cuentas, no será en La Habana mucho más que un símbolo. Pero vinieron a verme los sabios del Ministerio, y habían llegado a la conclusión de que usted era el funcionario ideal para cumplir esta misión. ¿Y cómo discutir con ellos, con los sabios ministeriales?

Yo comprendí bien lo que decía el presidente, pero no dije una palabra. La misión mía en La Habana había sido informada en la prensa, y mi traslado de puesto, desde consejero en Lima hasta encargado de negocios con cartas de gabinete en Cuba, había sido comunicado a las autoridades peruanas. ¡Qué más, entonces!

Después de entregar la carta secreta del embajador en Lima y de escuchar las palabras presidenciales, la curiosa frase sobre los sabios del Ministerio, no me quedaba más alternativa que despedirme amablemente y preparar mi viaje al norte del continente. Me encontré al día siguiente en la calle con Enrique Bello Cruz, el inefable Enrique Bello. Enrique entró en estado de gran excitación a un supermercado que se encontraba en nuestro camino, y compró tres botellones del mejor vino chileno. ¡Para regalárselas de su parte a Fidel Castro! Cousiño Macul, Concha y Toro, Santa Carolina, las grandes marcas de aquellos años. Las tres dichosas botellas, colocadas en una caja de cartón y amarradas con gruesos cordeles, me rebanaron los dedos durante el viaje de Santiago a Lima, de Lima al D. F. de México, y del D. F. a La Habana, una pesadilla que duró tres o cuatro días. Creo que maldije a mi inefable amigo Enrique. Pero así eran las conexiones, los delirios, los vasos comunicantes, las fiebres izquierdistas e izquierdosas de esa época.

En Lima hice una rápida despedida para unos cuantos amigos en la casa de Las Palmeras, con algo de tristeza de parte de Pilar, que se había adaptado notablemente bien a la vida limeña, ella, que era introvertida y casi universalmente inadaptada, y también con tristeza, pero muy mezclada con su alegría natural, de parte de la enérgica, poderosa, inolvidable Margarita Chávez. Seguí viaje a México, y en México, como correspondía, hice una visita protocolar a la embajada de Cuba. Era una casa de postigos cerrados a machote, vigilada por miembros de la Seguridad cubana y de la policía mexicana, amén de otras policías y de otros posibles sistemas de seguridad del universo conocido: una casa que habría podido formar parte de los caseríos que rodeaban el castillo de Franz Kafka. El embajador, un hombre alto, de bigotes, de aspecto más bien hispánico, de genio atravesado, le dijo después a alguien, conocido suyo y mío, que la familia Edwards era una familia inmortal. ¿Por qué? Porque el último embajador chileno en La Habana, antes de la ruptura de relaciones, se llamaba Edwards, y el nuevo (no hacía distingo entre embajador y encargado de negocios), también. Era una coincidencia de nombres en la que nadie en Chile, ni yo, se había fijado. Y, sin embargo, el último embajador chileno en La Habana, hasta el año de gracia de 1964, había sido Emilio Edwards Bello, hermano de Joaquín, el escritor, primo hermano de mi padre, y yo, claro, el primero que reaparecía. El parentesco de señoritos, que había interesado poco en Chile, tenía repercusiones serias en Cuba, donde se sabía muy bien que Agustín Edwards había conspirado con el presidente Richard Nixon y con Henry Kissinger para impedir el acceso de Allende a La Moneda. Más tarde, para colmo, salió la noticia de que un agente de la CIA de apellido Edwards estaba involucrado en los ataques secretos contra Chile. ¡Qué apellido nefasto, simbólico, qué coincidencias! A mí no me quedaba más remedio que aguantar, y tomar el asunto con aguas andinas, a sabiendas de que todo, sin excepción alguna, sería anotado en mi contra, de que mi expediente secreto crecería, casi tanto como el de Franz Kafka en la antigua Praga.

Después de mi visita a la embajada cubana, con sus puertas y ventanas estrictamente clausuradas, fui a la casa del agregado cultural chileno en México. El agregado cultural era Pablo Burchard, pintor y amigo, y tenía el mismo nombre de su padre, don Pablo, uno de los clásicos de la pintura chilena, quizá mi clásico preferido. Don Pablo era un artista cercano, para definirlo de algún modo, de pintores europeos del estilo de Pierre Bonnard, con algo de Monet en su mirada de la naturaleza, de sus estanques, de sus árboles diluidos en el paisaje. Nada más exacto que eso: diluidos. Pablo, el hijo, era persona de encanto, de talento, de espíritu comunicativo. Era poco aficionado a la teorización política, y eso, en días de verdadera furia ideológica, de discursos exaltados, de aprobaciones que suponían una salvación y de condenas que conducían al infierno, se agradecía. Pues bien, Pablo estaba acompañado en su casa por un político y ensayista guatemalteco, exministro de Asuntos Exteriores en el gobierno revolucionario de Jacobo Arbenz, Mario Monteforte Toledo, a quien yo había conocido en algún encuentro internacional. Mario, exiliado en México después del golpe de inspiración norteamericana que había derribado a Arbenz, era un experto en la vida política de Cuba, de México, de todo el Caribe, de América Latina en su conjunto. Experto, y además de experto, buen conversador, observador agudo, hombre de izquierda no beato, no cegado por anteojeras ideológicas. Había gente así en el mundo polarizado, fanatizado, de esos días, por extraño que parezca. Y Mario me dijo algo que coincidía en cierta forma con lo que me había dicho el presidente Allende. Me dijo, en forma bien intencionada, amistosa, que yo no era la persona mejor escogida para representar a Chile en la Cuba de esos días. En Cuba se había ido formando, sin que todavía se supiera bien fuera de Cuba, un núcleo de intelectuales y artistas disidentes, cuya relación con el gobierno era cada día más difícil, y muchos de nuestros amigos y de los que me conocían como escritor formaban parte de ese grupo. Eran amistades peligrosas para mí en ese momento, y era inevitable que complicaran mi tarea como encargado de negocios chileno.

Fueron palabras proféticas, que resuenan en mis oídos hasta ahora mismo, después de nada menos que cuarenta y siete años pasados. ¡Nadie podrá decir que cuarenta y siete años no son nada! Marcan un cambio de época, un cambio fundamental, y a mí me zumban los oídos, y el corazón me palpita con otro ritmo. A la mañana siguiente, muy temprano, me embarqué en un Ilyushin de Cuba, es decir, en un avión de construcción rusa y de propiedad cubana, rumbo al aeropuerto de La Habana. En ese avión, como ya alguna vez lo he contado, viajaban dos embajadores escandinavos que iban en misión de hacer acto de presencia en sus embajadas concurrentes: vikingos gruesos, rojizos y rollizos, bulliciosos, que bebían daiquiris dobles, desbordantes de espuma, que hablaban a gritos, y daba la impresión de que empezaban unas muy movidas y bienvenidas vacaciones. Yo llevaba debajo del asiento mi incómodo cartón de botellas de vino chileno, ¡el regalo de Enrique Bello al comandante en jefe!, y pensaba con algo de inquietud en cómo se efectuaría mi llegada, qué protocolo habría. A todo esto, el Ilyushin de construcción rusa se bamboleaba, daba tirones y se acercaba a la pista, y yo alcanzaba a divisar las palmeras, la densa vegetación, los paños de tierra rojiza, los telones con lemas fidelistas o guevaristas, «Cuba, primer territorio libre de América», «Hasta la victoria siempre», «Patria o muerte», esas cosas, y las imágenes de Fidel y el Che, alguna de Camilo Cienfuegos, alguna otra, imágenes que durante mi estada en la isla, que he contado en otra parte, se repetirían, con sus consiguientes consignas, hasta el agotamiento.

Santiago, Chile, 31 de diciembre de 2017,
Madrid, marzo de 2018

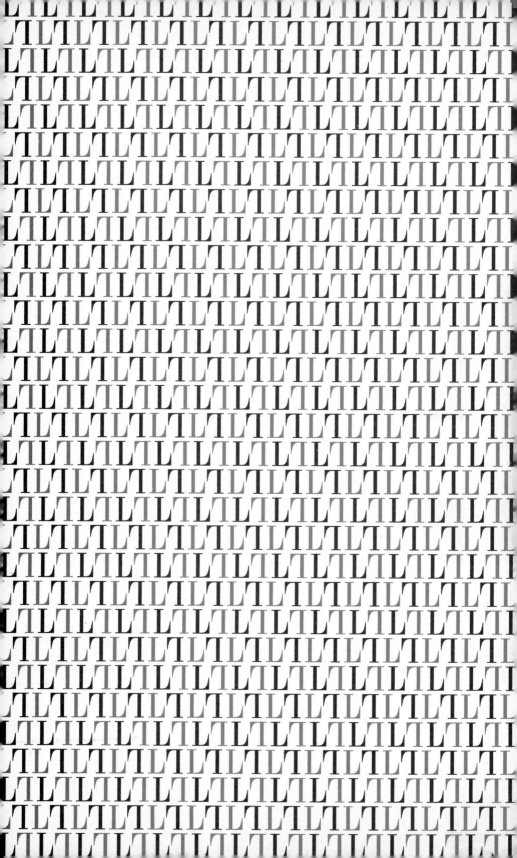